Franca Magnani

Wer sich erinnert, lebt zweimal

Franca Magnani

WER SICH ERINNERT, LEBT ZWEIMAL

Das Italien-Lesebuch

Kiepenheuer & Witsch

1. Auflage 2000

© 2000 by Verlag Kiepenheuer & Witsch, Köln
Alle Rechte vorbehalten. Kein Teil des Werkes
darf in irgendeiner Form (durch Fotografie, Mikrofilm
oder ein anderes Verfahren) ohne schriftliche
Genehmigung des Verlages reproduziert oder unter
Verwendung elektronischer Systeme verarbeitet,
vervielfältigt oder verbreitet werden.
Umschlaggestaltung: Rudolf Linn, Köln
Umschlagfoto: Pia Zanetti
Gesetzt aus der Garamont Amsterdam (Berthold)
bei Kalle Giese, Overath
Druck und Bindearbeiten: Franz Spiegel Buch GmbH, Ulm
ISBN 3-462-02887-1

Inhalt

Vorwort

Liebe Sabina, lieber Marco,

am 1. Juli 2000 würde Eure *mamma*, Franca Magnani, 75 Jahre alt werden.

Im September 1999 haben wir uns in Rom getroffen und die Texte, und zwar die schönsten und typischsten Passagen aus drei Büchern Eurer Mutter, für das vorliegende Buch »Wer sich erinnert, lebt zweimal« zusammengestellt. Beim erneuten Lesen ist mir wieder deutlich geworden, was Eure Mutter uns Deutschen auf unnachahmliche Weise über Italien vermittelt hat. Bis heute unvergeßlich sind für viele Menschen in Deutschland ihre Beiträge für Fernsehen, Rundfunk, Zeitungen – und ihre Bücher.

Für mich selbst unvergeßlich sind meine Begegnungen mit Franca. Ich hatte früher in Rom gelebt und gearbeitet und war dort immer wieder zu Besuch gewesen, doch erst Franca hat mir das jüdische Ghetto nahegebracht und viele Plätze in dieser Stadt, die nur sie kannte. Unvergeßlich auch ihre Kochkünste und die Tischgespräche in ihrer geliebten Küche. Ich erinnere mich an ihre fast kindliche, überschwengliche Freude über den Erfolg ihres Erinnerungsbuches »Eine italienische Familie«, den sie nie erwartet hatte. Mit diesem Buch ermöglichte sie uns einen fundierten und sensiblen Einblick in eine ganze Epoche Italiens, die Geschichte des Exils, des Antifaschismus aber auch der Nachkriegszeit mit der verheerenden Auswirkung des Stalinismus, die im Besonderen ihren so geliebten Mann Valdo Magnani trafen. Dies alles hat sie ohne alles Selbstmitleid beschrieben, vielmehr das Schicksal ihrer Familie im Ton heiterer Gelassenheit geschildert. Ein Erlebnis auch die Lesungen in vielen, vielen Orten in Deutschland und in der Schweiz, in Metropolen und in der Provinz, ihr war nichts zu viel. Sie ging auf die Menschen zu, ließ sich auf jeden ein, hörte zu, neugierig und aufgeschlossen, heiter und doch immer auch kritisch hinterfragend.

Ihr könnt mir glauben, sie fehlt uns. Immer wieder höre ich bei uns die Klage, über Italien erfahre man heute in den Medien nur noch sehr wenig, von folkloristischen und touristischen Aspekten abgesehen. Franca hat eine große Lücke hinterlassen. Wie gerne hätte ich ihren Kommentar zur Absolution Andreottis gehört. Oder ihre Bemerkungen zum »Heiligen Jahr« und zu den Veränderungen, die ihre Stadt Rom aus diesem Anlaß erfährt. Vieles würde sie zornig machen, über vieles wäre sie hoch beglückt. Sie hatte immer so unendlich viel zu erzählen, über die Menschen, ihr Land, über das Leben schlechthin.

Jetzt bloß nicht sentimental werden. Am besten, wir öffen am 1. Juli gemeinsam eine Flasche guten Chianti *e facciamo un brindisi* auf Eure Mutter.

Euer Reinhold Joppich

Eine italienische Kindheit

»Auf diese Weise lernen die Kinder wenigstens Deutsch«, verkündete Mama, als beschlossen wurde, in die Schweiz umzuziehen. Papa würde dort nicht mehr arbeitslos sein oder als Drucker arbeiten müssen, und er konnte seinen Beruf ausüben: als Lehrer.

Der Gedanke, den Wohnort zu wechseln, gefiel mir. Es war eine Möglichkeit, die Möbel zu verrücken und eine lange Reise zu machen. Von der Schweiz kannte ich nicht mehr als die Schokolade und die herrlichen Abziehbilder, die uns Rosina Bertozzi schickte, kaum daß sie von ihrem Vater erfahren hatte, daß zwei Mädchen aus Frankreich kommen wollten. Ihr Vater war ein Emigrant aus der Romagna, der in Zürich lebte. Die Schweiz war also vielversprechend.

Papa reiste einige Wochen vor uns. So trafen wir ihn am Bahnhof von Zürich, wo er mit Mario Casadei, einem republikanischen Maurer, der nach dem Ersten Weltkrieg in die Schweiz emigriert war, auf uns wartete. Casadei stammte ebenfalls aus der Romagna und wirkte auf mich sofort wie ein gutgelaunter und offenherziger Mann, der nicht lange fackelte und Sinn für Humor besaß.

Er trat auf wie ein alter Freund der Familie. Sobald er mich sah – und vielleicht wirkte ich etwas niedergeschlagen –, nahm er mich auf die Schultern, um mich aufzuheitern, und ermöglichte mir so einen Überblick über den Bahnhof von Zürich; genau wie es mein Neger auf der Canebière getan hatte.

Der erste Blick war eine Enttäuschung: Ich hatte noch die fröhliche Unordnung des Bahnhofs von Marseille in Erinnerung, das Gewimmel der verschiedenfarbigen Menschen, den verwirrenden Lärm und das Getöse der abfahrenden und ankommenden Züge, das von den Stimmen der Menschen übertönt wurde, die umherrannten, sich drängten und aufeinanderprallten. Nichts davon auf dem Hauptbahnhof von Zürich. Die Ordnung war eindrucksvoll, und es war so still, daß ich ein Geräusch hören konnte, das mir nie zuvor aufgefallen war: das Tack-tack-tack der Absätze beim Laufen.

Ein solches Geräusch wäre in einer Stadt wie Marseille vom allgemeinen Lärm verschluckt worden. In Zürich dagegen herrschte außer dem Lachen meines neuen Freundes und dem Klappern der Absätze auf den Bahnsteigen die totale Stille.

Ich war verblüfft, aber Casadei lachte nur und antwortete, das habe nichts zu bedeuten. Die Schweiz habe auch ihre guten Seiten, und dann machte er mich darauf aufmerksam, wie alles ordentlich in einer Reihe stand, die Züge, die Gepäckträger und sogar die Wägelchen, weil der Bahnhofsvorsteher – jener Herr mit der Mütze, die adrett auf seinem

Kopf saß, und dem schönen roten Umhängetäschchen – sie immer antreten ließe, behauptete er, und wie ein General inspizierte – sogar die Wägelchen. Ich glaubte ihm.

Das erste Haus, in dem wir wohnten, stand in der Nordstraße 318. Im Flur hing ein Schild »Teppichklopfen vor sieben Uhr verboten«. Es betraf uns nicht, da wir keine Teppiche hatten. Die Gegend war etwas abgelegen und – unnötig zu sagen – still, aber das wurde für mein Gefühl durch den leuchtend grünen Rasen aufgewogen, der auf der Rückseite des Hauses lag.

Es war Sommer, und es regnete; es war mir selten vergönnt, die Wiese im Trockenen zu erleben. Aber ich war nicht unzufrieden, denn die Kinder spielten darauf, auch wenn es Bindfäden regnete. Außerdem waren alle mit hohen schwarzen Gummistiefeln gegen den Regen ausgestattet. Meine Eltern ließen mich mitspielen, während sie mir in Marseille nie erlaubt hatten, mich mit den anderen Kindern einzulassen, die sich auf der Straße vergnügten; »aus sehr, sehr vielen Gründen«, wie sie sagten. Ich war froh, daß diese »Gründe« in Zürich nicht mehr existierten.

Ich freundete mich sofort mit den Kindern aus unserem Haus an. »Chum zue mer«, waren die ersten Worte in Züridütsch, die ich lernte. Meine neuen Spielkameraden waren – verglichen mit denen in Marseille – brav und ruhig, vor allem aber rosig und pausbackig. Mama bewunderte dieses stets blühende Aussehen der schweizerischen Kinder; zugleich betrübte es sie, daß ich im Vergleich mit ihnen so teigig, knochig und spindeldürr aussah. Die anderen Eltern frugen sie häufig, ob es mir auch gutginge. Die abergläubische Mama klopfte mal wieder auf Holz und schuf Abhilfe:

»Komm her. Besser du erregst Neid als Mitleid«, sagte sie und rieb mir die Wangen mit roter Bete ein, bevor ich die

Wohnung verließ, um zu den Kindern zu gehen, die mich zum Spielen eingeladen hatten.

»Aber kein Wort zu deinem Vater«, mahnte sie.

Die Wohnung befand sich direkt gegenüber der unsrigen. Sie war ordentlich und sehr leise. Ich sah nie jemanden, der nicht zur Familie gehörte. Besuche wurden wochenlang vorher eingeplant. Die Fußböden waren gewienert, und die Mütter meiner Freunde lehrten mich als erstes, ein paar große Filzpantoffeln anzuziehen, bevor ich »die Stube« betrat. Außerdem hatte ich das Gefühl, sie flüsterten alle, wenn sie miteinander sprachen.

Die anderen Kinder frugen: »Warum streitet ihr euch immer?«, wenn sie uns mit lauter Stimme reden hörten. Ich versuchte ihnen zu erklären, daß wir uns nicht stritten, wenn wir auf diese Weise miteinander redeten, aber sie antworteten besserwisserisch: »Das tut man nicht. Es stört die anderen.« Ich begann mich zu ärgern.

Auch Papa ärgerte sich, als eines Sonntagvormittags die Türglocke läutete und er vor einem Polizisten stand, der ihm den Zeigefinger entgegenstreckte und sagte:

»Herr Professor, Sie arbeiten.«

Papa hatte gerade einen Spiegel in unserem Zimmer aufgehängt und hielt noch den Hammer in der Hand.

»Arbeiten am Sonntag ist verboten«, belehrte ihn der Wachmann. »Ihre Nachbarn haben uns informiert, daß Sie hämmern. Das ist Arbeit. Das stört. Nicht wegen der Geräusche, die dabei entstehen. Wegen der religiösen Gefühle.« Es war unsere erste Berührung mit der schweizerischen Polizei.

Nach dem Schulgesetz der Schweiz durfte man erst nach dem sechsten Lebensjahr eingeschult werden, und da ich das sechste Lebensjahr noch nicht ganz vollendet hatte, als wir nach Zürich kamen, mußte ich noch ein Jahr warten, was mir nicht schwerfiel, denn Opa Chino kam aus Italien und blieb den Winter über bei uns. Er wäre am liebsten immer im Spätherbst nach Zürich gekommen, um zu »überwintern«, wie er sagte, »weil die Häuser ordentlich geheizt werden«.

Wir nahmen unsere langen Spaziergänge wieder auf, die wir in Todi unterbrochen hatten, streiften durch immer nasse Wiesen und pflückten Äpfel und Birnen, die Großvater mit einem scharfen Messerchen schälte, das er immer bei sich trug. Während des Spaziergangs frug er, wie Apfel und Birne auf deutsch hießen, und haderte mit mir, als ich »Öpfel« und »Bire« sagte. Aber nein, antwortete er, ihm hätte man beigebracht, sie hießen »Apfel« und »Birne«.

»Und Butter? Wie sagt man zu Butter?«

»Anke.«

»Ach was, ›Anke‹! Butter!«

»Und Spinat?«

»Binätsch.«

»Ach was, ›Binätsch‹. Das heißt Spinat.«

Wir machten ein Spiel daraus. Auf diese Weise lernte ich, daß »Züridütsch« eine eigene Sprache ist. Deutsch sollte ich später ebenfalls lernen, aber erst in der Schule. Ich lebte in einem Land, wo man anders redete, als man schrieb.

Während des ersten Winters in der Schweiz entdeckte ich den Schnee. Mit den anderen Kindern fuhr ich Schlitten auf einem Hügel hinter dem Haus. Mario Casadei schenkte mir einen Schlitten. Aber nicht einen dieser flachen, Marke »Davos«, aus hellem Holz, wie ihn die anderen besaßen. Meiner war ein Museumsstück: hoch wie ein Hocker und mit langen eisernen Kufen, die wie Ziegenhörner aussahen.

Alle lachten, als ich mit diesem Altertümchen auftrat, und hänselten mich: »Du mit diner Gaiss!« Mir war klar, daß sie

mich ein wenig verachteten, weil meine Eltern nicht genug
Geld hatten, um mir einen richtigen Schlitten zu kaufen, und
ich schämte mich. Papa regte sich auf, als ich ihm davon
erzählte. Er pflegte seine Wutausbrüche mit einem Schimpfwort zu begleiten, das ich von niemand sonst gehört habe:

»Imbecillòmetro! (Unfugstausend) Zwing sie, deine
›Gaiss‹ zu schlucken!« schrie er. Es machte ihm Spaß, Dinge
zu tun, die andere nicht taten, und er verlangte, daß es mir
auch Spaß machte. So erlaubte er mir, am »Räbeliechtli-
umzug« teilzunehmen – doch auf seine Weise.

Der »Umzug der Rübenlampen« ist ein alter Brauch im
Kanton Zürich. Im Spätherbst beginnen die Kinder ihre
Lampions zu basteln, indem sie mit viel Geduld und
Geschick dicke Rüben aushöhlen. Oftmals ist der Rand, der
stehenbleibt, nicht dicker als einen halben Zentimeter. In die
Außenwand werden Ornamente geritzt – je nach Geschmack und Können: Sterne, Engel, der Mond, ein Weih-
nachtsmann. In die Mitte wird eine Kerze gestellt, die
Rübe wird mit Bindfaden an einem Stöckchen befestigt,
und schon hat man einen lustigen Lampion. Jedes Kind hat
seine Lampe, und dann ziehen sie in einer langen Schlange
durch die Straßen des Stadtviertels, um Weihnachten anzu-
kündigen.

Papa höhlte meine Rübe mit großer Meisterschaft aus.
Doch leider mußte er die Arbeit plötzlich unterbrechen, weil
aus Frankreich ein Freund angekommen war, der ihn zu sprechen wünschte.

Ein großer, massiger Mann trat ein. Nachdem er Papa
begrüßt hatte, entschuldigte er sich bei mir höflich, da er
bemerkte, daß ich mich gestört fühlte.

»Nachher erzähle ich dir, wer dieser Herr ist«, sagte Papa,
bevor er ging. Sie sprachen lange miteinander. Als der Herr

gegangen war, nahmen wir die Arbeit an der Rübe wieder auf und Papa erklärte mir, jener Freund heiße Giorgio Amendola und sei der Sohn eines großen Mannes, Giovanni Amendola.

Mit der Rübe in der Hand erzählte er mir auch, wie die Schwarzhemden Giorgios Vater überfallen und bis aufs Blut geschlagen hätten, weil er für die Freiheit kämpfte. Ich machte mir größere Sorgen um meine Rübe als um Amendola. Dennoch prägte der Name sich mir ein.

Ich weiß nicht, ob der Auftritt Giorgio Amendolas dafür gesorgt hatte, daß Papa so mit dem Faschismus und dem Antifaschismus beschäftigt war: Tatsache ist, daß er in meine Rübe neben den Mond und die Sterne ein weiteres Zeichen ritzte – drei parallele, schräge Pfeile; das Symbol der antifaschistischen Sammlungsbewegung. Ich protestierte lebhaft. Niemand wußte, was diese Pfeile zu bedeuten hatten, und die Kinder würden mich wieder hänseln.

»Imbecillòmetro!« schrie er. »Zwing sie, deine Rübe zu schlucken!«

In der Schweiz war alles anders – auch das Einkaufen. Nicht wie in Marseille, wo ich mit Mama in die Geschäfte oder auf den Markt ging und die Fischverkäufer mir Muscheln und Krabben schenkten und mich »ma petite cocotte« nannten. In Zürich kam das Geschäft zu uns. Zwei- oder dreimal die Woche erschien ein kleiner Laster aus Aluminium und hielt an festgelegten Stellen, wie eine Straßenbahn. Auf den Seiten trug er ein großes »M«, das für »Migros« stand.

Sobald der Motor schwieg, verwandelte der Fahrer den kleinen Laster in einen Laden, indem er die Seiten herabklappte, sich hinter die Theke stellte und gravitätisch zu verkaufen begann. Der Wagen war eine Erfindung der Genossenschaft »Migros«. Alles kostete weniger, von der Marmelade bis zur

Butter, vom Kaffee zum Zucker, von den Nudeln bis zur Schokolade und dem Öl, weil der »Migros«, wie es auf einem Spruch hieß, »Vom Produzenten zum Konsumenten« verkaufte.

Man redete viel darüber, und die Leute sagten, »der revolutioniert den Markt«. Mama war es zufrieden, auch weil es in der Gegend nur wenige Geschäfte gab, die ziemlich teuer waren. Mir gefiel es besonders gut, weil ich wie eine Große alleine einkaufen gehen durfte. Wie der Fahrer es schaffte, immer pünktlich anzukommen, habe ich nie verstanden. Es konnte unmöglich immer an jeder Haltestelle die gleiche Anzahl Kunden geben, und er konnte ihnen auch nicht vorschreiben, wie viele bedient wurden. Trotzdem kam er nie zu spät. Er war wie eine Eisenbahn. Bei uns zu Hause war man verblüfft.

»Die Schweizer haben eine Uhr im Bauch«, behauptete Mama. Die Pünktlichkeit war, neben der Sauberkeit, der Ordnung und der Stille, die erste Eigentümlichkeit des Landes, in dem wir uns zu leben anschickten. Es sei nötig, sich anzupassen, da der ganze Lebensrhythmus von diesen Regeln bestimmt werde, sagte Papa zu Mama, die in dieser Hinsicht ziemlich unduldsam war.

Sie trauerte Frankreich nach, nicht zuletzt wegen des beunruhigenden Vorfalls mit der Polizei, die einfach kam, wenn man sie am wenigsten erwartete, nur weil irgendein Nachbar einen zurechtweisen wollte. Pünktlichkeit, Ordnung und Ruhe waren zu jener Zeit in der Schweiz unbestreitbare und absolute Werte, die von allen anerkannt wurden. Sie wurden von strengen moralischen Erwägungen getragen, wie ich bald darauf in der Schule lernen sollte.

Am ersten Schultag begleiteten mich meine Eltern. Es war das einzige Mal. Danach ging ich, wie alle Schweizer Kinder, alleine. Das Schulgebäude – das »Wipkingerschulhaus« – lag etwa zehn Minuten von unserer Wohnung entfernt und war von einem großen Garten umgeben, in dem man Sportgeräte sah – Balken, Kletterstangen und ein Korbballfeld. Gleich nach dem Überschreiten der Schwelle wurde ich von einem Geruch umgeben, der wie eine Mischung aus Waschtag und Apotheke wirkte. In der Schule in Marseille hatte das Bleichsoda alles überdeckt, sogar den Modergeruch.

Mein Klassenzimmer war geräumig und hell. An den Wänden hingen Schweizer Landschaften – die Alpen, die Seen, die Almen. An der Rückwand ein großes Bild: Wilhelm Tell mit seiner Armbrust und seinem Sohn an der Hand. Kein Kruzifix.

Der Lehrer hieß Herr Meili, aber die Kinder nannten ihn »Herr Lehrer«. Er war ein alter Herr mit weißen Haaren und einer freundlichen, entgegenkommenden Art. Er flößte nicht die geringste Furcht ein. Er ließ uns hinsetzen. Die Schulbänke waren so blank und schmuck, als wären sie gerade aus der Möbelfabrik gekommen. Aus Argwohn und Vorsicht setzte ich mich auf eine der hinteren Bänke.

Wir waren etwa vierzig Mädchen und Jungen. Herr Meili rief uns auf und wies darauf hin, daß in der Klasse eine Ausländerin sei. Alle drehten sich um und schauten mich an. Was das Religiöse betraf, bestand die Schülerschaft aus Protestanten – das war die große Mehrheit –, Katholiken, einigen Israeliten, und dann gab es noch mich: »Katholisch getauft, jetzt konfessionslos«, wie Papa auf dem entsprechenden Formular ausgeführt hatte. Der Lehrer nahm es kommentarlos zur Kenntnis.

Wieder schauten alle sich nach mir um. Es störte mich nicht. Durch mein Elternhaus wußte ich bereits, daß es verschiedene Religionen gab, und meine Eltern hatten mir auch den Grund für meine »religiöse Andersartigkeit« erklärt. Die Religion sei eine Frage des Gewissens, deshalb höchst persönlich, und ich müßte mich selber entscheiden, wenn es soweit sei. Die anderen besaßen ihren Kult, und wir hatten, »als moralisches Gerüst«, wie Papa sagte, die Freiheit und das Gewissen, auf das man immer hören mußte.

An jenem ersten Schultag betonte der Lehrer, daß die Bänke, in denen wir saßen, der Allgemeinheit gehörten und daß es deshalb unsere Pflicht sei, sie jeden Tag so zu verlassen, wie wir sie vorgefunden hätten: sauber. Dann verteilte er lauter Dinge, die mir wie Gottesgaben erschienen: Schulhefte, Bleistifte, Buntstifte, Radiergummis etc. Wann immer wir etwas bräuchten, sagte er zu uns, könnten wir darum bitten und würden es kostenlos bekommen.

Auch die Bücher waren während der gesamten Pflicht-schulzeit kostenlos, wurden jedoch nur geliehen. Auf der Innenseite des Umschlags befand sich ein Schild, auf dem der Name des Schülers und des Lehrers, das Jahr der Übergabe und das Datum der Rückgabe eingetragen wurden. Am Ende eines Schuljahrs inspizierte der »Herr Lehrer« die Bücher, begutachtete ihren Zustand und kassierte eine Strafe von fünf, zehn oder zwanzig Rappen, je nachdem, wie gut sie erhalten waren. Das gleiche Buch wurde viele Jahre lang von mehreren Schülern verwendet. Ich lernte rasch, daß es eine Ehre war, keine Strafe zahlen zu müssen und das Buch im bestmöglichen Zustand zurückzugeben. Ich erhielt ein Buch, das etliche Kinder im Lauf der Jahre benutzt hatten und dennoch wie neu aussah: kein Fleck, kein Krakel, kein Eselsohr. Meine Eltern, die beide Lehrer waren, konnten nur staunen und bewunderten ein derartiges Erziehungssystem.

Ein weiteres Geschenk, das jeder Schüler erhielt, war ein illustriertes Büchlein, das einen darüber aufklärte, wie man sich im öffentlichen Leben anständig zu verhalten hatte. Außerdem verteilte der Lehrer jeden Samstag in der Klas-se etwas, das in Zürich »Chropfzeltli« genannt wurde. Es war eine Tablette gegen den Kropf, die nach Schokolade schmeckte. Der Kropf, der angeblich durch zu wenig Jod im Wasser entstand, war seinerzeit in der Schweiz weit verbreitet, und die Gesundheitsämter hatten eine große Kampagne ins Leben gerufen, die schon im Kindesalter dagegen vorbeugen sollte, indem wöchentlich diese Pastillen verteilt wurden, die einen Jodzusatz enthielten.

Bevor wir in die Schweiz kamen, hatte ich nie einen Kropf gesehen. Er war nicht einfach eine mehr oder weniger bescheidene Vergrößerung der Schilddrüse, die zu einer Halsschwellung führte. Manchmal hatten die Leute einen regelrechten Ball unter dem Kinn, der so groß wie eine Apfelsine war und aus dem Halsausschnitt schaute, den sie jedoch – Frauen wie Männer – mit der größten Selbstverständlichkeit trugen. Mama, die einen ausgeprägten Sinn für Ästhetik hatte, war entsetzt und fühlte sich regelrecht verfolgt von den Kröpfen. Ich dagegen war überzeugt, daß es sich um eine Eigenart der Schweizer handelte, und fühlte mich als Italienerin nicht weiter davon betroffen.

Ich tauschte mein »Chropfzeltli« gegen eine der Stahlfedern, die der Lehrer zugleich mit den Antikropfpastillen in der Klasse verteilte, und konnte meine gebrauchte Feder deshalb, im Gegensatz zu meinen Schulkameraden, schon nach drei Tagen auswechseln. Zwar verbesserte ich dadurch meine Note im Schönschreiben, verzerrte jedoch die statistische Präzision über die positiven Auswirkungen der »Kropfvorbeugung« in den Zürcher Schulen. Als Mama davon erfuhr, wäre sie fast in Ohnmacht gefallen.

Es gab auch eine »Tuberkulinprobe«, die der »Schularzt« durchführte, um festzustellen, welche Schüler mit Tuberkeln infiziert wären oder zur Ansteckung neigten. Die Untersuchung wiederholte sich jedes Jahr, und jedes Jahr zeigte sich, daß eine beachtliche Zahl meiner Mitschüler – die so gesund wirkten und so blühend und rosig aussahen – viel anfälliger für Tuberkulose waren als ich, die ich durch meine Blässe und Magerkeit auffiel.

Mama frohlockte. Für sie war es eine große Befriedigung. Eine Art Revanche. Auch die Untersuchungen durch den Schulzahnarzt bestand ich mit eins zu null für mich. Bei mir fand sich nie ein kariöser Zahn, während meine Mitschüler schon mit sieben und acht Jahren an den Zähnen behandelt werden mußten, was ebenfalls kostenlos geschah.

Meine Eltern fanden die schweizerische Schulorganisation perfekt; mich langweilte sie. Der Schulalltag war zum Einschlafen, und ich sehnte mich nach meiner Schule in Marseille. Niemand aus der Klasse erzählte erstaunliche Geschichten, niemand muckte dreist auf, alle waren brav und neigten dazu, sich der vom Lehrer verkörperten Autorität zu beugen.

Sogar wenn es darum ging, einen Klassenkameraden zu verpetzen, waren sie diszipliniert. In der Ecke stand kein »martinet«, und doch herrschte ein ehrfurchtsvoller Respekt vor dem »Herrn Lehrer«. Was er sagte, war das Evangelium. Dieser unbestrittene Respekt verhinderte jede denkbare Diskussion zwischen uns Schülern: »De Lehrer hät's gseit ...« Einmal entschlüpfte mir die Floskel zu Hause. Die Reaktion meines Vaters war drastisch:

»Dein Lehrer könnte ein ›bischero‹ sein, ein Dussel wie du und ich, vergiß das nicht. Du mußt lernen, mit deinem eigenen Kopf zu denken und deinem Gewissen zu folgen.«

Es gefiel mir, wie Papa darüber dachte und daß er die Möglichkeit erwog, selber ein Dussel zu sein, aber es erschien mir klüger, meinen Schulkameraden nichts zu sagen. Außerdem hätte ich nicht gewußt, wie man »bischero« übersetzt. ·

Ich hoffte ohne Unterlaß, daß in der Schule etwas passierte, vielleicht eine Prügelei, was die Atmosphäre ein bißchen aufgelockert hätte. Ich dachte, es sei endlich soweit, als ich eines Tages in die Klasse kam und alle um einen Jungen herumstanden, der verzweifelt weinte. Ich war äußerst neugierig. »Was ist passiert?« frug ich.

»Er hät de Lehrer agloge …«

Mit aufgerissenen Augen berichteten sie, was der Unglückliche für ein entsetzliches Verbrechen begangen habe. Natürlich erzählte ich meinen Eltern von dem Vorfall, die die Gelegenheit nutzten, um mir zu erklären, die Verfehlung bestehe darin, daß der Junge gelogen habe, nicht jedoch, daß der Belogene der Lehrer war.

In Marseille hatte ich keinen Gegensatz zwischen dem familiären und dem schulischen Milieu bemerkt. Die Mentalität der Schule in der Schweiz war mir dagegen fremd; zumindest während der ersten Jahre. Ich hatte das Gefühl, immer auf der falschen Seite zu stehen. Es war ein »Kulturschock«.

Die Stimmung daheim unterschied sich in Zürich nicht sonderlich von der in Marseille. Es ging weiterhin lebhaft zu, wegen der vielen Besucher. Die Leute kamen, reisten ab, und häufig rieten uns die Eltern, wir müßten »vergessen, sie gesehen zu haben«; zumindest einen Teil von ihnen. Und wir vergaßen sie oder taten so.

Das Leben verlief ohne jedes »Programm« – abgesehen natürlich von den Arbeitszeiten meiner Eltern und meinem Stundenplan. Das Leben der Emigranten war ein Provisorium. »Wer weiß, wie viele Pilze bis dahin noch wachsen werden«, lautete die unvermeidliche Antwort meiner Mutter, wenn man sie nach der Zukunft frug. Hinzu kam der ständige Mangel an Geld. Das alles gehörte zu unseren Lebensbedingungen genauso wie in Marseille. In der Schweiz schien es jedoch mehr ins Gewicht zu fallen. Hier war das Leben vorprogrammiert, verplant, und es war so, wie Mama festzustellen pflegte: »In Zürich arm zu sein, ist nicht das gleiche wie in Marseille.« Mama litt auch unter dem Klima. Der graue, niedrige Himmel deprimierte sie, und die Kälte war eine Zumutung, wie sie sagte.

Dann war da noch die Sache mit der Sprache. Das »Züridütsch« mit seinen harten, kehligen Lauten war eine Beleidigung für ihren weichen umbrischen Tonfall. Andererseits hatte Papa eine feste Anstellung, auch wenn sie in ökonomischer Hinsicht für eine vierköpfige Familie absolut unzureichend war. Papa und Mama mußten sehen, wie und wo sie ihr Auskommen fanden, aber das ausdrückliche »Arbeitsverbot« war ein fast unüberwindliches Hindernis. Es untersagte ihnen jedwede andere Tätigkeit als die in der Aufenthaltsgenehmigung erlaubte »Lehrtätigkeit an der Freien Italienischen Schule«.

Neu in Zürich war, verglichen mit Marseille, eben diese »Freie Italienische Schule«, zu deren Leitern Mama und Papa berufen worden waren. Es war eine Schule, die italienische Emigranten unterschiedlicher Richtungen 1930 in Zürich gegründet hatten. Vor allem die »Lega della Libertà«, die Liga für die Freiheit, eine antifaschistische Organisation, die im Dezember 1925 in Zürich entstanden war und von Domenico Armuzzi geleitet wurde, setzte sich sehr dafür ein.

Zu den Förderern des Schulkomitees, das 1931 im Januar das erste Mal zusammentrat, gehörten alle Zürcher antifaschistischen Gruppen. Ihr ursprünglicher Name lautete »Scuola popolare«. In der Zeitung AVANTI – *l'Avvenire del lavoratore* (Vorwärts – Die Zukunft des Arbeiters) wurde sie in einem Artikel vom 31. Januar 1931 folgendermaßen beschrieben:

»In Zürich wird zur Zeit eine freie Volks-Schule aufgebaut, und es lohnt sich, die Aufmerksamkeit der italienischen Antifaschisten auf dieses wichtige Experiment zu richten.

Die Volks-Schule in Zürich ist nicht die erste Gründung dieser Art. In anderen Städten gibt es auf Initiative und Betreiben von Italienern, die der faschistischen Diktatur feindlich gegenüberstehen, bereits schulische Einrichtungen, in denen versucht wird, den Kindern unserer Emigranten eine humane und zivile Erziehung zu geben, die sich von dem absurden und verderblichen Unterricht der offiziellen Schulen unterscheidet, die durch die Konsulate und faschistischen Behörden kontrolliert werden. Man braucht insoweit nur an die italienische Schule in Genf zu erinnern ...

Die Schule in Zürich unterscheidet sich von ihren Vorläufern durch zwei wesentliche Elemente: Erstens ist sie nicht wie andernorts eine bestehende Einrichtung, die der Kolonie schon vertraut war und lediglich durch eine antifaschistische Mehrheit der Willkür des Konsulats entrissen wurde; zum zweiten ist es eine Schule, die klar den Charakter einer Arbeiter-Schule hat.

... Durch freiwillige Spenden, einen geringen Jahresbeitrag aller Mitglieder des »Schulvereins« und ein Volksfest wurden die erforderlichen Mittel für die ersten Monate beschafft. Zur Zeit werden Aktionen vorbereitet, um die finanzielle Basis zu erweitern und zu festigen.

... Ein besonderes Interesse der Schulleitung gilt dem Geschichtsunterricht. Damit wird die zweifache Absicht verfolgt, den Unterricht von den Lügen der offiziellen Schule freizuhalten und ihn zu einer politisch orientierten Lehrstätte für die Arbeiterklasse zu machen.

In dieser Hinsicht sind sich alle antifaschistischen Arbeiter in Zürich einig – Anarchisten und Kommunisten eingeschlossen. Es braucht jedoch nicht betont zu werden, daß die Schule nicht parteigebunden ist und über den besonderen Interessen einzelner Parteien steht. Der Beweis für den Erfolg und die Richtigkeit dieser Ausrichtung wird in der Schülerzahl sichtbar, wie sie sich seit dem Beginn des Unterrichts gezeigt hat. Gut hundert Schüler, teils Kinder, teils Erwachsene, haben sich angemeldet und folgen mit Fleiß dem Unterricht. Die faschistische Schule hat gerade ein Viertel davon.

Die antifaschistischen Arbeiter Zürichs geben sich mit diesem ersten Erfolg jedoch nicht zufrieden. Sie wissen, daß zwei schwere Hürden noch zu überwinden sind: die Entwicklung der Schule und die Reaktionen infolge der üblichen Versprechungen und Belohnungen der faschistischen Schule ...«

In einem Aufruf wurden die Ziele der Schule noch durch einen weiteren Punkt ergänzt:

»Für den Faschismus sind die Kinder zukünftige Soldaten. Er versucht, sie zum Chauvinismus zu erziehen, fördert die gewalttätigen Instinkte und pflegt den Kriegskult. Die Volks-Schule hat sich dagegen zum Ziel gesetzt, die Kinder entsprechend den Idealen und Interessen der Arbeiterklasse zu unterrichten. Sie erzieht sie zu bewußtem und wirksamem Friedensdienst, sozialer Gerechtigkeit und internationaler Brüderlichkeit.«

Ein Jahr später nahm die Schule den Namen »Freie Italienische Schule der proletarischen Emanzipation« an. Die antifaschistischen Emigranten ihrerseits meldeten sich mit einer ganzen Reihe von Initiativen, Kundgebungen und Vorschlägen zu Wort, die alle um die Freie Schule kreisen.

Es war eine Ergänzungsschule, die vier Kurse anbot: drei für italienisch sprechende Schüler und einen für deutsch sprechende. Der Kursunterricht fand zweimal die Woche im »Kanzleischulhaus« statt, einer Gemeindeschule, die der Freien Schule von der Stadt Zürich für etwa vierhundertfünfzig Franken im Jahr zur Verfügung gestellt wurde. Der damalige Bürgermeister, Emil Klöti, war Sozialdemokrat – »en Rote«, wie die Zürcher sagten.

Der vierte Kurs, der für die älteren Schüler war, fand dagegen in der »sozialistischen Kooperative« in der Militärstraße 36 statt. Mama unterrichtete die Kleinen, Papa die Größeren – nicht nur in Italienisch, sondern auch in Geographie und Geschichte.

Das Lehrbuch für diese beiden Fächer hatte Papa auf einem vorsintflutlichen Vervielfältigungsgerät »produziert«. Der Apparat wurde meine große Liebe. Am Sonntagvormittag widmete Papa sich häufig der Vervielfältigung von Handzetteln, Aufrufen, Nachrichten und Skripten. Ich half bei den verschiedenen Vorgängen; von der Herstellung der Matrize bis zur Reproduktion der beschriebenen Seiten.

Der Text wurde ohne Farbband auf einer ebenfalls uralten Schreibmaschine, Marke »Underwood«, die an den »Altar des Vaterlands« in Rom erinnerte, auf eine Matrize getippt. Der Vervielfältiger war ein rechteckiger Deckelkasten aus hellem Holz. Mit einem Spachtel verteilte Papa die dickflüssige Druckerschwärze, die er aus einer großen Aluminiumtube drückte, auf der Walze. Dann schob er ein Blatt Papier unter die zwei entsprechenden Federn, schloß den Deckel, drückte ihn kräftig herunter, um das Papier so eng wie möglich an die Matrize zu pressen, und zog gleichzeitig kräftig den eisernen Stab, an dem die mit Druckerschwärze überzogene Walze befestigt war. Die ersten Kopien waren immer etwas fleckig, weil sich die Druckerschwärze noch nicht gleichmäßig verteilt hatte.

»Porca l'Austria« – »Verdammtes Österreich« – schimpfte er
dann und versuchte es so lange, bis er mit dem Druck zufrieden war. »Verdammtes Österreich« war sein übliches Schimpfwort, wenn er böse wurde. Es war ein Überbleibsel aus dem
Ersten Weltkrieg. Ein weiteres Überbleibsel hatte er im linken
Bein, und zwar einen Kugelsplitter, der sich nicht herausope-
rieren ließ und ihn oftmals plagte.

Außer dem »porca l'Austria« entfuhr ihm zuweilen auch ein
»porcella Eva« – »verdammte Eva« –, wenn er wütend war. An-
sonsten fluchte er nie, selbst wenn ihm die Nerven durchgin-
gen. Erst nach dem »Anschluß« durch Hitler hörte er auf, »porca
l'Austria« zu sagen. Man schimpft nicht über die Toten. Wenn
das Schriftbild endlich klar und lesbar war, rief er: »Vittoria!«

Meine Aufgabe schien einfach zu sein, war es aber nicht. Sie
bestand darin, das Papier einzeln von einem Stapel zu nehmen
und im vorgeschriebenen Rhythmus anzureichen. Er hatte
zuvor festgesetzt, wie viele Seiten wir pro Minute zu drucken
hatten. Trotzdem geschah es, daß ich ein Blatt Papier nicht
sofort zu fassen bekam, so daß Papas ausgestreckte Hand
einen Moment länger als vorgesehen in der Luft schwebte.

Er nutzte die Gelegenheit, um mir zu erklären, was ein
Fließband sei und worin die Vorteile und Nachteile der Fließ-
bandarbeit bestünden. Man spart Zeit, sagte er, erwirtschaftet
daher mehr Gewinn für den Unternehmer, aber für die
Fabrikarbeiter ist es eine Versklavung. Das hinderte ihn nicht
daran, mich zur Ordnung zu rufen und zu verlangen, daß ich
mich exakt an den vorgeschriebenen Arbeitsrhythmus hielt.

Aber es gab noch andere Aufgaben, die am Sonntagvormittag auf mich warteten. Dazu gehörte das Zerschneiden der
Adressenlisten, die Papa zuvor mit der Schreibmaschine auf
Bögen getippt hatte. Die einzelnen Adressen der Mitglieder
der italienischen Kolonie wurden danach auf die entspre-

chenden Briefumschläge geklebt. Er schrieb immer acht von diesen Listen, um Zeit zu sparen.

Einige der Namen brachten mich zum Lachen. Einer hieß mit Zunamen »Orribile« – »Schrecklich« – ein anderer »Cristofero Colombo« – »Christoph Columbus«. Ich hätte nicht gewußt, welchen ich nehmen sollte. Einige Emigranten hießen mit Vornamen »Libero«, »Emancipato«, »Sparta« und »Edera«. Papa erklärte mir, daß die Anarchisten ihren Kindern solche Namen zu geben pflegten wie »der Freie« oder »der Emanzipierte«. »Edera« heißt nicht einfach nur »Efeu«, sondern war auch das Emblem der italienischen Republik.

Die Anarchisten waren mir allesamt sympathisch, weil ich an Camillo Berneri dachte, aber ihre Namen hätte ich nicht gewollt.

An dem Tag, als Papa mir erlaubte, selber die Adressen auf der Schreibmaschine zu tippen, wurde ich zum »Gehilfen« befördert. Es war meine erste bezahlte Arbeit: zehn »Centesimi«; »schweizerische«, pflegte Papa zu präzisieren. Zum Spaß gab er mir den ersten Unterricht in Arbeitsrecht:

»Was du machst, ist Kinderheimarbeit. Du wirst ausgebeutet, weil du kein Überstundengeld bekommst«, sagte er. Ich lernte meine Lektion und rebellierte. Papa erhöhte meine Bezahlung auf fünfzehn Rappen. »Schweizerische.« Wir waren beide zufrieden.

Abermals wechselten wir die Wohnung: Wir zogen in die Nordstraße 88, um näher an der »Cooperativa Socialista« zu wohnen. Es war der Arbeiterbezirk von Zürich, der allgemein auch »Kreis Chaib« genannt wurde. Der Sitz der Organisation der Freien Italienischen Schule befand sich bei der »Cooperativa«.

Die »Copè« war während der ganzen Zeit unseres Exils das Zentrum der antifaschistischen Emigration in Zürich und der

Ort, von dem aus die beiden wichtigsten Hilfsorganisationen der italienischen Linken wirkten, der »Fondo Matteotti«, ein nach dem ermordeten Sozialisten benanntes Hilfswerk, und die »Internationale Rote Hilfe«. Die »Copè« war zugleich Anlaufstelle für alle, die eine warme Mahlzeit brauchten, ein Nachtlager suchten, wo sie keinen Ausweis vorzeigen mußten, oder irgendwohin gebracht werden wollten.

In der »Copè« liefen die politischen Nachrichten aus Italien und Frankreich zusammen – während des Bürgerkriegs auch aus Spanien –, und von dort brachen die Kuriere zu den verschiedenen Bestimmungsorten auf. Für die vielen »Illegalen« erwies sich ein zweiter Ausgang, der halbversteckt hinter dem Haus auf die Jägergasse führte, als sehr nützlich.

Es war bekannt, daß die »Copè« ein wichtiges Informationszentrum für alle antifaschistischen Flüchtlinge war; zunächst für die aus Italien, später auch aus dem übrigen Europa. Das italienische Konsulat hatte Spitzel und Informanten eingeschleust, denn wer in der »Copè« verkehrte, galt mehr oder weniger als Subversiver.

Die Italiener mußten jedes Jahr zum Konsulat, um ihren Paß verlängern zu lassen, da die schweizerischen Behörden verlangten, daß alle Ausländer einen gültigen Paß besaßen. Die »Schriftenlosen« bekamen mit den Schweizern ernstliche Scherereien. Zudem hatten viele Emigranten noch die alte Mutter in Italien, die sie besuchen wollten.

Natürlich sammelte auch die Schweizer Polizei Nachrichten über die Flüchtlinge in der »Copè« und kontrollierte, wer dort verkehrte. Es war nicht schwierig, sie zu erkennen, da ein schweizerischer Polizist, auch in Zivil, in diesem Ambiente leicht zu identifizieren war. Sofort verständigten sich die Anwesenden durch eine Art »Buschtrommel«. Ein Augenzwinkern oder eine kaum wahrnehmbare Handbewegung signalisierten den Betroffenen, sich rasch und unauffällig zu verdrücken.

Die »Cooperativa« war eine Genossenschaft und wurde 1905 von Emigranten gegründet, die zumeist aus der Romagna stammten und sich in Zürich niederließen. Sie pflegten sich am Sonntagvormittag zu treffen. Da sie keinen Versammlungsraum hatten, landeten sie in einer Gastwirtschaft, wo sie selbstverständlich etwas verzehren mußten. So verfielen einige sozialistische Emigranten auf den Gedanken, in Zürich ein genossenschaftliches Restaurant zu gründen, wo die Arbeiter eine gesunde und nahrhafte Mahlzeit zu einem erschwinglichen Preis bekamen und einen Platz fanden, wo sie sich treffen und diskutieren konnten, ohne etwas verzehren zu müssen. Der Reinerlös kam nach dem Statut der politischen und gewerkschaftlichen Propaganda zugute.

Das Statut sah auch ein Volksbildungsprogramm und eine kleine Bibliothek vor, die zumeist Schriften über die Arbeiter- und Gewerkschaftsbewegung enthielt und sich im ersten Stock in einem kleinen Raum der »Copè« befand.

Aber die Gründer der Kooperative sahen nicht nur die Notwendigkeit, das politische Bewußtsein der Emigranten zu erweitern. Sie versuchten auch, die praktischen Probleme zu diskutieren, die im Milieu der damaligen Emigranten bestanden. Eine der ersten Versammlungen beschäftigte sich mit der verwerflichen Angewohnheit, bei den heftigen Schlägereien, die nicht eben selten waren, zum Messer zu greifen. Die italienischen Emigranten waren in der Mehrzahl recht feurig, da sie aus der Romagna stammten, und die Ursache ihrer Streitigkeiten waren vorwiegend politische Meinungsverschiedenheiten oder Frauen. Derartige Sitten waren nach Meinung der meisten nicht nur unzivilisiert, sondern in der Schweiz auch unerwünscht.

Das Thema erregte offensichtlich die Teilnehmer der Debatte, die dem Referat von Domenico Armuzzi folgte. Armuzzi war ein ehemaliger Maurer aus Ravenna, gehörte der maximalistischen Fraktion der Sozialisten an und war einer der Gründer der Genossenschaft. Die Gemüter waren jedenfalls so erregt, daß er auf dem Heimweg nach der Veranstaltung in der nahen Konradstraße von einem Landsmann mit dem Messer niedergestochen wurde. Der Mann hatte an der These des Redners, wonach das Messer als Argument nicht zu empfehlen sei, keinen Gefallen gefunden.

Für mich wurde die »Copè« rasch ein vertrauter Ort. Oft begleitete ich Papa oder Leute, die uns besuchten, dorthin. Außerdem frequentierte ich mehrere Jahre lang die Kurse in Italienisch, Geographie und Geschichte, die Papa im ersten Stock gab. Die Kooperative besaß für mich die Faszination eines historischen Ortes, nachdem man mir erzählt hatte, daß Leute wie Lenin und Mussolini zu ihrer Zeit dort verkehrt hätten.

Die Mitte des geräumigen, stets nur schwach beleuchteten Lokals der »Copè« wurde von einem großen Ofen beherrscht, der seine Wärme gleichmäßig über die umherstehenden Tische verbreitete, an denen die verschiedenen politischen Gruppen saßen: Anarchisten, Sozialisten, Republikaner. Die Kommunisten hatten zu jener Zeit keinen festen Tisch. Sie kamen, soweit ich das sah, lieber einzeln in die »Copè«; vermutlich aus Vorsicht.

An den Wänden hingen die Portraits von Männern, die – rein äußerlich – alte Bekannte von mir waren: Karl Marx, Giacomo Matteotti, Jean Jaurès, Filippo Turati und andere aus dem »Gotha« der Sozialisten und Antifaschisten. Wenn man hereinkam links, auf einem Möbelstück gut sichtbar, hatte

Dante Alighieri mit einer schreckenerregenden Hakennase und finsterem Gesichtsausdruck seinen Ehrenplatz. Er paßte nicht zu der herzlichen Atmosphäre des Lokals.

Der Verwalter der »Copè« hieß in jenen Jahren Enrico Dezza, aber die Seele des Unternehmens war Erminia Cella, seine Gefährtin. Das sagten die anderen, und das sah man auch. Sie war breiter als hoch; eine Vorkämpferin der Frauenbefreiung, ohne daß ich jemals ein Wort von ihr gehört hätte, das sich ausdrücklich darauf bezog. Ihre Emanzipation bestand aus Tatsachen. Sie war mit einem anderen verheiratet und hatte einen Sohn, den sie liebte. Sie lebte mit Dezza in einem eheähnlichen Verhältnis, was nicht ungefährlich war. Das Konkubinat war im Kanton Zürich von Gesetzes wegen strafbar und blieb es bis in die sechziger Jahre.

Erminia stammte aus Reggio Emilia und verkörperte die »Arzdora« jenes Landstrichs in Reinkultur: die typische Hausfrau – intelligent, resolut, couragiert und eine große Arbeiterin. Sie besaß sämtliche Tugenden außer der Schönheit. Sie fürchtete sich vor niemandem, und mehr als einmal warf sie einen vor die Tür, den sie in Verdacht hatte, ein Spitzel des faschistischen Konsulats zu sein. Sie flößte Angst und Respekt ein. Ich mochte sie sehr.

Es gab in Zürich noch einen anderen Treffpunkt der Antifaschisten, das Restaurant »International« in der Badener Straße 139, ebenfalls im »Arbeiterviertel«. Es wurde von Curzio Bertozzi geführt, einem Republikaner und Antifaschisten der ersten Stunde, der aus der Romagna stammte. Seine Frau, Signora Vilma, war eine Tochter von Domenico Armuzzi – demselben, der die sozialistische Kooperative mitgegründet hatte.

Die Bertozzis hatten eine Tochter, Rosina, die etwa in unserem Alter war. Sie verbrachte oft die Wochenenden bei uns und manchmal auch die Ferien, da ihre Mutter sie aus dem

Gasthausmilieu möglichst heraushalten wollte. Die Atmosphäre im »International« war anders als im »Copè«: weniger ideologisiert und mehr Restaurant. Es wurde auch viel von Schweizern besucht, die nichts mit Antifaschismus zu tun hatten, aber gerne gut italienisch aßen.

Nach 1938 traf man bei Bertozzi auch österreichische und deutsche Flüchtlinge. Einige von ihnen gehörten zum Ensemble des berühmten Schauspielhauses. Von den Italienern waren vor allem die Republikaner »habitués« im »International« wie Giuseppe Delogu oder Randolfo Pacciardi, wenn er in Zürich war.

Curzio Bertozzi war eine stämmige Frohnatur. Er liebte die Frauen und den »Sangiovese«: den kräftigen, leicht bitteren roten Tischwein aus der gleichnamigen Traube. Vor allem zwei Dinge bedeuteten ihm etwas: sein Ansehen als Republikaner und Antifaschist und sein Ruf als Schürzenjäger aus der Romagna. Er hatte am Ersten Weltkrieg teilgenommen, was unter den damaligen italienischen Emigranten selten war. Um seinen Argumenten ein größeres Gewicht zu geben, begann er seine Rede, wenn über Politik diskutiert wurde, unweigerlich mit den Worten: »Wir, die wir unser Blut für das Vaterland vergossen haben.« Dann, nach einer kurzen Pause: »Das heißt, wir hätten es gegeben, wenn es uns darum gebeten hätte.« Der Satz verfehlte nie seine Wirkung – in diesem oder in jenem Sinne.

Der Wechsel der Wohnung bedeutete für mich auch eine andere Schule. Es gab keine Neuigkeiten. Immer das Bild von Wilhelm Tell an der Wand und an der Rückwand Abbildungen der landschaftlichen Schönheiten der Schweiz: Seen, Berge und liebliche Bauerndörfer. Auch die neuen Schulkameraden schienen die alten zu sein. Und sogar unsere wirtschaftliche Lage blieb unverändert. Wir hatten weiterhin absolutes »Arbeitsverbot«, und nur die Lehrtätigkeit an der Freien Schule war genehmigt.

Das Problem verschärfte sich noch. Von Zeit zu Zeit gaben Papa und Mama mit großer Vorsicht privaten Sprachunterricht in der Wohnung, aber es war nicht viel, und es war gefährlich. Als meine Eltern in der *Neuen Zürcher Zeitung* lasen, daß die »Berlitz School« einen Lehrer für Italienisch suchte, entschlossen sie sich deshalb, die Direktion anzusprechen, wobei sie die gebotene Umsicht walten ließen.

Eines Nachmittags im Winter begleitete ich Papa zur Sihlstraße 1, Ecke Bahnhofstraße, wo im sechsten Stock ein großes Schild in Gold und Schwarz die »Berlitz School of Languages« empfahl.

Eine elegante Französin empfing uns lächelnd und sagte, sie sei die Direktorin. Durch einen langen Korridor, von dem die Unterrichtsräume der Schule abgingen, führte sie uns in den privaten Teil des Appartements – ein großes, helles Zimmer mit Stilmöbeln, wo uns der Direktor erwartete. Er stellte sich vor: »Otto Giordani.« Aus Rom, wie er sagte. »Das hört man am Akzent«, bemerkte Papa. Er hielt sich zurück – der Mann konnte Faschist sein und sich an die Polizei wenden, um Informationen einzuholen. Papa erklärte unumwunden, er unterrichte an der Freien Schule und sei politischer Flüchtling, erwähnte jedoch nicht, daß er keine Arbeitserlaubnis hatte. Sie verstanden sich auf Anhieb, und Giordani wollte Papa seine Entscheidung mitteilen.

Die Dame, die der Direktor Lisy nannte und die er stets mit galanter Höflichkeit ansprach, schenkte mir Schokolade und redete mich auf französisch an, nachdem sie von Papa erfahren hatte, daß wir aus Frankreich kämen. Der farbige Dialekt der Marseillesen, den ich sprach, amüsierte sie zwar, aber sie verhehlte auch nicht ihr Mißfallen und erklärte sofort mit Entschiedenheit: »On corrigera cela, ma petite.« – »Das müssen wir uns abgewöhnen, mein Kleines.«

Sie war Französischlehrerin und mit »les palmes académiques« ausgezeichnet. Ich konnte mich an ihr nicht sattsehen. Sie hatte mandelförmige Augen, die sehr blau waren, und einen intensiven, direkten Blick, den sie niemals senkte, schwarze Haare, sehr hellen Teint, und sie benutzte ein Parfüm, das mich betäubte.

Madame Lisy gefiel mir, und ich wünschte mir sehr, daß Papa dort arbeiten würde. Einige Tage später, als Signor Giordani Papa mitteilte, er freue sich, ihn als neuen Italienischlehrer einzustellen, erklärte ihm Papa, wie sich die Sache mit seinem »Arbeitsverbot« verhielt. Giordani und Madame Lisy gingen das Risiko ein, und Papa blieb bis zu seiner Rückkehr nach Italien Lehrer bei Berlitz. Wenn ein Schüler kam, der Verdacht erregte und nach Polizei roch, übernahm Mama den Unterricht; unter dem Namen Signora Bondanini. Im übrigen hieß auch Papa als Lehrer offiziell nur »Herr Professor Bondanini«.

Die Giordanis kamen häufig zu uns zu Besuch. Zumeist kamen sie abends auf einen Kaffee. Sie wurden unsere Freunde und mehr noch: unsere Komplizen. Giordani war Antifaschist. »Weil ich einen Sinn für Lächerlichkeit habe«, erklärte er bescheiden. Er hatte sich nie aktiv um Politik gekümmert. In den italienischen Kreisen in Zürich bewegte er sich mit Vorsicht. Das offizielle Ambiente ertrug er nicht, und das antifaschistische mied er aus Vorsicht, bis er uns kennenlernte. Sein alter Vater und andere Verwandte lebten noch in Rom, und er wollte sie besuchen können.

Signor Giordani war geistreich, unterhaltsam und ein Feinschmecker. Er liebte das Leben und Madame Lisy. Meinen Vater ärgerte es, wenn er sah, daß jemand dem Essen solche Bedeutung beimaß. Um Mißverständnissen vorzubeugen, wandte er sich an uns: »Man ißt, um zu leben, und man lebt nicht, um zu essen.« Madame Lisy schaute amüsiert und fügte hinzu: »Et vous êtes un puritain.« – »Und Sie sind ein Puritaner.« Sie war eine Meisterköchin »à la cordon bleu«, vor allem aber eine begabte Geschäftsfrau mit einem Sinn für die Realitäten des Lebens. »Les affaires sont les affaires; l'amitié c'est l'amitié«, sagte sie, »Geschäft ist Geschäft und Freundschaft ist Freundschaft.«

Sie sagte, was sie dachte, und liebte ehrliche und freimütige Menschen. Wenn sie jemandem begegnete, der etwas verkrampft war, sagte sie: »La psychologie m'intéresse, mais de loin.« – »Die Psychologie interessiert mich, aber nur von weitem.« Nur ein Punkt im Leben von Madame Lisy war ein Geheimnis: ihr Alter.

Wenn die Giordanis abends zu uns kamen, redete man über Politik und Italien. Vor allem über Italien. Da sie zweimal im Jahr nach Rom fuhren, wollten meine Eltern von ihnen wissen, ob Mussolini große Anerkennung bei der Bevölkerung finde, worüber die Menschen redeten und was die Italiener vom faschistischen Regime hielten. Bei uns zu Hause wehte immer eine subtile Sehnsucht nach Italien. Es war dieses Heimweh meiner Eltern, das mich Italien lieben lehrte.

Das Heimweh äußerte sich in der Sehnsucht nach Menschen, Dingen und Orten, zu denen sie zurückkehren wollten; nach Situationen, die sie noch einmal erleben, und Klängen, die sie noch einmal hören wollten.

Frau Doktor Kohberg, die Ärztin meiner Mutter, sagte zu Papa: »Ihre Frau leidet unter ›mal du pays‹; unter Heimweh.« Papa streichelte Mamas tizianrotes Haar, nannte sie »Rondoncino«, zu deutsch »Schwälbchen«, und rief nach einem Augenblick des Schweigens: »Reagire! Reagire!«; so als wollte er die

Trübsal verscheuchen, die ihn niederzudrücken drohte. Die Eltern machten sich keine Illusionen über die Rückkehr nach Italien. »Der Faschismus dauert zwanzig Jahre«, sagte Papa immer wieder. Trotzdem war die Traurigkeit nie ein Dauerzustand in unserem Hause.

Um uns zu besuchen, mußten die Giordanis den Bahnhof durchqueren, und die erste Frage, die Papa ihnen stellte, lautete stets: »Was hat der Bauch für Nachrichten?« Der Verkäufer der *Neuen Zürcher Zeitung* hatte immer ein Schild vor dem Bauch hängen, auf dem die letzten Meldungen in Schlagzeilen standen, und wurde deshalb »der Bauch« genannt.

Papa war ein aufmerksamer und fleißiger Leser der »Züri Ziitig«, wie das Blatt in Zürich genannt wurde. »Eine große Zeitung«, pflegte er zu sagen, »obwohl konservativ.« Wenn er sie gelesen hatte, zeigten die Blätter zahllose rote und blaue Unterstreichungen. Die roten betrafen die Politik, die blauen die Sprache. Die deutsche Syntax war für ihn kein Rätsel mehr.

Zu jener Zeit wurde mit den Giordanis häufig über die politische Linie der *Neuen Zürcher* in italienischen Angelegenheiten diskutiert. In Rom hatte die Zeitung einen Korrespondenten namens Robert Hodel, der offen mit Mussolini sympathisierte, was Papa irritierte, aber aus Mailand – und das wunderte ihn – berichtete Hermann Schütz, der seinem Kollegen aus der Hauptstadt oft widersprach.

Papa erörterte alles das mit der peinlichen Genauigkeit des erfahrenen Journalisten und Chefredakteurs. Madame Lisy las die *Zürcher Zeitung* nicht regelmäßig, jedoch *Le Temps,* auf die sie abonniert war. Sie brachte sie Papa mit, und gemeinsam kommentierten sie die unterschiedlichen Standpunkte.

Madame Lisy war nicht das, was man gemeinhin »links«

nennt. Sie stammte aus der Lyoner Großbourgeoisie und war ebenfalls eine entschiedene Antifaschistin, vor allem aber – Französin. Eine couragierte und patriotische Französin, wie sie später beweisen sollte. Sie bejahte die politischen Ansichten von *Le Temps* und vor allem, was Madame Tabuis darin schrieb. Das führte zu heißen Diskussionen mit meinem Vater.

Man las auch den *Osservatore Romano.* »Zwischen den Zeilen«, wie Papa es nannte, entdeckte er in der Zeitung des Vatikans Nachrichten, die in den Zeitungen des Regimes nicht erschienen. Den *Corriere della Sera* sammelte er. Andere italienische und ausländische Zeitungen sowie Periodika las er in der »Museumsgesellschaft« – der berühmten, 1834 begründeten Privatbibliothek am Limmat-Quai. Manchmal nahm er mich mit und erzählte mir, daß die Bibliothek von berühmten Leuten benutzt worden sei wie Francesco de Sanctis, Lenin und James Joyce, der ebenfalls Lehrer an der Berlitz gewesen war.

Die bedeutungsschwere, gedämpfte Atmosphäre, in der man nur das Rascheln hörte, das die Leser verursachten, wenn sie eine Seite umblätterten, schüchterte mich ein. Es handelte sich um die ernsthaften und gedankenvollen Mitglieder der »Museumsgesellschaft«. Sie waren in ihre Lektüre vertieft, wortlos, flüsterten höchstens miteinander oder verständigten sich durch Zeichen.

Als sie mich das erste Mal in Begleitung meines Vaters hereinkommen sahen, musterten sie mich mißtrauisch und feindselig. Ich fixierte den Platz, wo Lenin früher zu sitzen pflegte, wenn er hierher kam, um zu lesen. Papa hatte mir seinen Platz gezeigt. Ich war überzeugt, daß die Träume dieses großen Revolutionärs dort, an jenen Fenstern, die auf die Altstadt sahen, Gestalt angenommen hätten.

Papa mußte viele Zeitungen lesen, da er an verschiedenen

antifaschistischen Zeitungen mitarbeitete, die in Frankreich erschienen, wie *Giustizia e Libertà* (Gerechtigkeit und Freiheit). Gelegentlich schrieb er auch für schweizerische Blätter wie *La Libera Stampa* (Die Freie Presse), wo er mit seinem Pseudonym, Dino Giannotti, unterzeichnete, da er an sein »Arbeitsverbot« denken mußte.

In der Tageszeitung *La Libera Stampa* lernte ich, was Druckfehler sind. Das sozialistische Blatt, das in Lugano erschien, war voll davon, so daß es allgemein nur »La Libera Stramba« – »Das freie Wirrwarr« – genannt wurde.

Für meinen Vater war das regelmäßige Durchblättern der italienischen und internationalen Presse vor allem für seine »gesprochene Zeitschrift der politischen Ereignisse« unentbehrlich, die er jeden zweiten Dienstag um zwanzig Uhr fünfzehn im »Sonnenblick« in der Langstraße vorstellte. Das Publikum bestand überwiegend aus italienischen Emigranten aller Parteien, von denen einige kaum in der Lage gewesen wären, richtig Zeitung zu lesen, aber es kamen auch Tessiner. Zu diesem Zweck unterhielt Papa eine umfangreiche Sammlung von Zeitungsausschnitten, die immer auf dem neuesten Stand war – das Archiv, wie er es nannte. Niemand aus der Familie durfte es anfassen. Er behauptete, wir würden es durcheinanderbringen.

Zuweilen setzten Madame Lisy und Mama sich beiseite, wenn die Giordanis abends auf einen Sprung zu uns kamen, und redeten alleine miteinander. Es war Madame Lisy, die Mama als erste über die Sitten und Gebräuche der Schweizer auf dem laufenden hielt. Sie waren zweifellos sehr demokratisch, wie sie zugeben mußte, aber sie waren ihr nicht sympathisch. Irritiert teilte sie der Mama mit:

»Dans ce pays il ne faut s'étonner de rien. A un bal, cela peut vous arriver de danser avec votre boucher.« – »In diesem Land darf man sich über nichts wundern. Auf einem Ball kann es

Ihnen passieren, daß Sie mit Ihrem Metzger tanzen.« Das fand sie überhaupt nicht komisch. »Chacun à sa place« – »Jeder dorthin, wo er hingehört«, schloß sie.

Es empörte sie auch, daß man in Zürich an den entsprechenden Schalter im Stadthaus gehen konnte, um gegen Zahlung von fünfzig Rappen Informationen über die Einkünfte jedes beliebigen Bürgers zu erhalten. Sie fühlte sich davon in ihrer persönlichen Freiheit bedroht. Die Emsigkeit, mit der viele Schweizer sich um ihre Nachbarn kümmerten, vor allem wenn sie Ausländer waren, um festzustellen, ob sie die Landesgesetze respektierten und entsprechend ihrem »train de vie« – »Lebensstandard« Steuern entrichteten, verbitterte sie. »Ah, de quoi ils se mêlent . . .« – »Ah, in was die sich einmischen . . .«, pflegte sie empört auszurufen.

Geradezu aberwitzige Dimensionen, fuhr Madame Lisy fort, wenn sie mit Mama sprach, erreiche jedoch der Putzfimmel. Dabei bezog sie sich auf einen skurrilen Vorfall: Ein Herr, der die Berlitz-Schule besuchte, verspürte eines Abends ein unwiderstehliches Bedürfnis. Er befand sich am Ende der Bahnhofstraße, und da um diese Tageszeit keine öffentliche Bedürfnisanstalt mehr geöffnet war, zog er sich am »Bürkliplatz« hinter einen Rhododendron zurück.

In Ermangelung von anderem benutzte er einen Briefumschlag, dachte jedoch nicht daran, daß er den Brief über die Anschrift der Berlitz School erhalten hatte. Einige Tage später bekam die Schulleitung von der Zürcher Postverwaltung ein Päckchen mit dem inkriminierten Gegenstand und der Mitteilung:

»Die Direktion wird ersucht, den beiliegenden Umschlag an den Empfänger auszuhändigen und den betreffenden Herrn daran zu erinnern, daß die öffentlichen Anlagen in der Schweiz zu respektieren sind; sie dienen dem Allgemeinwohl.«

Im Karneval schließlich, erzählte Madame Lisy der Mama, entledigten sich die Zürcher der Sittsamkeit, die sie das ganze Jahr über zur Schau trügen, seien wie enthemmt und verlören jedes Schamgefühl und alle Kontrolle. Das ginge so weit, daß die Kinder, die neun Monate nach Karneval zur Welt kämen, allgemein »Karnevalskinder« genannt würden.

Ich hörte zu und verstand nicht, was der Karneval mit den Kindern zu tun hatte, die im Spätherbst zur Welt kamen. Niemand konnte oder wollte es mir erklären. Mit besonderer Aufmerksamkeit beobachtete ich meine Klassenkameraden, die in dieser Jahreszeit Geburtstag hatten, konnte jedoch nichts Außergewöhnliches feststellen. Sie wirkten nicht einmal besonders ausgelassen.

An manchen Abenden, wenn die Giordanis kamen, spielten alle zusammen »scopone«, ein Kartenspiel. Uns Kindern war es strengstens untersagt, die Spielkarten anzurühren. Im Winter, wenn Opa Chino da war, gab es keine Probleme. Der Großvater war ein fanatischer Anhänger des »wissenschaftlichen scopone«, bei dem vier nicht aufgedeckte Karten auf den Tisch gelegt werden. Aber wenn er nicht da war und Mama mitspielen mußte, gab es Ärger. Sie interessierte sich nicht für Kartenspiele, akzeptierte sie auch nicht als Zerstreuung und hielt sie für reine Zeitverschwendung. Sie spielte aus purer Freundlichkeit mit und wußte nicht einmal, wie man die Karten richtig hielt. Alle konnten hineinsehen, und vergeblich war die Mühe, es ihr zu zeigen. So kam unweigerlich der Moment, in dem Papa aufgebracht einen Schrei ausstieß:

»Die Karten, Rondone!«

Mama zuckte vor Schreck zusammen, und die Karten fielen ihr aus der Hand. Es mußte neu ausgeteilt werden.

Madame Lisy und Signor Giordani, die beide begeisterte Spieler waren, lächelten nachsichtig und höflich.

Papa nannte Mama niemals beim Namen. Er sagte stets »Schwalbe« zu ihr. Die Varianten waren je nach Stimmung und Gelegenheit »Schwälbchen« (»rondoncino«), »Schwalbe« (»rondine«) oder »rondone« (große Schwalbe). Auf »rondone« griff Papa zurück, wenn Mama etwas machte, das seiner Ansicht nach gerügt werden mußte, das heißt, wenn sie »Pfusch« machte, was Papa eine »broccionata« nannte.

»Pfusch« machen bedeutete, irgendeine Sache, egal welche, nicht schön machen: ein Schubfach durchwühlen und nicht wieder aufräumen, ein Buch nicht ordentlich einschlagen, einen Käse falsch anschneiden (Mama pflegte ihn zu verstümmeln) oder eine Tube Zahnpaste aufs Geratewohl ausdrücken. Ein Tischbesteck, das nicht richtig geputzt in der Schublade lag, ein schmieriger Teller, ein beschlagenes Glas – das alles war eine »broccionata«.

Wir trafen die Giordanis regelmäßig, und Signor Ottò – mit einem Akzent auf dem zweiten »o«, wie er sich auf französische Art vorzustellen pflegte, da er nicht als »signorotto« angeredet werden wollte (weil es die etwas abfällige Bezeichnung für einen kleinen Gutsbesitzer ist) – wurde mehr und mehr in die Leitung aller Freizeitveranstaltungen der Freien Schule verwickelt – vor allem des Theaters.

Er war Pianist, hatte früher ein Orchester geleitet und war ein Typ Künstler voller Esprit und Verve. Signor Ottò schrieb auch die Musik zu den Texten für einige Theateraufführungen der Freien Schule, die mein Vater anonym verfaßt hatte.

Papa hatte nicht das geringste Verständnis für die Musik. Für ihn war sie eine Art Krach – wenn auch ein besonderer. Die Schwierigkeiten zwischen Giordani und meinem Vater begannen, wenn Musik und Text einander angepaßt werden sollten.

Als 1935 die Operette in drei Akten »Das Land des Glücks« vorbereitet wurde, gab es schier endlose Diskussionen zwischen den beiden. Papa weigerte sich, den Text eines Liedes zu ändern, das mit den Worten »Danke, Signor Lorenzo« begann. Folgte man der Musik, so sang der Chor: »Danke, Signor Lorenzo-zo …«

Dieses »zo-zo« am Ende könne man nicht lassen, insistierte Giordani, und mein Vater pflichtete ihm bei. Es bedeutete soviel wie »schmutzig«, »widerlich«, »dreckig«. Aber Papa forderte, daß die Musik sich dem Text anpassen müsse und nicht umgekehrt, wie Signor Ottò es verlangte. Papa gab nicht nach, und so mußte die Partitur geändert werden.

Kurze Zeit später erschien auch das Lesebuch der Freien Schule: *Umanità nuova.* Es war eine Anthologie für italienische Kinder im Ausland, die von einer Druckerei in Lugano hergestellt wurde; ein Werk, das sich streng von den Lesebüchern unterscheiden wollte, die vom faschistischen Italien benutzt wurden, und das nicht nur den Schülern der Zürcher Freien Schule dienen sollte, sondern auch den anderen Freien Schulen, die in den wichtigsten Zentren der italienischen Emigration bestanden, wie in Frankreich, den beiden Amerikas etc.

Die Sammlung bestand aus drei Teilen. Der erste wandte sich an die Kinder der Grundschule, der zweite an die Kinder der Hauptschule und der dritte an die Jugendlichen, vor allem Arbeiterkinder, da die Eltern der meisten Schüler Arbeiter waren. Vor allem in diesem letzten Teil fand ich viele der Gedanken und Ideen, die ich auch zu Hause schon gehört hatte. Die Herausgeber der Sammlung wurden nicht genannt.

Tatsächlich waren es Mama und Papa. In der Einführung zu *Umanità nuova* heißt es unter anderem:

»Wir haben nicht die Absicht, die italienische Sprache zu kulturellen Zwecken oder zur geistigen Bereicherung zu lehren. Wir wollen, daß die Kinder der italienischen Arbeiter weiter ihre Sprache sprechen und verstehen. Nur so können sie sich auch in Zukunft für die Angelegenheiten ihrer Heimat interessieren, ohne den Versuchungen eines leichtfertigen Egoismus zu erliegen, der ihnen anrät, sich in der Fremde den gewiß einfacheren und menschlicheren Verhältnissen anzupassen. Die italienischen Arbeiter dürfen nicht das Kampffeld verlassen, wo sie an vorderster Front gebraucht werden. Sie sollen auf dem heute schwierigsten Gebiet tüchtige Streitgenossen für die Sache der Befreiung der Arbeiterklasse bleiben. Darin liegt, wo auch immer, eine unverzichtbare Voraussetzung für die Schaffung einer neuen Menschheit.«

Luigi Campolonghi schrieb im *Avanti*:

»*Umanità nuova* ist ein Buch der geistigen und intellektuellen Emanzipation, und das heißt eine Kampfschrift in dem Sinne, daß die Herausgeber ihre Aufgabe nicht darin gesehen haben, sich hinter den engen Grenzen einer fast immer heuchlerischen Neutralität zu verschanzen. Sie wollten statt dessen ein festes Bollwerk gegen die schädlichen Einflüsse errichten, die von der faschistischen Schule im Ausland ausgeübt werden. Bei der Wahl der für den Leser bestimmten Stücke haben die Herausgeber aus unserer Literatur das ausgesucht, was wahrhaft italienisch, und das heißt humanistisch ist, und auf alles verzichtet, was unter dem Deckmantel eines abgestandenen und überholten Patriotismus an lärmendem Nationalismus geboten wird und nur blind und taub macht.«

Für uns Kinder wurde die Lektüre auch dadurch erleichtert, daß die abgedruckten Texte kurz waren. Bevor ich Ernesto Rossi persönlich kennenlernte, als er 1943 nach zwölf Jahren Gefängnis in die Schweiz flüchtete, war ich ihm bereits auf den Seiten der *Umanità nuova* begegnet. Dort war unter anderem ein Brief von ihm aus dem Gefängnis an seine Mutter abgedruckt, der aus dem Januar 1931 stammte. Er beeindruckte mich sehr.

»Allerliebste Mama, ... als ich wieder in meiner Zelle war, versuchte ich, so gut es ging, den Eindruck unseres Gesprächs zu bewahren, wie jene Alten, die unter der Schürze eine Wärmepfanne tragen und sie zuweilen sanft und vorsichtig schütteln, um so lange wie möglich ihre Wärme zu spüren. Ich dachte an unser Gespräch und machte mir Vorwürfe, Euch nicht genauer angeschaut zu haben, um Euch hier drin jetzt stärker in meiner Nähe zu wissen. Unser Blick müßte viel intensiver sein, um jeden Ausdruck der Person, die man liebt, in allen ihren Bewegungen im Gedächtnis festzuhalten, damit man sich für immer an sie erinnern kann. ... Arme, alte Mama! Es ist wahr. Am meisten bewundere ich an Dir, daß Du mit Deiner Liebe, so groß sie auch ist, nie das Leben behindert hast, das Deine Söhne glaubten führen zu müssen, ohne an die Qualen oder den Beifall der Welt zu denken. Im Gegenteil. Du warst uns immer ein Beispiel und eine Hilfe und wußtest stets, daß es Werte gibt, die höher stehen als Essen und Trinken, und daß es besser ist, Verfolgungen zu erleiden, als das eigene Gewissen zu verkaufen und sich selber aufzugeben. Auch ich wünschte mir nach so vielen Schmerzen und Fehlschlägen nichts weiter, als in Deiner Nähe ein geruhsames Leben zu führen und zu studieren; ohne große Ambitionen. Ich fühle mich alt und habe zuviel erlebt, um mir noch irgendeine berufliche Karriere zu erhoffen. Es würde mir reichen, wenn ich Deine Liebe hätte, die Freundschaft einiger Menschen, die ich schätze, und mit mir in Frieden leben könnte. Aber sogar das ist, wie man sieht, zuviel verlangt, und um das, was meine Wahrheit ist, nicht zu verleugnen, muß ich auf Dich, die Freunde und auf alles verzichten. Jetzt bleibt mir keine andere Weisheit, als mich darein zu schicken und zu hoffen, daß ich die Kraft habe, mich so zu verhalten, daß ich mich ohne Heuchelei selber respektieren kann ...«

Der Hinweis auf das »Essen und Trinken« und den »Beifall der Welt«, auf den man keine Rücksicht nehmen dürfe, und dieses Sich-so-Verhalten, daß man »sich selber respektieren« kann, war eine Sprache, die ich verstand, weil ich sie um mich herum erlebte. Und sie war nicht weinerlich.

Als Hitler die Macht übernahm, sprachen sogar meine Schulkameraden über das, was sie aufschnappten, wenn bei ihnen zu Hause darüber diskutiert wurde. Den Ausdruck »Judenverfolgung« hörte ich in der Schule. Erklärt wurde er mir daheim.

Unser Kinderarzt, Doktor Dreyfuss, war sehr in Sorge. Die Besuche, die er uns machte, wenn ich krank war, zogen sich in die Länge, und auch wenn er kam, um Italienisch zu lernen, blieb er länger als üblich. Er blieb da, um über Politik zu sprechen. Zu meinem Vater sagte er, Mussolini sei nicht wie Hitler. Er war überzeugt, daß ersterer eine italienische Erscheinung sei und nicht eine Gefahr für ganz Europa wie Hitler.

In der Schule begannen meine Kameraden mich zu fragen, warum wir in die Schweiz gekommen seien. Sie wunderten sich, wenn ich erwiderte, wir seien politische Flüchtlinge.

»Aber de Duce hät doch Ornig bracht«, war ihr häufigster Kommentar. Es kam ihnen merkwürdig vor, daß wir ausgerechnet in dem Augenblick weggegangen waren, als die Züge pünktlich zu verkehren begannen. Sie hörten diese Dinge zu Hause, genau wie ich. Das Argument kannte ich schon und antwortete deshalb, auch in der Schweiz verkehrten die Züge doch pünktlich, ohne daß man deshalb einen Duce benötigte.

»Min Vater hät gseit, daß d'Italiener ein Duce bruchet, dä Schwizer nöd«, berichteten sie.

Ich war empört. Das war ich auch, als sie fast mitleidig zu mir sagten:

»Din Vater isch en Idealischt.«

Es klang so, als wollten sie sagen, er wäre nicht ganz richtig im Kopf. Meinen Eltern erzählte ich, was vorgefallen war. Sie lachten nicht.

Begegnungen

DER BESUCH BEI DEN GROSSELTERN hatte das Eis gebrochen. Das Verhältnis zwischen Großvater Ercole und Papa normalisierte sich, wenngleich beide an ihren politischen Überzeugungen festhielten. Zum Glück konnten sie in ihren Briefen nicht darüber sprechen, weil Papas Post weiterhin von der faschistischen Polizei kontrolliert wurde.

Als erstes und sichtbares Ergebnis der beginnenden Entspannung traf aus Antignano jeden Monat eine Postanweisung ein. Als Zweck der Überweisung war angegeben: »Damit die Kinder Klavierunterricht bekommen.« Während der Ferien in Antignano hatte die Großmutter unmißverständlich erklärt, es gehöre »zur guten Erziehung, daß Mädchen Klavier spielen lernen«, und wie üblich hinzugefügt: »Hat dir dein Vater das nicht gesagt?« Er hatte mir nichts davon gesagt. Zurück in Zürich berichtete ich ihm davon. Er beendete das Thema barsch mit einem »alles Geschwätz«, das keine Widerrede zuließ.

Zusammen mit der ersten Postanweisung für den Unterricht traf aus Antignano ein Geldbetrag ein, der dem Preis für ein Pianoforte entsprach. Als Folge davon erschien in der Wohnung nicht nur ein schwarzes Klavier, das auf der Innenseite des Deckels den Namen »Steinbeck« trug, sondern auch eine neue Figur: der Klavierlehrer. Er stammte von italienischen Einwanderern aus dem Veneto ab, war schmächtig und hatte einen todtraurigen Gesichtsausdruck.

Er war unfähig, einem auf irgend etwas Lust zu machen, am allerwenigsten auf Musik. Seine bloße Anwesenheit wirkte auf mich einschläfernd. Um mich wachzuhalten, klopfte er mir den Rhythmus der Musik auf die Schultern. So trug ich unfreiwillig zur Vertiefung seiner existentiellen Traurigkeit bei, indem ich ihm das Eingeständnis abtrotzte, daß er unfähig sei, mir das Klavierspielen beizubringen.

Mama überlegte, ob ich vielleicht gelehriger wäre, wenn man das Instrument wechselte, und ging zur Violine über. »Dann kann Annarella Franca auf dem Klavier begleiten«, schrieb sie mit übertriebenem Optimismus an die Großeltern, um ihnen den musikalischen Kurswechsel schmackhaft zu machen.

Für die Anschaffung einer Geige wurde Mario Casadei verpflichtet, der uns versprach, so rasch wie möglich ein finanziell vertretbares Instrument zu beschaffen. Die Violine, die er kurz darauf anbrachte, stammte vermutlich von der gleichen Firma wie mein Schlitten – die Ziege – und war mindestens ebenso alt.

Der dazugehörige Kasten hatte die Form und das Aussehen eines Sarges en miniature: Er war aus schwarz lackiertem Holz und mit dem metallenen Griff nicht an der Seite, sondern auf dem Deckel, also schlecht zu tragen. Hinzu kommt, daß der Kasten nicht die Form einer Violine hatte – niemand konnte erraten, daß darin eine Geige untergebracht war und nicht ein kleiner Toter. Er war eine einfache Kiste, am Kopf etwas breiter als an den Füßen, genau wie ein Sarg.

Ich entwickelte mich zum Gespött der Leute. »D'Franca chunt mit ihrem Sarg«, höhnten die Kinder, wenn ich an der Haltestelle Kornhausbrücke ausstieg und zum Unterricht ging. Papa hatte kein Verständnis dafür, daß ich mich schämte, wenn die Kinder der Nordstraße über mich lachten. Wie üblich schimpfte er:

»Imbecillòmetro! Setz dich durch mit deinem Sarg!«

Es gab nichts durchzusetzen. Alle lachten, wenn ich kam. Der Fahrer lachte, wenn ich den Autobus bestieg, und der

Kontrolleur, wenn er mir das Billet reichte. Die Fahrgäste lachten und sogar der Lehrer.

Mama lachte nicht; sie klopfte auf Holz, als sie mich zum ersten Mal mit dem Kasten sah. Um meine Stimmung etwas aufzuheitern, setzte sie mir statt der blauen Baskenmütze eine rote auf, an die sie eine scharlachrote Bommel nähte. Aber ich verbreitete immer noch den schauerlichen Eindruck eines kleinen Mädchens, das mit einem kleinen Sarg herumlief.

»Stell dich nicht so an«, wetterte Papa, »und mach nicht so eine Leichenbittermiene!« Er duldete keinen »unterwürfigen Kniefall vor der herrschenden Meinung«, wie er es immer noch nannte. Aus allem machte er eine moralische Frage.

Doch die musikalischen Experimente gingen vorüber. Auch der Geigenlehrer bestätigte, daß ich nicht die geringste Neigung zum Musikunterricht hätte. Ich war erleichtert – genau wie die Nachbarn, die sich als brave schweizerische Bürger bei der Hausverwaltung über mein Geübe beschwerten; wegen »ruhestörenden Lärms«. Die Postanweisungen kamen jedoch weiterhin und dienten fortan als Beitrag zur Miete.

Trotz der Spötteleien spielte ich gerne mit den Kindern aus unserem Haus. Wir tummelten uns meist auf dem Platz vor der Nordstraße 88. Während eines unserer Ballspiele sagte ein Mädchen plötzlich zu mir: »Lueg emal, die beide da gaffed dich ständig a ...«

Ich drehte mich um und sah eine mollige Dame mit rötlichem Haar, die mit ihrem Begleiter tuschelte. Der Mann war hochgewachsen, hatte schwarze Haare und einen dunklen Teint. Er trug einen seltsamen Hut: schwarzer Filz mit breiter Krempe. Das Seltsame daran war die Delle oben drauf, die seiner Kopfbedeckung die Form einer Suppenschüssel gab. Der Hut verlieh seinem Gesicht einen befremdlichen

Rahmen, der vage an einen Heiligenschein erinnerte. Die Kinder schauten ihn an und lachten. Der Mann kam zu mir. »Du bist Italienerin, nicht wahr? Weißt du, wo Schiavetti wohnt? Ich heiße Tranquilli.«

Ich war mißtrauisch. Erstens: Woher wußte er, daß ich Italienerin war? Mein »Züridütsch« war inzwischen fehlerlos. Zweitens: Warum suchte der Mann Papa ausgerechnet dort, wo er tatsächlich wohnte? Drittens: Der Name »Tranquilli«. Nie gehört. Klang sehr nach einem Decknamen. Ich war baff und verriet mich mit keiner Miene. Eingedenk goldener Regeln, die man mir für derartige Fälle eingeimpft hatte, sagte ich weder ja noch nein. Ich tat so, als verstünde ich nichts, und schlich mich davon, um Papa zu benachrichtigen.

Er beruhigte mich. Tranquilli sei ein Genosse. Er kenne ihn nicht persönlich, sagte er, aber ich sollte ihn herbringen. Ich ging zurück auf den Platz, wo die beiden noch standen und warteten. Sie schauten den Kindern beim Spielen zu, lächelten, als ich wieder auftauchte, und waren nicht überrascht. Sie hatten sofort begriffen, daß ich mißtrauisch und vorsichtig gewesen war. Es war der Beginn einer Freundschaft, die ein Leben lang währte. Er war der Schriftsteller Ignazio Silone, sie seine Lebensgefährtin Gabriella Seidenfeld. Man schrieb das Jahr 1933.

Erneut wechselten wir die Wohnung; die Miete war zu teuer in diesem Bezirk. Außerdem war es zu weit bis zur Berlitz-School und zur Freien Italienischen Schule. Wir zogen in die Langstraße 61, im Herzen des Arbeiterbezirks von Zürich, zwei Schritte von der Kanzleistraße, wo die Räume der Freien Schule waren.

Fast gegenüber liegt der Helvetiaplatz, wo in Zürich die Kundgebungen und politischen Versammlungen der Linken stattfanden und auch der Demonstrationszug für die Mai-feiern zusammengestellt wurde. Auch das »Volkshaus« steht am Helvetiaplatz. Im gleichen Bezirk befanden sich die sozialistische Kooperative und das Restaurant »International« von Curzio Bertozzi.

Das Treiben und der Lärm, den die dort lebenden Menschen verursachten, machten aus dem Stadtviertel das am wenigsten »schweizerische« von ganz Zürich. Dort als Italiener zu leben gab einem das Gefühl, etwas weniger weit weg von daheim zu sein.

Wieder einmal wechselte ich die Schule. Herr Ungricht, der neue Lehrer, war alt und hatte Mühe, eine Schülerschaft von etwa dreißig Kindern unter der Fuchtel zu halten, die im Vergleich zu denen aus bürgerlichen und »besseren« Bezirken ziemlich unartig und schlecht erzogen waren. Aber auch Herr Ungricht fackelte nicht lange. Gewisse Maulschellen, die er austeilte, konnten die Schüler umwerfen, wenn sie nicht zufällig saßen.

Meine Eltern, die selber streng waren, waren nicht damit einverstanden und wunderten sich, daß so etwas in der Heimat von Pestalozzi möglich war. Am Abend, wenn die Giordanis oder Silone und Gabriella kamen, wurde lange darüber diskutiert. Sie waren sich einig, daß es einen fundamentalen Unterschied zwischen der Kopfnuß und der Maulschelle gebe. Erstere sei – behauptete mein Vater auch diesmal – »ein mehr oder weniger liebevoller Ordnungsruf«, letztere dagegen verletze die Würde des Kindes, weil sie das Gesicht treffe. Ich bekam nie eine Maulschelle, sondern nur Kopfnüsse.

Wieder war ich die einzige Ausländerin in der Klasse, doch diesmal stammte ich auch noch aus einer anderen Gesellschaftsschicht. Meine neuen Schulkameraden hatten gehört, wie der Lehrer meinen Vater mit »Herr Professor« anredete.

Argwöhnisch betrachteten sie mich und nannten mich bei der erstbesten Gelegenheit geringschätzig »Tschingg«.

Mit dem Wort »Tschingg« wurden wir Italiener bezeichnet. Es ist ein Schimpfwort und geht auf ein altes Spiel zurück, das die ersten italienischen Einwanderer – zumeist Maurer –, die Ende des vorigen Jahrhunderts in die Schweiz gekommen waren, häufig spielten. Man nennt es die »Mora«. Es war den Schweizern bis dahin unbekannt.

Sie schauten den Italienern zu, die blitzschnell einige Finger ausstreckten und sich Zahlen zuriefen: »Due, quattro, uno, cinque ...« Akustisch blieb ihnen nur das »cinque« hängen, und sie machten daraus den Ausdruck »Tschingg«, der auch heute noch gebräuchlich ist, um einen Italiener zu verunglimpfen.

Die Schulkameraden wurden mir trotzdem bald sympathisch, und sie hörten auf, mich »Tschingg« zu nennen. Einigen begegnete ich mit ihren Vätern auch auf der Mai-Kundgebung oder bei anderen Demonstrationen, wo die Freie Italienische Schule mit einem eigenen Schild als »Liga der Freiheit« oder »Italienische Antifaschisten« mitmarschierte. In dieser Schule wurde ich in Ruhe gelassen mit dem üblichen »Mussolini hat Ordnung geschaffen«, mit den Eisenbahnzügen, die jetzt wieder pünktlich verkehrten und der Trockenlegung der Pontinischen Sümpfe.

Ich ging gerne zur Schule, hatte Spaß am Lesen und Schreiben und vor allem am Geschichtsunterricht. Die Schweizer wirkten ruhig und friedlich; kurz: ein wenig langweilig. Ihre Landesgeschichte war es nicht. Ich entdeckte, daß sie voller Kriege, Feldzüge, Fehden und Söldner war. Den Ausdruck »Söldner« kannte ich von Papa. Er sprach oft vor Publikum, denn politische Anlässe gab es reichlich, und gegen Ende seiner Rede konnte er sich nicht enthalten, den Satz einzufügen:

»Wir sind keine Soldaten der Freiheit: ›Soldat‹ ist ein häßliches Wort. Es kommt von ›soldo‹, die Münze. Wir sind ›milites della libertà‹ – ›Milizen der Freiheit‹ ...«

Dieser Schluß verfehlte nie seine Wirkung und erzielte rauschenden Beifall, zumal viele der anwesenden Emigranten sich dem Wehrdienst im Ersten Weltkrieg entzogen hatten oder regelrechte Deserteure waren. Papa erklärte mir dann den Unterschied zwischen Milizionär und Soldat und zwischen Soldat und Söldner.

Wilhelm Tell war ein Milizionär der Freiheit.

»Kinder, ihr könnt mithelfen, die ›Hohle Gasse‹ zu retten«, sagte Herr Ungricht und verteilte Briefumschläge. Jedes Kind sollte seine Eltern auffordern, entsprechend ihren finanziellen Möglichkeiten eine gewisse Summe in den Umschlag zu stecken.

Die »Hohle Gasse« ist für die Schweizer ein heiliger Ort, und da ich die Geschichte von Wilhelm Tell kannte, war sie es auch für mich. Tradition und Legende wollten es, daß der Held der eidgenössischen Unabhängigkeit zu Beginn des vierzehnten Jahrhunderts auf jenem Wegstück im Wald zwischen Küßnacht und Immensee im Kanton Schwyz den tyrannischen Vertreter der Habsburger in Uri, Landvogt Gessler, getötet hatte.

Herr Ungricht erzählte uns, daß eine landesweite Kampagne stattfände, um die »Hohle Gasse« zu retten. Mit Bedeutsamkeit erläuterte er die Fakten: Die »Hohle Gasse« werde vom modernen Verkehr bedroht. »Jahrhundertealte Bäume sind bereits bedroht. Schon bald werden Straßenwalzen das Gelände der Hohlen Gasse einebnen und daraus eine Landstraße machen, die dem Autoverkehr dienen soll ...«

Über die Notwendigkeit des Tourismus und damit des modernen Straßenverkehrs war Herr Ungricht sich durchaus im klaren. Es sei, erklärte er uns, eben deshalb erforderlich, eine breite Umgehungsstraße zu bauen. »Denn es reicht nicht«, sagte er, »etwas abzulehnen, man muß auch einen Ausweg finden, der den Bedürfnissen des ständig wachsenden Verkehrs gerecht wird und gleichzeitig einen derart bedeutenden historischen Ort respektiert.«

Er war vorausschauend, wie alle guten Schweizer. Im Jahr 1934 passierten zwar nur etwa tausend Fahrzeuge in der Woche den Ort, aber es war vorhersehbar, daß ihre Zahl sich erhöhen wurde. Es mußte also verhindert werden, daß die Hohle Gasse zerstört und die Landschaft verunstaltet wurde. Um dies zu erreichen, mußte die Gasse geschlossen und ein Umgehungsprojekt realisiert werden. Doch der zuständige Kanton Schwyz hatte kein Geld. Im übrigen sei die Gesamtschweiz an der Erhaltung des historischen Monuments interessiert, so daß es nur gerecht sei, wenn das ganze Volk mitwirke, fuhr Herr Ungricht fort.

Um die Feierlichkeit der Angelegenheit zu unterstreichen, verlas er im Unterricht den Aufruf, den die *Schweizerische Illustrierte* veröffentlicht hatte:

»Schweizervolk! Warum ergreifst du nicht die Initiative! Wenn jeder Eidgenosse seinen Beitrag leistet, wird die Hohle Gasse gerettet werden ...«

Die Proklamation beeindruckte die gesamte Klasse; auch mich, obwohl ich kein Eidgenosse war. Meine Eltern waren einverstanden und steckten ihren Beitrag in den Umschlag, den ich Herrn Ungricht übergeben sollte. »Nicht nur aus Respekt vor dem historischen Ort«, sagten sie, »auch aus Solidarität mit den Schweizern.«

»Und, sind die Schweizer auch solidarisch mit uns?« Es ärgerte mich nämlich, wie sie in der Schule reagierten, sobald ich etwas über die Schweiz sagte, und wenn es nur den ständigen Regen betraf. Immer redete sich jemand damit heraus, daß er sagte:

»... ihr münd ja froh sii, daß ihr überhaupt i der Schwiiz dörfed sii ...« Es gefiel mir nicht, vor allem, weil ich nicht wußte, was ich darauf antworten sollte.

»Ja, schon gut«, antwortete mein Vater, als ich ihm die Geschichte berichtete. »Wir sind der Schweiz dankbar für die Gastfreundschaft, die sie uns gewährt, und wir wollen das nicht vergessen. Um Mißverständnisse zu vermeiden, kannst du diesem Dummkopf aber sagen, daß wir hier nicht in den Ferien sind. Sag deinem Schulkameraden, daß wir hier sind, um für die Freiheit zu kämpfen. Heute für die Freiheit Italiens, aber eines Tages könnte es auch die Freiheit der Schweiz sein. Viele Schweizer wissen das und sind mit uns solidarisch.«

Das Argument überzeugte mich, und es gab mir außerdem das Gefühl, von den Schweizern zwar etwas zu empfangen, aber ihnen gleichzeitig auch etwas zu geben – wenn es konkret auch nur in einer denkbaren Zukunft bestand.

Ein heikler Moment in unseren familiären Beziehungen war immer das Aufstehen und die folgenden ersten Annäherungsversuche. Aus seiner Militärzeit hatte mein Vater sich eine mythische Auffassung des Marschbefehls bewahrt, ohne den es schlechterdings unmöglich war, irgend etwas mit Anstand auf den Weg zu bringen.

Wenn wir Schule hatten, wurde das Wecken zumeist durch ihn erledigt. Er tat es entschieden und energisch. »Im Bett herumliegen« war bei ihm nicht statthaft, ebenso wie mangelnde Selbstbeherrschung nach dem Aufstehen. Seine Vorstellungen vom Beginn eines ersprießlichen Tages waren für meine Schwester eine besondere Last, da ihre Reflexe morgens nur langsam in Gang kamen. Verträumt und verschlafen blieb sie immer etwas länger im Bett als erlaubt.

Papa rief mit dröhnender und kräftiger Stimme, die nach Frühsport klang: »Guten Morgen, Kinder! Aufstehen! Es ist Zeit!« Das Kommando wurde vom Öffnen der Fenster begleitet, ohne Rücksicht auf Kälte und Zugluft, die er damit erzeugte. Manchmal vergaß meine Schwester, seinen Morgengruß zu erwidern. Auch das war nicht zulässig. Nicht weil es die äußere Form verletzte und, wie Großvater Ercole gesagt hätte, »einen Mangel an Ehrerbietung« zeigte. Papa sah darin vielmehr eine Unfähigkeit zur Selbstbeherrschung, wie er sie auch von sich selber erwartete.

Mama versuchte ihm das Benehmen meiner Schwester zu erklären und bezeichnete es als »Morgenmelancholie« – ein Begriff, den er nicht nachvollziehen konnte. Nicht wegen der »Melancholie« als solcher, die zu haben oder nicht zu haben jedem freistand, aber einem jungen Menschen stünde es nicht zu, andere damit zu belasten, behauptete er.

Der zweite Akt des Tagesanfangs fand in der Küche statt. Papa pflegte Mama stets den Kaffee ans Bett zu bringen. Meine Schwester und ich hatten ihn deshalb um die Füße, wenn wir am Herd standen und uns die Ovomaltine anrührten. Tagsüber war es unsere Aufgabe, den Kaffee zu machen – und Kaffee gab es immer bei uns zu Hause. Mama rechtfertigte sich damit, sie brauche ihn »wie Balzac«.

Am Morgen jedoch, um sieben, setzte Papa ihn auf. Es war sein Geschenk für Mama. Sorgfältig füllte er die kleine Kaffeemühle, wobei er achtgab, daß keine Bohne danebenfiel, dann durchmaß er die Küche mit langen Schritten und mahlte. Bei jedem Schritt drehte er einmal die Kurbel.

Papa war groß, hatte lange Beine und einen schönen Gang. Mama hatte ihm einen bodenlangen Hausmantel genäht, dessen Aufschläge am Kragen und an den Ärmeln mit bordeaux-rotem Samt besetzt waren. Seine Art, durch die Küche zu schreiten, hatte etwas Feierliches, das nicht einmal durch die Kaffeemühle, die er an die Brust gepreßt hielt, beeinträchtigt wurde. Er ähnelte dem »re di coppe«, dem König im italienischen Kartenspiel.

Die Zahl der erforderlichen Schritte und der entsprechenden Umdrehungen der Mahlkurbel hatte er genau berechnet. Mit lauter Stimme zählte er seine Schritte, und sobald eine bestimmte Schrittzahl erreicht war, wußte er, daß der Kaffee in der Mühle gemahlen sein mußte; er brauchte nicht einmal nachzuschauen.

Bedächtig füllte er die neapolitanische Kaffeemaschine, strich das Kaffeepulver mit dem Finger glatt, ohne es fest anzudrücken, aber auch ohne Zwischenräume zu lassen, und schraubte die »Napoletana« zu. Beim Gasanzünden paßte er auf, daß die Flamme nicht seitlich hochleckte – »das ist vergeudetes Gas« –, und wartete ab.

Er wartete aufrecht, mit durchgedrücktem Kreuz wie ein General, der seine Truppe besichtigt, bis das Wasser kochte. Dann nahm er die »Napoletana« mit rascher Bewegung und trug sie zum Spülstein, um die Herdplatte nicht zu bekleckern. »Alles Berechnung«, erklärte er, während er darauf achtete, daß ich meine Ovomaltine hübsch heiß trank. Er war überzeugt, das sei gesünder.

Nun verließ er die Szene, in der Hand das Täßchen, in dem sich bereits der Kaffee befand, und auf den Lippen sein spöttisches Lächeln, mit dem er ausdrücken wollte, daß er zwar alles sehr ernst nahm, sich jedoch zugleich darüber mokierte. So schlüpfte er durch die halbgeschlossene Tür, bis ich ihn mit zärtlicher und einschmeichelnder Stimme zu Mama sagen hörte: »Schwälbchen, dein Kaffee ist da.«

Seitdem Papa uns im Ton eines Offiziers, der Attacke befiehlt, geweckt hatte, war noch keine halbe Stunde vergangen. Es war, wie Madame Lisy immer sagte: »Ah, ma petite! Nous sommes pleins de contradictions ...« (Wir sind voller Widersprüche.)

Der dritte Akt des Tagesanbruchs war mir gewidmet – jedenfalls solange ich die Volksschule besuchte – und zeigte Papa, wie er mich in die Schule schickte. »Schicken« war ein Euphemismus. Es war eher ein »Katapultieren«. Mein Vater wollte nicht, daß ich auf dem Schulweg trödelte oder herumalberte. Das war seiner Meinung nach alles verlorene Zeit. Es verleitete nur zum Tratschen und Klatschen.

Das Problem war nicht, nicht zu spät zur Schule zu kommen, sondern pünktlich. Das heißt »im richtigen Augenblick«. Wie die Züge in der Schweiz. Er hatte seinen Spaß daran auszurechnen, wie lange er brauchte, um von zu Hause bis zu einem bestimmten Ort zu gelangen, und kalkulierte jede Einzelheit und sogar denkbare Unvorhersehbarkeiten mit ein, wie das Reißen eines Schuhbändels. Eine Eisenbahn so zu erwischen, daß er den Fuß genau in dem Augenblick auf das Trittbrett setzte, wenn der Zug anfuhr, war für ihn ein Hochgenuß. Er erwartete, daß auch die anderen so fühlten, aber sie taten es nicht.

Nach diesen Grundsätzen hatte er berechnet, wann genau ich das Haus verlassen mußte, um »im richtigen Augenblick« das Klassenzimmer zu betreten, ohne zu bummeln. Die Szene wurde jeden Morgen wiederholt: Ich, bebend, die Tasche in der Hand, auf der Startlinie, die aus der Türschwelle bestand. Hinter mir Papa in der Rolle des Starters, den Blick starr auf seine Uhr Marke »Omega« gerichtet.

Angespornt wartete ich auf sein »Los!«. Mit einem Satz hochzuspringen und die Treppe hinabzustürzen, bedeutete den Gewinn wertvoller Sekunden. Was für meine Kameraden ein gewöhnlicher »Schulweg« war, stellte sich für mich als Hindernislauf dar, und im »richtigen Moment« dazusein bedeutete: beim Bimmeln der Schulglocke.

Wenn ich dann nach Hause zurückkehrte, frug Papa mit ironischem Lächeln: »Na, wie war es?« Ich antwortete, um ihn nicht übermütig zu machen, mit gespielter Gleichgültigkeit: »Ich habe getrödelt.« Das Spielchen war ein Teil der Komplizenschaft, die sich zwischen uns entwickelt hatte.

»Du kennst Ignazio Silone?« frug mich Herr Buss erstaunt. Er war einer von Papas »illegalen« Schülern. Herr Buss kam zumeist etwas früher, um sich mit mir zu unterhalten, während er auf seinen Lehrer wartete. »Auf die Weise lerne ich ein bißchen Italienisch«, sagte er. Als echter Schweizer sparte er möglichst am Geld.

Ich schloß aus der Frage, daß Ignazio Silone inzwischen berühmt geworden war. Sein Buch *Fontamara* war ein Jahr zuvor auf deutsch in Zürich erschienen. Bei uns daheim redete man viel darüber und war begeistert. In den entsprechenden Kreisen der Schweiz und bei den deutschen Emigranten galt es als *das* antifaschistische Werk tout court.

Die Frage »Du kennst Silone?« wurde mir immer häufiger gestellt. Mir fiel auf, daß Silone fast etwas seltsam wirkte und Neugier erregte. »Ein gutes Zeichen«, kommentierten meine Eltern. Das Klischee, das viele Leute von den Italienern hatten, fanden sie unerträglich: sympathisch, aber nicht sonderlich ernsthaft, fröhlich, aber oberflächlich, aufgeweckt und einfühlsam, aber gerissen und wenig zur Selbsterkenntnis neigend, gute Redner, doch rhetorisch. Das sei nicht alles ganz falsch, meinte Papa, doch gerade das öffentliche Auftreten der Faschisten trage dazu bei, diese nationalen

Fehler zu verbreiten und zu verherrlichen. Er zitierte dann Gaetano Salvemini, der sein Lehrer an der berühmten »Scuola Normale Superiore«, der Elite-Universität in Pisa gewesen war und auf seine Entwicklung großen Einfluß gehabt hatte: »Die Italiener haben so viel Intelligenz, daß sie sie verkaufen könnten, was ihnen fehlt, ist der Charakter.« Von uns Kindern verlangte er, daß unser Benehmen in der Schule und im Umgang mit unseren Freunden diesem Bild vom gerissenen Italiener widersprechen müsse.

So kam es, daß die Leute sagten: »Du wirkst nicht wie eine typische Italienerin«, womit sie andeuten wollten, daß sie mich für ernsthaft hielten, was zugleich erstrebenswert und beleidigend war. Denn es war ja nicht so, daß Papa und Mama nicht gerne lachten und fröhlich waren – ganz im Gegenteil. Trotz aller ökonomischen und politischen Schwierigkeiten, der labilen Gesundheit von Mama und der Probleme mit den Großeltern in Livorno konnten sie lachen. Um Mißverständnisse zu vermeiden, erklärten sie freilich: »Nur ernsthafte Menschen können lachen.« Und damit schenkten sie mir meinen Seelenfrieden wieder.

In charakterlicher Hinsicht war Silone also nicht der typische Italiener, wie ihn die Schweizer sahen, dafür entsprach er ihrem physischen Ideal des Südländers. Papa hörte ich sagen, daß Silone in Zürich als schöner Mann galt: dunkler Teint, stolzes Auftreten, sehnsüchtiger Blick. So lauteten die Äußerungen seiner Schülerinnen in der Berlitz-School.

Sie waren vorwiegend Damen der wohlhabenden und kultivierten Großbourgeoisie, die oftmals politische Flüchtlinge, vor allem aus Deutschland, unterstützten. Sie waren fasziniert von der Persönlichkeit dieses mysteriösen, dunklen, innerlich zerrissenen Künstlers und Idealisten, der äußerlich zudem noch sehr attraktiv war.

Zu uns kam er oft mit seiner Lebensgefährtin Gabriella Seidenfeld. Auf den ersten Blick war er mir nicht so sympathisch, aber er interessierte mich sofort. Mich beeindruckte sein schleppender, gedämpfter Tonfall, vor allem aber sein Husten: kleine, rauchige, nur angedeutete, jedoch beständige Halsgeräusche, dazu das fortgesetzte Zucken seiner Lider sowie die langsamen, genauen Gesten, die einen bedächtigen Menschen verrieten.

Silones Art, einem die Hand zu reichen, war verwirrend. Man hielt etwas Schlaffes, Weiches in der Hand, das kraftlos zu sein schien und nicht zudrücken konnte. Ich wußte, daß auch Silone ein »Milizionär der Freiheit« war, aber den Eindruck erweckte er nicht. Er wirkte eher wie ein Priester. Als ich durch ein Gespräch zwischen schweizerischen Sozialisten in der Kooperative erfuhr, daß er »ein Berufsrevolutionär« gewesen sei, war ich sehr überrascht. Aber ich erinnerte mich an eine Bemerkung über Lenin, die ein altes Mitglied der »Museumsgesellschaft« im Gespräch mit Papa gemacht hatte – eine Bemerkung, die im übrigen von großer Bewunderung getragen war: »Lenin zahlte pünktlich seine Steuern und die Miete.«

Mama erzählte mir, daß Silone krank sei, und ich überlegte, ob er vielleicht deshalb so traurig wirkte, so als ob alle Fröhlichkeit in ihm abgewürgt worden sei. Erst als er von seiner Kindheit und dem Erdbeben in den Abruzzen berichtete und wie er mit fünfzehn Jahren auf einen Schlag alles verloren habe, was seine Welt bedeutete – Mutter, Freunde und Wohnung –, begann ich zu ahnen, daß unter diesen Schuttbergen für immer auch seine Fröhlichkeit begraben worden war.

Er sprach nicht viel, doch wenn präzise Fragen ihn dazu ermunterten, antwortete er, ohne sich zu zieren. So erzählte er, daß »Fontamara« der Name einer Straße in Pescina sei, in der er bis zum Erdbeben gelebt habe. Nach dem Wiederaufbau habe der Stadtrat sie in Via Poppedio Silone umbenannt, aber die Bauern nannten sie auch weiterhin Fontamara, da sie an einem Hügel lag, aus dem eine kleine Quelle entsprang.

Silone hatte bis zu seinem fünfzehnten Lebensjahr aus der Quelle getrunken. Solange er klein war – zwischen seinem fünften und neunten Lebensjahr –, verbrachte er ganze Tage in ihrer Nähe; mal alleine und mal mit der Ziege oder dem Schwein. Das Wasser ist gut, erzählte er, aber das Leben der Bauern auf jenen Feldern ist sehr, sehr bitter. Gelegentlich seufzte er zwischen zwei Hustern: »Es ist ein langer, mühsamer Weg, bis man ein Mensch wird.«

Von allen italienischen Freunden, die bei uns verkehrten, wußte ich, ob sie Sozialisten, Kommunisten, Republikaner oder Anarchisten waren. Nur Silone gehörte zu keiner dieser Gruppen. Das erklärte auch, warum ich ihn in jenen Jahren in der Kooperative und in der Freien Schule selten sah. Er lebte zurückgezogen, ganz für sich – teils aus gesundheitlichen Gründen, da er gerade zur Kur in einem Sanatorium in Davos gewesen war, vor allem aber, weil er erst kürzlich die kommunistische Partei Italiens verlassen hatte. »Die kommunistische Partei verläßt man nicht wie irgendeine Partei«, sagte mein Vater, der nie Kommunist gewesen war. »Die Partei«, habe Silone zu ihm gesagt, »ist wie Familie, Schule, Kirche und Kaserne in einem.«

Gabriella und Silone hatten sich auf einem Kongreß der Jungkommunisten in Fiume kennengelernt. Die Partei hatte

Silone, der damals Funktionär in Rom war, als Delegierten der kommunistischen Jugendorganisation entsandt. Gabriella Seidenfeld war Jüdin, gebürtige Ungarin und stammte aus Fiume. Sie war gemeinsam mit ihren Schwestern Serena und Barbara gerade erst in die Partei eingetreten, und das mehr aus einem romantischen revolutionären Impuls als aus ideologischen Gründen.

Als sie Silone traf, war sie Angestellte der Bank von Fiume. Er wollte wissen, ob sie deutsch spreche. Er suchte eine Genossin, die deutsch und italienisch sprach und bereit war, nach Berlin zu ziehen, wo die kommunistische Jugendinternationale ihren Sitz hatte. Gabriella entschied sich, ihre Heimatstadt zu verlassen, ging nach Rom, wo sie eine Zeitlang mit Silone arbeitete, und reiste dann nach Berlin.

Eine Kette von illegalen Aktivitäten, gefälschten Papieren, Namensänderungen, Festnahmen, Ortswechseln, Verhaftungen und Reisen ins Ausland bis hin zum Exil markierten den politischen Weg, in den die Liebesgeschichte von Gabriella und Silone verwoben war. Lediglich nach Moskau kam Gabriella nie, und vom ›Hotel Lux‹ erzählte nur Silone.

Sie hatte eine ungewöhnliche Art, dramatische Ereignisse zu schildern. Ihr blühendes Aussehen, ihr lächelndes Gesicht und ihr liebenswürdiger Umgangston bildeten einen seltsamen Kontrast zu den aufregenden Geschichten, die sie erlebt hatte, und sie plauderte darüber schlicht und distanziert zwischen einem Schlückchen Kaffee und einer Praline. Ich hörte ihr gerne zu, auch wenn es den Anschein hatte, als schilderte sie Dinge, die anderen Menschen vor langer Zeit widerfahren waren. Was sie so lebensnah machte, war ihr unverwechselbarer jüdischer Humor. 1921 wurde Silone von der Partei als Redakteur des *Lavoratore* nach Triest entsandt, und Gabriella folgte ihm. Zu der Zeit waren Überfälle und faschistische

Strafexpeditionen an der Tagesordnung. Als der *Lavoratore* 1923 verboten wurde, fuhren Gabriella und Silone wieder nach Berlin, wo Willi Münzenberg, der Erste Vorsitzende der kommunistischen Jugendinternationale, Silone beauftragte, nach Spanien zu gehen, um die dortige Organisation politisch zu unterstützen.

Sie hatten kaum Zeit, den Kontakt zu den spanischen Genossen aufzunehmen, als General Primo de Rivera seinen Staatsstreich durchführte und eine Militärdiktatur errichtete. Silone wurde verhaftet; kurze Zeit später auch Gabriella.

Der Bericht über ihre Erlebnisse im Madrider Frauengefängnis, wo sie mehrere Monate lang inhaftiert war, klang fast belustigt: »Sie hatten mich nachts eingeliefert. Die Nonnen gaben mir ein Bett in einem Schlafsaal mit etwa fünfzig Frauen; alles normale Gefangene. Meine Nachbarin war eine Prostituierte, die angeklagt war, ihre Vermieterin ermordet zu haben, um ihren Schmuck zu stehlen. Sie mußte kurz nach meiner Einlieferung wegen fehlender Beweise wieder freigelassen werden. Am Morgen ihrer Freilassung erwachte ich schon früh und hörte zwei Häftlinge miteinander flüstern. Zugleich vernahm ich ein Geklimper von verschiedenen Metallgegenständen ... Es war meine Nachbarin – eben jene, die kurz darauf entlassen werden sollte –, die besagten Schmuck in ein Taschentuch einwickelte und ihn einer anderen Gefangenen, mit der sie befreundet war, zur Aufbewahrung gab. Vorsichtshalber schloß ich rasch die Augen ...« Gabriella berichtete Mama, wie sie jeden Morgen unter dem lieblichen Gesang der Nonnen und dem Gefluche der Gefangenen hinunter in die Kirche gehen mußten. Da fast alle Häftlinge Analphabeten waren, wurde Gabriella ihre Schreiberin. Die Prostituierten, mutmaßlichen Mörderinnen, Diebinnen und Gaunerinnen aller Art diktierten, und sie schrieb und schrieb, auch wenn der Inhalt der Briefe unsagbar gewesen sei – wie sie zu Mama sagte.

Die Freilassung aus dem Gefängnis verdankte Gabriella ihrem alten Vater, der noch in Fiume lebte. Es gelang ihm, der Gefängnisleitung einen ordnungsgemäßen Ausweis seiner Tochter zu übermitteln. »Einer der wenigen Ausweise, die ich in jenen Jahren vorlegte, der wirklich von einer Behörde ausgestellt war«, erklärte sie lächelnd. So kam sie frei und wurde wie üblich sofort ausgewiesen.

Der Abschied war ergreifend. Die Mitgefangenen waren ihr ans Herz gewachsen. Die Briefe der Frauen hatte einen Türspalt geöffnet, durch den sie eine Welt kennengelernt hatte, die nicht zuletzt wegen des äußersten Unglücks und des unendlichen Elends, das dort herrschte, jedes Mitleid verdiente. Nie hörte ich von Gabriella ein abschätziges Wort über ihre Mitgefangenen. Durch ihre Berichte fühlte ich mich noch stärker zu denen hingezogen, die im Gefängnis saßen.

Eingezwängt zwischen zwei Polizisten, von denen sie abgeholt wurde, verließ Gabriella das Gefängnis, vor dem eine Gruppe spanischer Genossen wartete, die heimlich gekommen waren, um ihre Solidarität zu bezeugen und sie zu verabschieden. Vorsichtig, um nicht von der Polizei bemerkt zu werden, hoben ein paar von ihnen die Faust. Das dunkle Tamtam der Gefängnisse, das keine Polizei unterbinden kann, hatte sie von Gabriellas Entlassung unterrichtet.

Die beiden Beamten begleiteten sie im Zug bis San Sebastian, von wo sie über Hendaye nach Paris weiterreiste. »Ich ging zu der einzigen Adresse, die mir bekannt war: die Rote Hilfe. Als ich die Tür öffnete, kam Silone heraus ...«

Sie blieben nicht lange zusammen. Silone wurde neuerlich verhaftet, ins Gefängnis gesteckt und hatte nur den einen

Trost, an einen zwar unbequemen, jedoch historischen Ort gebracht zu werden: die »Conciergerie«. Nach dem Prozeß wurde die gesamte kommunistische Gruppe, zu der er gehörte, aus Frankreich ausgewiesen. »Natürlich waren alle am nächsten Tag wieder in Paris, nachdem sie die Grenze illegal passiert hatten ...«

1925 wurde Silone von der Partei nach Italien zurückgerufen und mit Aufgaben in der »Agitation und Propaganda« betraut. Kurz darauf wurden die Sondergesetze erlassen, die zu den Verhaftungen vom November 1926 führten. Die kommunistische Gruppe, zu der Silone und Gabriella gehörten, zog in eine abgelegene Villa, die in die Geschichte der KPI unter dem Namen »Albergo dei Poveri« – »Hotel der Armen« – eingegangen ist.

Hier residierte das illegale Sekretariat des »Centro interno« der KPI, das Camilla Ravera organisiert hatte, und von hier aus wurde die Arbeit der leitenden Gremien der italienischen Kommunisten neu geordnet. Nachdem Guglielmo Jonna, ein Funktionär der Leitung der Roten Hilfe, verhaftet worden war, wurde das »Hotel der Armen« in aller Eile »von seinen Gästen« geräumt, da Jonna ausgesagt hatte.

Silone und Gabriella hielten sich noch einige Zeit in der Gegend von Vicenza auf (zwischen Quarto und Quinto), wo sie für die KP Presse- und Propagandaarbeit machten, und mußten dann heimlich in der Schweiz Schutz suchen. Sie begaben sich nach Basel, wo sich bereits ein großer Teil des »Centro interno« befand. Die Kontakte zwischen Togliatti, Silone und den anderen Führern der illegalen KP wurden oft durch Gabriella aufrechterhalten.

Zum soundsovielten Mal wurden sie ausgewiesen, kehrten heimlich nach Frankreich zurück, wo sie sich in Vaucresson bei Paris niederließen. Als die französische Polizei infolge eines merkwürdigen Unfalls in der Nähe von Vaucresson einen gewissen Eros Vecchi als Spitzel der »OVRA« enttarnte – es war die gleiche Person, die in Italien die Verhaftung von Camilla Ravera bewirkt hatte –, verließen Silone und Gabriella aus Vorsicht abermals das Land.

Silones Gesundheit, die seit langem angegriffen war, verschlechterte sich zusehends, so daß er nach Davos in ein Sanatorium fahren mußte. Es waren die Jahre 1930/31, in denen sich die politische Krise des Autors ereignete, die er in *Uscita di sicurezza* (Notausgang) beschrieben hat, und in denen er die kommunistische Partei verließ.

Gabriella war von der Krise unmittelbar betroffen. Sie blieb alleine in Zürich, ohne Papiere, ohne Geld und ohne jemanden zu kennen. Zwei schweizerische Kommunisten, das Ehepaar Willy und Käthe Trostel, nahmen sie bei sich auf, obwohl auch sie nicht mehr in der Partei waren, und versuchten ihr zu helfen. Auf diese Weise freundete Gabriella sich auch mit dem Adoptivsohn der Trostels, Fritzli, an. Fritzli war ein Sohn von Fritz Platten, dem früheren Sekretär der schweizerischen kommunistischen Partei, der dadurch bekannt wurde, daß er Lenin in seinem versiegelten Zug nach Rußland begleitete.

Aus Gründen der persönlichen und »politischen Diskretion« blieb Gabriella nicht lange bei den Trostels und zog in ein leerstehendes Appartement, das Einsteins erste Frau ihr zur Verfügung stellte. »Ohne Licht und Heizung«, berichtete Gabriella. »Die ganze Einrichtung bestand aus einem Schlafsack und einer Kerze. Jeden Morgen kaufte ich mir auf dem Weg zur ›Sozialbibliothek‹ einen halben Liter Milch und einen Laib Brot und verbrachte den Tag über im Warmen. Ich verschlang alle Arten von Büchern, am liebsten

69

Abenteuergeschichten, die mich von der Wirklichkeit ablenkten ...« Sie war dreiunddreißig Jahre alt.

Jedes Jahr wiederholte sich in Zürich ein eindrucksvolles Jubiläum: das »Sechseläuten«. Es ist ein historisches Fest, das eng mit der neuzeitlichen Stadtgeschichte zusammenhängt, die 1336 – so lehrte man uns in der Schule – mit dem Aufstand der Zünfte begann. Ihr Anführer, Rudolf Brun, beseitigte damals die Vorherrschaft der patrizischen Familien in Zürich und verhalf dem »Handwerkerstand« zur Macht.

Die von Brun ausgearbeitete Verfassung stellte ein Gleichgewicht zwischen den handwerklichen Zünften, dem Stadtadel und den Kaufleuten, Bankiers und Großgrundbesitzern her, die in der »Constaffel« vereinigt waren. Obgleich man noch nicht von einer »Demokratie« sprechen konnte, hatte die »Zunftrevolution« doch ein klares Ziel: größere Macht für die Zünfte und – seit dem Spätmittelalter – sinkenden Einfluß des Adels auf die öffentlichen Einrichtungen. Seine besondere bürgerliche Ausprägung erfuhr Zürich eben durch diesen Umsturz am Ausgang des Mittelalters.

Mit dem »Sechseläuten« wird zugleich der Winter verabschiedet, der von einem riesigen Schneemann aus weißem Pappmaché, dem »Bög«, dargestellt wird. Das Fest, das vor allem von den Kindern sehnlich erwartet wird, ist sehr eindrucksvoll wegen der vielen Menschen, die in historischen Kostümen die Bahnhofstraße entlang zum Bellevueplatz defilieren.

Zu dem Umzug gehören Karren und Wagen, auf denen die Werkstätten der verschiedenen Zünfte mit den »Zünftlern« in ihren traditionellen Kleidungen dargestellt werden. Der »Bög« wird nach einem heidnischen Brauch auf einen großen Scheiterhaufen in der Nähe des Bellevueplatzes gesetzt und verbrannt. Damit beginnt in Zürich der Frühling.

In der Regel herrscht an diesem Tag zwar eine barbarische Kälte, doch die Schweizer marschieren ungerührt in ihren dünnen mittelalterlichen Kostümen und trotzen Kälte, Regen und Wind. »Es ist alles eine Frage der Gewohnheit«, behauptete Mama, die selbst nicht gewillt war, sich daran zu gewöhnen. Sich mit dem Wetter abzufinden hätte für sie bedeutet, sich mit dem Exil abzufinden.

Der begehrteste Platz, um dem »Sechseläuten« beizuwohnen, war natürlich ein Balkon an der Bahnhofstraße. Die »Berlitz School of Languages« besaß einen. Er war riesig lang und ging um die Ecke, so daß man die berühmte Route vom Bahnhofsplatz bis zum Paradeplatz überblicken konnte. Madame Lisy und Signor Ottò luden uns jedes Jahr ein und bewirteten uns mit Leckerbissen, die ich bis dahin nicht kannte, wie »l'île flottante«, eine schokoladene Cremespeise, die wir unter Papas wachsamen Augen kosteten, wobei wir uns bemühten, »dem Essen nicht zu viel Bedeutung beizumessen«.

Einmal hatte Madame Lisy auch Gabriella eingeladen. Wir wollten mit unseren Eltern gerade in Richtung Bahnhofstraße gehen und versuchten uns durch die Menschenmenge zu drängen, als Gabriella plötzlich stehenblieb:

»Entschuldigt mich. Dort drüben auf dem anderen Bürgersteig steht mein Mann. Ich geh' ihm rasch guten Tag sagen.«

Es war ein Herr mittleren Alters, der durch einen langen schwarzen Bart auffiel, der im Wind flatterte und seine Krawatte bedeckte. »Das kann kein Illegaler sein«, folgerte meine Mutter. Auf die Weise erfuhren wir, wie Gabriella nach ihrem Austritt aus der kommunistischen Partei das Problem ihres Lebens gelöst hatte: als Ausländerin in der Schweiz zu überleben. Es war Fritz Brupbacher, der ihr dazu geraten und dabei geholfen hatte, einen Mann zu finden. Brupbacher zeigte ihr ein Fotoalbum, und »nachdem wir es lange durchgeblättert hatten« – erzählte sie – »wählten wir einen Alten aus, der einen Bart wie Karl Marx hatte und ihm – Brupbacher – diesen Gefallen nicht abschlagen würde, obwohl er ein eingefleischter Junggeselle war.« Er hieß Eduard Maier, war Drucker, Sozialdemokrat und sechsundfünfzig Jahre alt – dreiundzwanzig Jahre älter als Gabriella.

Erst ließ er sich bitten, dann versuchte er das Unternehmen zu sabotieren, indem er in Panik geriet und nicht auf dem Standesamt erschien, wo »die zwei Trauzeugen – Brupbacher und Silone – und ich vergebens auf ihn warteten«. Aber Brupbacher gab nicht nach: »Diese Ehe wird geschlossen!« – und sie wurde geschlossen: im Juni 1933 im Rathaus von Zürich. Gabriella Seidenfeld wurde Frau Maier und damit schweizerische Bürgerin mit allem Drum und Dran. Sie konnte arbeiten. Endlich war sie frei.

Nach der Trauung ging jeder seines Weges. Es war eine der vielen »Scheinehen«, die in jenen Jahren in der Schweiz geschlossen wurden. Für die Juden und politischen Flüchtlinge, die das Glück hatten, einen gutwilligen Schweizer zu treffen, war es eine Existenzsicherung. Deshalb wurde das Gesetz in der Folgezeit auch verschärft. Gabriella wurde bereits ein Jahr später, im Oktober 1934, »wegen charakterlicher Unvereinbarkeit« wieder geschieden.

Brupbacher war Arzt und Sohn eines Zürcher Hoteliers. Die Berufswahl, pflegte er zu sagen, sei ihm leichtgefallen, da sein Vater ihn vor die Alternative gestellt habe: »Entweder Arzt oder ›Bratwurster‹; einträglich ist beides.« Brupbacher jr. entschied sich für die Medizin. Er gehörte zu den bemerkenswertesten Persönlichkeiten der schweizerischen Arbeiterbewegung: ein Sozialist »sui generis« – »anarchoider Kommunist«, der pünktlich aus jeder Partei ausgeschlossen wurde; das erste Mal 1914 aus der sozialdemokratischen Partei der Schweiz und danach in den frühen Dreißigern aus der kommunistischen Partei.

Er war lange genug dabeigewesen, um Lenin, Trotzki, Radek und andere Persönlichkeiten jener Epoche und jenes Milieus kennenzulernen. Er hat darüber ausführlich in seiner Autobiographie *Ich log so wenig wie möglich* berichtet. Eigentlich war er Häretiker, und tatsächlich lautete der häufigste Vorwurf seiner Feinde, er sei ein »Ketzer«.

Große Aufregung unter seinen Landsleuten rief er hervor, als er medizinische Beratungsstellen für Frauen und die kostenlose Abgabe von Verhütungsmitteln forderte und zu diesem Zweck mehrere Kampagnen organisierte. Das war, 1901, und Brupbacher war 27 Jahre alt. Er hielt die Geburtenkontrolle für die erste Voraussetzung der Frauenbefreiung.

In den zwanziger Jahren veröffentlichte er mit seiner zweiten Frau, Paulette – einer gebürtigen Russin, die ebenfalls Ärztin war –, ein kleines Werk zu diesem Thema, dessen Titel auf die friedliebenden Schweizer vielleicht etwas beunruhigend wirkte: *Mit Pistole und Pessar.* Niemand konnte mir erklären, was ein Pessar sei. Bis zu meiner Heirat hielt ich es für ein Synonym für »Pistole« oder eine andere Waffe.

Das Arzt-Ehepaar Brupbacher reiste kreuz und quer durch die Schweiz, hielt Reden und organisierte Versammlungen, um für die Geburtenkontrolle zu werben. In den konservativen Kreisen jener Zeit lösten sie damit einen Skandal aus. Der Kanton Glarus erließ ein »Redeverbot« gegen Paulette – die bis ins hohe Alter hinein die radikalere von beiden war, auch im Auftreten –, und der Kanton Solothurn verbot ihnen »im Interesse der öffentlichen Ordnung und Sittlichkeit« auf dem Territorium alle Auftritte und Versammlungen.

73

Fritz Brupbacher war nicht nur seit dem Beginn des Jahrhunderts bis zum Zweiten Weltkrieg eine herausragende Persönlichkeit des Sozialismus in der Schweiz, er war und blieb bis zu seinem Tod 1944 auch eine Adresse für alle, die medizinische, politische oder menschliche Hilfe brauchten. So hatte sich auch Gabriella an ihn gewandt.

Inzwischen war Silone offensichtlich geheilt aus Davos zurückgekehrt. Er war jetzt berühmt und wohnte am Zürichberg in der Germaniastraße in der Villa des Mäzens Marcel Fleischmann, wo er – mit Ausnahme der kurzen Zeit seiner Verhaftung und Verbannung nach Baden – bis zur Rückkehr in das befreite Rom im Jahr 1944 als Gast lebte. Dank Fleischmann konnte er in Ruhe schreiben und arbeiten.

Dennoch blieben die Sorgen. Er gehörte zu den »Schriftenlosen«, die bestenfalls in einem ständigen Provisorium lebten. Jedesmal, wenn die »Aufenthaltsbewilligung« ablief, stellte sich wieder das Problem, ob er in der Schweiz bleiben durfte, und das heißt das Problem des Überlebens.

Gabriella Maier hatte in der Pension Comi im sechsten Bezirk Unterkunft gefunden – eine bescheidene, aber ordentliche Pension, wo die Heimatlosen aus aller Welt zusammenfanden. Um die polnische Eigentümerin Frau Pawka und ihren russischen Partner Volodia, die beide ehemalige Kommunisten waren, scharten sich politische Flüchtlinge, Juden, Künstler und Studenten, die eines gemeinsam hatten: sie besaßen alle kein Geld. Als Silone den Pulitzer-Preis erhielt, beschloß er, einen Teil des Geldes in eine ebenso großzügige wie schwierige Unternehmung zu stecken. In der Langstraße eröffnete er eine Buchhandlung mit Originalliteratur für unsere Landsleute, um das kulturelle Niveau der Emigranten zu verbessern. Sie wurde »Internationale Buchhandlung« genannt und Frau Maier anvertraut.

Meine Eltern interessierten sich lebhaft für das Unternehmen und ermutigten und unterstützten die Initiative. Ich hörte sie über »das Problem einer italienischen Volksliteratur, das auch in der Emigration fortbesteht«, reden. Im Schaufenster waren Dante und Petrarca, Bocaccio und Ariost, Alfieri und Foscolo ausgestellt, und bis hin zu Verga, Fogazzaro und Pirandello fehlte kein Autor. Nur die Kundschaft fehlte.

Um ehrlich zu sein: auch sie fehlte nicht. Die Kunden kamen reichlich, doch statt sich von den klassischen Werken verführen zu lassen, die Frau Maier ausgestellt hatte, frugen sie nach Autoren, von deren Existenz sie nie gehört hatte, wie Carolina Invernizio, Mastriani etc. und nach Werken, die ihr unbekannt waren wie »Der Kuß einer Toten«, »Die lebendig Begrabene«, »Die Rache der Wahnsinnigen«, »Die Blinde von Sorrento« oder »Die Stumme von Portici«.

Gabriella war ratlos, geriet in eine ihrer Krisen – diesmal eine literarische – und bat meine Eltern um Hilfe. Auch Opa Chino wurde beigezogen. Er verbrachte Jahr für Jahr einige Zeit bei uns – trotz des Ärgers, der damit verbunden war: in der Schweiz das Konsulat und in Italien die Polizeibehörden.

Ihre Freunde rieten Gabriella übereinstimmend zu einem Intensivkurs. Es ging nicht darum, sich an den literarischen Geschmack der Masse anzupassen, sondern »mit der Zeit zu gehen«. Mit der Aufgabe wurde Opa Chino betraut, und er übernahm sie mit großer Freude. Gabriella war ihm sympathisch. Sie war eine gefällige, liebenswürdige junge Frau, und er war, nach allem, was ich hörte, weiblicher Anmut trotz seines Alters keinesfalls abhold.

Er brachte Gabriella auf den neuesten Stand und schlug vor, ins Sortiment eine jener illustrierten Zeitschriften zu nehmen, die, wie er bemerkt hatte, unseren Landsleuten in Italien über die Maßen gefielen und die ich bei uns daheim nie gesehen hatte: die *Domenica del Corriere.* Sie eigne sich bestens als Lockmittel, behauptete Opa.

Viele unserer Landsleute würden in den Laden kommen, um sie zu kaufen, und wenn sie sich dann ein bißchen umschauten, würden sie vielleicht von den haltbareren Werken angezogen werden. Kurz: Gabriella werde damit manch gutes Buch verkaufen. Mein Vater war gegen kulturelle »escamotages« dieser Art und nutzte die Gelegenheit, um daran zu erinnern: »Der Zweck heiligt niemals die Mittel.«

So kam es, daß ich die *Domenica del Corriere* entdeckte. Gabriella hängte sie draußen vor dem Geschäft in der Langstraße auf. Sofort bildete sich eine Ansammlung von Italienern, die sich drängten und schubsten, um die farbige erste Seite besser sehen zu können. Von weitem sah es aus, als sei das Geschäft überfüllt. In Wirklichkeit war es gähnend leer.

Unter der Rubrik »Unglücksfälle und Verbrechen« der *Neuen Zürcher Zeitung,* die ich begierig las, wurden nie dermaßen erschütternde Ereignisse gemeldet wie auf der ersten und letzten Seite der *Domenica del Corriere* – als ob so wahnwitzige Dinge sich nur in Italien ereigneten. Die Rubrik in der »Züri Ziitig« war kurz und knapp und galt Papa als Paradebeispiel für seriösen Journalismus.

Die farbigen Zeichnungen von Beltrame auf dem Umschlag der *Domenica del Corriere* hatten meist aufsehenerregende Heldentaten zum Gegenstand, und die Helden waren fast immer ein Carabiniere, der unweigerlich eine Paradeuniform trug, oder eine »arme Mutter«.

»Alles Quatsch«, sagte mein Vater. Er hatte einige Vorbehalte »Helden« gegenüber, zumal er als Kriegsteilnehmer einige »Heldentaten« aus nächster Nähe gesehen hatte. Die

Tatsache, daß er mit dem silbernen Tapferkeitsabzeichen dekoriert worden war, schrieb er einer dieser »contradictions en nous« zu, auf die sich Madame Lisy gerne berief, um unerklärliche Dinge zu erklären.

Papa war auch darüber irritiert, daß ich mich so für die *Domenica del Corriere* interessierte. Seines Erachtens befriedigte das Blatt bestenfalls die Bedürfnisse von Leuten, die kulturell unter dem Durchschnitt waren, halbe Analphabeten. Es sei für ihn nicht gerade erbaulich, meinte er, daß ich dazugehörte.

Dennoch: Die *Domenica del Corriere,* die ich dank Silones kulturellem Unternehmen entdeckt hatte, faszinierte mich. Die farbigen Blätter von Beltrame berichteten nicht nur von »heroischen Taten«, sondern auch von tragischen Unglücksfällen, die einzigartig und schier unglaublich waren: ein abgestürztes Flugzeug, das sich auf einer Wiese mitten in das Tischtuch einer munteren Ausflugsgesellschaft gebohrt hatte, die gerade Picknick machte. Oder ein Dach, das beim Einsturz drei Stockwerke durchschlagen hatte, wobei zahlreiche Nonnen von den Schuttmassen erschlagen, Beichtstühle und Möbelstücke begraben und jahrhundertealte Deckenbalken geknickt worden waren wie Streichhölzer, während das Kruzifix an der Wand unberührt blieb.

Ein Wunder blieb allerdings aus: Die Geschäfte der »Internationalen Buchhandlung« wollten nicht blühen. Gabriella mußte das Geschäft schließen und beendete ihre erste und letzte kommerzielle Unternehmung mit einer Niederlage.

Valdo Magnani

Iᴄʜ ʙᴇɢᴇɢɴᴇᴛᴇ Vᴀʟᴅᴏ Mᴀɢɴᴀɴɪ in Venedig auf der Piazza San Marco vor der Basilika, eines Morgens im Februar 1947. Es war kalt und grau. Der Platz, die Häuser und die Gassen waren in einen feinen Nebel eingehüllt. Ich hatte Venedig noch nie gesehen.

Wir gehörten zu einer Delegation des Jugendverbandes »Fronte della Gioventú«, der der KPI nahestand. Unsere Reisegruppe wurde vom Abgeordneten Antonio Giolitti geleitet und war von der Sozialistischen Föderativen Republik Jugoslawien unter Tito – zu jener Zeit noch Stalinist – eingeladen worden. Am Treffpunkt auf dem Markusplatz war auch der Sekretär der kommunistischen Jugendorganisation, Enrico Berlinguer, erschienen: ein magerer, ernster, finsterer junger Mann von zweiundzwanzig Jahren. Die Delegation bestand aus jungen Mitgliedern aller Parteien, wie man mir sagte. Ich vertrat die Jugend der Aktionspartei, der ich angehörte, seit ich mit meinem Mann nach Rom zurückgekehrt war.

Der Vorschlag, mich in die Delegation aufzunehmen, kam von der linksgerichteten »Associazione Ragazze d'Italia«, der Vereinigung italienischer Mädchen, bei der ich mich eingeschrieben hatte. Der damalige Außenminister Carlo Sforza und mein Vater meinten, daß zu einer solchen Delegation – der ersten übrigens, die hinter den Eisernen Vorhang reiste – auch eine Vertreterin der Jugend gehören sollte, die im »anderen Italien« aufgewachsen war. Meine Schwester erwartete ein Kind und war somit verhindert. Also reiste ich.

Künzli war nicht begeistert, während mein Vater mich ermahnte, »nicht den Kopf zu verlieren« bei dem, was man uns in einem kommunistischen Land vorführen würde.

»Mach dir deine eigenen Gedanken«, lautete sein letzter Aus-
ruf beim Abschied.

Die Delegation bestand aus siebzehn Jugendlichen, von
denen nur drei Mädchen waren. Valdo Magnani gehörte der
Gruppe an, obwohl er bereits fünfunddreißig Jahre alt war und
somit das Höchstalter für die Mitgliedschaft bei den Jungkommunisten überschritten hatte. Er war soeben zum Provinzialse-
kretär der KPI von Reggio Emilia ernannt worden.

Der Untergrundorganisation der kommunistischen Partei
war er schon 1936 beigetreten, als der Faschismus den Höhepunkt seiner Popularität erreicht hatte. Man hatte ihn in die
Delegation aufgenommen, da er Jugoslawien gut kannte und
seit 1940 die Sprache beherrschte. Nach dem Kriegsbeitritt
Italiens war er an die Balkanfront entsandt worden und hatte
sich nach dem Waffenstillstand 1943 im Rang eines Hauptmanns den jugoslawischen Partisanen angeschlossen. Er war
mit einem Mädchen aus Sarajewo verlobt, das er während des
Widerstandskampfes in Jugoslawien kennengelernt hatte.

Magnani war erschüttert, als er bemerkte, daß wir allesamt
diese Reise begonnen hatten, ohne das geringste über das
Land zu wissen, das wir besuchen sollten: Wir kannten weder
seine Geschichte noch die Bedeutung des Befreiungskrieges,
der – wie Magnani hervorhob – im Gegensatz zum italienischen Widerstand ein echter »Volkskrieg« gewesen sei.

Noch am ersten Abend unseres Zusammentreffens erteilte er
uns eine summarische Lektion über Jugoslawien, »damit ihr wenigstens eine vage Vorstellung habt«, sagte er ein wenig betrübt.

Valdo Magnani stammte aus der Emilia, war klein, kräftig
und hatte einen schönen Kopf wie ein Tribun, im dichten
Haar schon die ersten grauen Strähnen. Er sprach langsam,
wog die Worte und hatte eine tiefe, weiche Stimme, die
zuweilen Leidenschaft verriet, aber stets unter Kontrolle

blieb. Sie paßte völlig zu seiner Art zu reden und das Wesentliche auszudrücken. Oft unterstrich er seine Gedanken und Stimmungen durch Handbewegungen, die niemals hart, unerwartet oder heftig waren. Es waren vielmehr fließende, ruhige, wellenförmige Andeutungen.

Diese harmonische Gestik wirkte wie eine natürliche Begleitung seiner Art, Fakten und Ideen darzustellen. Valdo schien es niemals eilig zu haben. Betrachtete man ihn, so war es kaum vorstellbar, daß er im Krieg an Sturmangriffen teilgenommen hatte, während das Maschinengewehr ratterte und die Gewehrkugeln pfiffen. Es war nichts Militärisches an ihm, und doch hatte er an die zehn Jahre in Uniform gelebt. 1943 gehörte er einer Partisanendivision an – der 29. Division der Herzegowina – und führte ein italienisches Bataillon. Danach hatte er sich der italienischen Partisanendivision »Garibaldi« angeschlossen. Für seine Leistungen und seinen Mut war er ausgezeichnet worden. Davor hatte er zwei Doktortitel erworben – einen in Volkswirtschaft und einen in Philosophie – und war Lehrer gewesen. Der Mann interessierte mich.

Die Reise der italienischen Delegation dauerte einen Monat. Wir durchquerten Jugoslawien in der Länge und Breite. An jeder Station eilten festlich gestimmte jugoslawische Jungkommunisten herbei und begrüßten die »italianska delegatio«. Mit Stolz zeigten sie uns in jeder Stadt, jedem Dorf und jedem Ort die Errungenschaften ihrer Volksrevolution.

Mir fielen vor allem die vielen Spuren des Krieges auf – die leeren Schaufenster, die Geschäfte, in denen es nichts gab, die armselige Kleidung der Menschen. Die vielen berufstätigen Frauen waren ein deutliches Zeichen für die Volksrevolution. Sie zeigten eine Nation, die schwergeprüft den Krieg überstanden hatte und zugleich eine immense kollektive Anstrengung unternahm, um sich aus dem Elend zu erheben.

Mangel und beschränkte Verhältnisse waren unübersehbar und gleichmäßig über das ganze Land verteilt. Es unterschied sich deutlich vom damaligen Italien, wo es einen blühenden Schwarzmarkt gab, auf dem man kaufen konnte, was das Herz begehrte – man mußte es nur bezahlen können.

Dieser Schwarzmarkt in Italien wurde nicht nur geduldet: er war halboffiziell. Die Straßen und Plätze von Rom waren – trotz der verbreiteten Armut – voller blühender, hübscher Mädchen in bunten Kleidern. Die Farbe Jugoslawiens – soweit ich es gesehen hatte – war dagegen vorwiegend grau. Ich hatte nicht den Eindruck, daß dies nur an der Jahreszeit lag.

Die Reise durch den Balkan war so lehrreich wie mühselig. Wir reisten per Bahn, stundenlang, manchmal die Nächte hindurch, in Wagen dritter Klasse. Die Sitze waren unbequem, die Züge langsam, und zu dem fortgesetzten Gekreische der Räder kam das ruckartige und plötzliche An- und Abfahren.

Wir entspannten uns beim Gespräch, was die Beschwernisse zu lindern schien. Magnani frug mich, woher ich käme, und ich wollte wissen, wer er war. Er stammte aus einer Handwerkerfamilie mit sozialistischen Traditionen. Von seinen zwei Brüdern war einer Geistlicher. »Besser die Priester als Faschisten«, sagte der alte Magnani, obwohl er eher antiklerikal eingestellt war, womit er eine verbreitete Ansicht der Sozialisten in der Emilia ausdrückte.

Auch Valdo war katholisch erzogen. Bis zu seinem achtzehnten Lebensjahr hatte er der »katholischen Aktion« angehört und war in seinem Heimatort einer ihrer Jugendführer gewesen. Durch seine Erzählungen erfuhr ich, daß er ein leidenschaftlicher Musikliebhaber war und die griechischen Dichter, die Kunst des Barock, die literarischen Klassiker und ganz besonders die deutschen Romantiker liebte.

Er erzählte mir von Herodot und von Babylon, das in seiner Blütezeit aus dem Norden mit Waren versorgt wurde. Damals lebten die Armenier im Norden. Sie beförderten ihre Waren auf dem Euphrat, indem sie Schiffe beluden, die rund und flach wie Schilde waren. Nur die Spanten waren aus Holz, während die Seiten aus Leder bestanden. Sie hatten auch einen Esel auf ihren runden Lederbooten und nutzten die rasche Strömung aus. In der Stadt angekommen, verkauften sie nicht nur die Waren, sondern auch das Holz des Schiffsbodens, luden die Lederhäute auf den Esel und kehrten auf dem Landweg nach Hause zurück, da es wegen der starken Strömung unmöglich war, flußaufwärts zu fahren. Magnani mochte diesen Gedanken von Herodot sehr: »Man baut ein Schiff sogar für eine einzige Reise, auch wenn sie nur von kurzer Dauer ist, wie auch das Leben, ob kurz oder lang, intensiv gelebt werden muß.«

Die Züge der jugoslawischen sozialistischen Republiken fuhren gemächlich. Wir hatten also genug Zeit, uns abwechselnd zu erzählen, was er im Verlauf seiner fünfunddreißig und ich im Laufe meiner einundzwanzig Jahre erlebt hatten. Magnani sprach von Kruniza, seiner serbischen Verlobten. Er hatte sie im Frühling 1943 in Trebinje in der Herzegowina in dem Haus kennengelernt, wo er als Hauptmann der italienischen Artillerie sein Quartier genommen hatte.

Kruniza, berichtete er, war damals achtzehn Jahre alt. Sie war schön, blond, hatte große blaugrüne Augen und besaß eine überdurchschnittliche Schulbildung – jedenfalls im Vergleich mit ihren Altersgenossinnen, die in jenen Jahren auf den Dörfern der Herzegowina lebten – und war an Politik nicht interessiert. Sie lebte dort alleine mit ihrer Mutter.

Krunizas Charakter, erklärte Magnani, sei überaus widersprüchlich: genußsüchtig und voller Hemmungen, hypersensibel und zugleich in naiver Weise selbstsicher wie ein Kind.

Magnani liebte sie leidenschaftlich. Krunizas Mutter, Lela, eine Frau mit soliden moralischen Grundsätzen, sympathisierte mit den Kommunisten. Sie war deswegen von der Ustascha bereits einmal verhaftet worden und hatte einige Zeit im Gefängnis gesessen. Zwischen ihr und Magnani entstand eine Art Komplizenschaft, zumal er seine eigenen politischen Vorstellungen nicht verborgen hatte. Gemeinsam hörten sie nachts illegale Radiosendungen in italienischer und serbischer Sprache. Auf diese Weise erfuhren sie in der Nacht des 25. Juli 1943 vom Sturz Mussolinis. Magnani erinnerte sich daran, daß die Zeit und die Ereignisse einige Stunden lang stillzustehen schienen. Dann strömten die Soldaten in die Hauptstraße der Kleinstadt und scharten sich um die Lautsprecher auf dem Platz, doch nichts geschah. »Die Generäle und Stäbe machten auf die gleiche Weise weiter wie bisher und blieben abgekapselt, wie sie es immer gewesen waren«, kommentierte Magnani das Ereignis.

Badoglios schicksalsschwerer Satz »Der Krieg geht weiter« hatte alle italienischen Soldaten in die Enge getrieben und in das Verderben gestürzt, besonders aber diejenigen, die auf fremdem Boden als Besatzungsmacht standen.

»Alle spürten unbestimmt, was sie im Grunde immer gewußt hatten und was sich nun als Wirklichkeit voller unmittelbarer und gefährlicher Konsequenzen präsentierte: Alle diese Männer, die schon seit Jahren in der Stadt lebten, sich in den Häusern eingerichtet hatten, Freundschaften und Liebschaften geschlossen hatten, mit dem Ort vertraut waren«, erzählte Magnani, »begriffen, daß sie Fremde geblieben waren. Ihr Aufenthalt in Trebinje war beendet, und unausgesprochen brach heraus, was diese Männer beseelte: Das dringende Bedürfnis, möglichst rasch in die Heimat zurückzukehren, zu ihren Ursprüngen, da um sie herum alles zusammenbrach und sie dazu drängte, die Stadt zu verlassen. Die Soldaten redeten von Einschiffung, von ihren Familien, vom Frieden, von den Ereignissen in Italien.«

Ich frug Magnani, warum er nicht gleich in Jugoslawien geheiratet hätte. Er sah mich verwundert an: »Weil ein Verbrechen mich in diese Stadt geführt hatte – der Krieg. Ich war entschlossen, erst nach Kriegsende zu heiraten. Das war für mich immer klar gewesen, und ich hatte auch nie den geringsten Zweifel daran gelassen.«

Die lange, beschwerliche Reise ging weiter, und wir fuhren fort, uns unsere Leben zu erzählen. Magnani mußte lächeln, als ich von meinem Vater und seinen Erziehungsmethoden berichtete. Mir war klar, daß er sie für etwas bizarr hielt, aber er ging nicht darauf ein. Als ich ihm mitteilte, daß mein Vater hinsichtlich der Beziehung zwischen Mensch und Ernährung der Überzeugung war, »man ißt, um zu leben und nicht umgekehrt!« zögerte er freilich nicht, seinen eigenen Standpunkt zu betonen.

Als waschechter Emilianer hatte Magnani die Küche im Blut: er schätzte sie, sie schmeckte ihm, und er hielt sie für eine Kunst, die man seinen Kindern weitergeben müsse. Er war, das bemerkte ich bald, nicht nur ein Liebhaber, sondern auch ein Sachverständiger der Küche. Er bevorzugte die ehrliche und einfache Küche. Angerührte Sößchen und ausgefeilte Tunken »verfälschen die Speisen und verwirren den Gaumen«, erklärte er, während unser Zug kreischend durch die fast leere slowenische Landschaft holperte.

»Das Tier ernährt sich, der Mensch ißt«, zitierte er Brillat-Savarin. Die Art, wie er über ihn sprach, erweckte in mir den Eindruck, es müsse sich um einen wichtigen oder sogar fundamentalen Philosophen handeln, und ich wunderte mich, daß mein Vater den Namen nie erwähnt hatte.

Aber Valdo war auch ein raffinierter »Gourmet«. Die Verbindung zwischen Gastronomie und Kultur lag ihm sehr am Herzen – genau wie Giuseppe Delogu. Das Gelingen einer Mahlzeit hing laut Magnani im wesentlichen davon ab, ob es gelang, zwischen Küche und Koch eine Beziehung herzustellen. Das Kochen war, kurz gesagt, eine Frage des Charakters, des Temperaments und des Geistes.

»Wie stellst du fest, ob ein *tortello* (eine mit Käse und Spinat gefüllte Teigtasche) richtig gekocht ist?« frug er aus heiterem Himmel. Ich hatte mir diese Frage nie gestellt und antwortete: »Durch Kosten.«

»Bocciata« (durchgefallen, abgelehnt), erklärte Magnani triumphierend und stieg aufs Katheder: »Man nimmt eine Gabel, spießt einen *tortello* auf, hält ihn in Augenhöhe und betrachtet ihn aufmerksam. Die Ränder des *tortello* dürfen nicht steif sein – denn das hieße, daß er nicht gar ist –, aber auch nicht schlaff herabhängen – dann ist er zerkocht. Sie müssen … vibrieren!« Um mir seine Methode vorzuführen, breitete Magnani fast majestätisch die Arme aus und ließ mit einem leichten Beben jeden einzelnen Finger pulsieren, um die Vibrationen eines richtig gekochten, mit einer Gabel aufgespießten und in Augenhöhe gehaltenen *tortello* darzustellen.

Anfang März war die Reise der »italianska delegatio« durch Titos Jugoslawien beendet. Auf dem Bahnhof von Ljubljana verabschiedeten wir uns, und die Delegation teilte sich: ein Teil, darunter Valdo Magnani, reiste noch zehn Tage herum, und die anderen kehrten nach Rom zurück.

Nach einem Monat des Zusammenlebens umarmten wir Delegationsmitglieder uns fröhlich und verabredeten ein Wiedersehen in Italien. Magnani und ich verabschiedeten uns als letzte auf dem Bahnsteig. Wir schauten uns an, zögerten einen

Moment und drückten uns die Hand. Als einzige der Gruppe umarmten wir uns nicht. Es war dieser Augenblick des Zögerns, der uns zeigte, daß zwischen uns ein Gefühl entstanden war.

Ich bestieg rasch den Zug nach Rom, wo mein Mann auf mich wartete. Magnani reiste nach Sarajewo weiter, um seine Verlobte zu treffen. Ich drehte mich nicht um und sah nicht aus dem Fenster.

Bald nach meiner Rückkehr nach Rom schlug die Direktion der Basler *National-Zeitung* meinem Mann Arnold Künzli vor, als Korrespondent nach London zu gehen. Ich war glücklich über den Vorschlag. Aus Kindertagen hatte ich mir die Freude am »Umziehen« bewahrt. Mich reizte nicht so sehr das Reisen, als vielmehr der Wohnungswechsel mit Sack und Pack, um einen neuen Ort kennenzulernen und dort zu leben.

Künzli nahm die Aufgabe an, obwohl er kein Englisch konnte. Er verbrachte den heißen Monat Juli des Jahres 1947 in einem Zimmerchen unserer Wohnung in der Via Claudio Monteverdi – bei künstlicher Beleuchtung, eingeschlossen, über Lehrbüchern sitzend. Die Fensterläden blieben wegen der Hitze draußen den Tag über geschlossen. In diesem Monat sah ich meinen Mann fast nie. Als er aus dieser Art türkischem Dauerbad herauskam, konnte er Englisch. Wir reisten ab.

In England gefiel mir auf Anhieb alles: die Leute, der Geist, die Landschaft, London, die Art zu leben und das Klima. Die »austerity«, jene typisch britische Lebensart der Nachkriegszeit, ließ mich für den Rest des Lebens nicht mehr los. Sie entsprach meinem Verständnis von Gerechtigkeit und Bürgersinn. Davon konnten mich auch jene Abscheulichkeiten, die der Engländer »food« zu nennen wagt, nicht abbringen. Selbst in der Düsternis eines »Lions Corner House«, wo die Londo-

ner für eine Tasse Tee und ein Sandwich mit einer undefinier-
baren Füllung in »pink« anstanden, bekam ich poetische
Anwandlungen. Künzli vermochte mir in meiner Begeisterung nicht zu folgen und war irritiert.

Die Haustüren und damit die englische Welt öffneten sich
mir vor allem dank zweier ungewöhnlicher Menschen: Elizabeth Wiskemann und Moura Budberg, eine baltische Baronin. Erstere war eine international bekannte Historikerin.
Während des Krieges hatte sie sich in geheimer Mission des
»Foreign Office« in der Schweiz aufgehalten, wo sie vor allem
mit Giuseppe Delogu, Silone und der Familie von Egidio
Reale Freundschaft geschlossen hatte. Daheim war oft von
dieser rätselhaften »Elisabetta« die Rede – wie Pippo Delogu
sie nannte –, aber seltsamerweise waren wir uns nie begegnet.

Als ich sie kennenlernte, war Elizabeth eine Frau um die fünfzig Jahre, hager, um nicht zu sagen mager, und bebrillt. Ihr
Gesicht war von Falten zerfurcht, jedoch jugendlich und fast
schelmenhaft, wenn zuweilen ein hintersinniges Lächeln über
ihr Gesicht lief. Im Begreifen von Situationen war sie so flink
wie in ihren Bewegungen. Ihr Geist war lebhaft, immer bereit
und so scharf, daß sie sich manchmal bewußt zurückhielt.

Man sah heute noch, daß sie früher eine hübsche Frau gewesen war. Elizabeth hörte gern zu. Sie ließ die anderen reden und
besaß eine unenglische Eigenart, die ich nur bei ihr kennengelernt habe: Sie stellte Fragen. Sie hatte in Cambridge in Geschichte promoviert und lehrte nach dem Krieg an den Univer-
sitäten in Edinburgh und Sussex europäische Zeitgeschichte.
Meine englischen Freunde erzählten mir, daß Elizabeth ihre
Karriere mit zwei unerläßlichen Voraussetzungen begonnen
habe: einer ungewöhnlichen Intelligenz und wenig Geld.

Während der letzten Jahre der Weimarer Republik und der
ersten des Nationalsozialismus hatte Elizabeth in Deutschland

gelebt. Sie war »liberal« und schätzte die Wahrheit und die Freiheit über alles. Wegen ihrer mutigen Berichterstattung in *New Statesman and Nation* wurde sie 1935 von der Gestapo festgenommen, aus dem Deutschen Reich ausgewiesen und auf die berüchtigte »schwarze Liste« gesetzt.

Im Februar 1936 verteilte die »Bayerische Politische Polizei« eine Mitteilung an »alle Grenzpolizei- und Grenzkontrollstellen«, in der es hieß:

»Mitte und Ende Juli 1935 erschienen in der im Reichsgebiet verbotenen englischen Zeitung *New Statesman and Nation* zwei Artikel von Elizabeth Wiskemann, in denen das Deutsche Reich und der Nationalsozialismus in der unerhörtesten Weise beschimpft und verleumdet werden. Es besteht die Vermutung, daß die Wiskemann in nächster Zeit wieder nach Deutschland einreisen wird. Sollte die Schriftstellerin auftauchen, so ist sofort zu berichten, ohne sie jedoch an der Einreise zu hindern ...«

Elizabeth hatte nie heiraten wollen, was mit ihrer Liebe für Freiheit und Unabhängigkeit zusammenhing. Sie repräsentierte für mich den Prototyp der emanzipierten Engländerin. Das ging so weit, daß sie den Ausdruck Emanzipation nicht einmal benutzte.

Eines Tages vertraute sie mir etwas an: »Man kann ein Volk oder seine Geschichte erst wirklich verstehen, wenn man mit einem seiner Vertreter ein Verhältnis hatte.« Ich war zweiundzwanzig Jahre alt und hielt Elizabeth für ziemlich kühn. Diskret überprüfte ich, wie viele zeitgeschichtliche Bücher sie geschrieben hatte, und war verblüfft. Abgesehen von Deutschland und Italien hatte Elizabeth die politischen Verhältnisse in Österreich, der Tschechoslowakei, Rumänien und Polen untersucht (ihr Buch *Die Achse Rom – Berlin* gehört übrigens, neu aufgelegt, noch immer zu den englischen Klassikern der »Contemporary History«).

Was die Emanzipation betraf, so war auch die zweite Frau, die mich in die Welt der Briten einführte, nicht ohne. Ich wurde der Baronin Budberg durch Elizabeth vorgestellt und daraufhin in ihren Salon in Ennismore Gardens eingeführt, wo die Baronin einmal die Woche empfing. Ich wußte, daß sie die Gefährtin von H. G. Wells und Maxim Gorki gewesen war; die Engländer sagten ohne Boshaftigkeit: »the lover«. Davor hatte sie auch »zwei legitime Männer« gehabt, wie Moura sich auszudrücken pflegte.

Sie war weniger schön als faszinierend. Ihr breites Gesicht mit hohen Backenknochen, die hellen, ruhig blickenden Augen verbreiteten Heiterkeit. Mouras Einzigartigkeit beruhte auf ihrem Charme und den Geheimnissen, mit denen sie sich umgab. Sie stand gerne im Mittelpunkt der Aufmerksamkeit, und es gelang ihr spielend, diesen Platz einzunehmen.

Den menschlichen Schwächen gegenüber war sie nachgiebig und barmherzig – mit einer Ausnahme: sie hielt Langeweile für unverzeihlich. Sie redete darüber wie über eine Todsünde. Zu meinem Glück hielt Moura mich nicht für langweilig, und so wurde mir, trotz des Altersunterschieds, das Privileg zuteil, in ihren Freundeskreis aufgenommen zu werden.

Im April 1948 schaute die gesamte politische Welt auf Italien. Nur zwei Monate vor den italienischen Wahlen hatte in der Tschechoslowakei der Staatsstreich stattgefunden, durch den das Land definitiv den Befehlen Stalins unterstellt wurde. Zu den vielen hundert ausländischen Journalisten, die vor Ort gesandt wurden, um die Wahlen zum ersten italienischen Parlament zu beobachten, gehörte auch Arnold Künzli. Der Kalte Krieg war in vollem Gange. Mein Vater, der nach Auflösung der Aktionspartei zu den Sozialisten gewechselt war, kandidierte fürs Parlament. Valdo Magnani war – wie ich zufällig in *L'Unità* gelesen hatte – Kandidat der kommunistischen Partei. Ich hatte mit ihm seit dem Abschied in Ljubljana keinen Kontakt mehr gehabt.

Das politische und soziale Klima in Italien war aufgeladen, das Land zweigeteilt, der Wahlkampf heiß und beherrscht vom »Frontalzusammenstoß« zwischen Christdemokraten und Volksfront aus Sozialisten und Kommunisten.

»Gott sieht Dich, Stalin nicht«, lautete der bekannte Wahlslogan, mit dem die Christdemokraten darauf hinwiesen, daß man in der Wahlkabine nicht gesehen werde. Die Anhänger der Kommunisten verbreiteten halblaut oder nur durch eine Lippenbewegung den Satz: »Ha da venì Baffone!« In ihm drückte sich die Hoffnung aus, daß auch in Italien eines Tages der Mann mit dem Schnurrbart kommen würde, das heißt Stalin, um die Dinge zum Besseren zu wenden.

Pius XII. persönlich beteiligte sich am Wahlkampf. »Für Christus oder gegen Christus«, sagte er wörtlich während seiner Osteransprache. In den Kirchen erinnerten die Pfarrer daran, daß die Kommunisten und ihre Verbündeten exkommuniziert seien. Viele Pfarrer waren in ihren Predigten jedoch verbindlicher und weniger radikal, wie jener Geistliche, den ich in der Basilika von San Giovanni in Laterano hörte.

Er wandte sich von der Kanzel herab an die Frauen und erinnerte sie daran, daß nicht alles verloren sei, selbst wenn ihre Ehemänner, Söhne und Väter die Volksfront wählen sollten, weil sie – die Mütter, Schwestern, Ehefrauen und Töchter – ihre Männer erretten könnten. Ihre Stimme sei kurz gesagt ausreichend, um die Männer davor zu bewahren, in der Hölle zu enden. Das war nicht wenig.

Die Fassaden der römischen Häuser waren von einigen hunderttausend Wahlplakaten bedeckt. Sie zeigten vor allem das Bild Garibaldis, das Symbol der Volksfront sowie das Zeichen der Christdemokraten – den gekreuzten Langschild. Hunderte von Autos, auf denen Lautsprecher angebracht waren, krächzten von morgens bis abends Wahlslogans. Die täglichen Wahlkundgebungen auf den Plätzen Roms waren überfüllt.

Auf einigen Plätzen wie der Piazza Colonna oder der Piazza Esedra bildeten sich Gruppen, die bis in die Nacht hinein erregt diskutierten, ob man »diesseits oder jenseits des Eisernen Vorhangs« leben wolle, wie die Christdemokraten es ausdrückten, oder ob man »für den Frieden oder für den Krieg« sei, wie die Volksfront frug.

Ich mischte mich unter die Leute, und ich folgte, nachdem ich die englische Unerschütterlichkeit kennengelernt hatte, hingerissen den heißen Wortgefechten. Sie endeten nicht selten mit dem Eingreifen der »Celere«, der damaligen Polizei, die unerwartet mit ihren Mannschaftswagen auftauchte, die Menschen in Panik versetzte und in die Flucht trieb.

Der 18. April 1948 war ein historisches Datum für die Republik Italien. Die Christdemokraten triumphierten, und die Volksfront erlitt eine schwere Niederlage. »Ein Sieg der Freiheit und der westlichen Zivilisation«, riefen die Antikommunisten. »Ein Sieg des gemäßigten Klerus und der Restauration«, schrieben die Besiegten. Die westliche Welt atmete erleichtert auf.

Mein Vater wurde nicht gewählt und arbeitete weiter als Journalist. Valdo Magnani gelangte, wie ich der Zeitung entnahm, mit einer hohen Zahl von Direktstimmen ins Parlament. Er kam zur Eröffnung des Parlaments nach Rom und rief mich an. Ich hatte oft an ihn gedacht und freute mich, ihn zu hören. Als erstes frug ich nach Kruniza. Er antwortete: »Sie ist tot.«

Wir verabredeten uns an der Piazza del Popolo, Café Rosati. Magnani begrüßte mich mit einem offenen Lächeln und so natürlich, als hätten wir uns am Abend zuvor verabschiedet. Wir nahmen unser Gespräch an der Stelle wieder auf, wo wir es in Jugoslawien abgebrochen hatten, und sprachen über unsere Erlebnisse seit jenen Tagen.

Magnani und Kruniza hatten geheiratet, aber sie war gestorben, bevor sie noch nach Italien kommen konnte. Er sprach nur kurz darüber, und ich mochte nicht weiterfragen. Seine Mutter, von der er auf unserer Balkanreise mit besonderer Liebe und Hochachtung erzählt hatte, war kürzlich ebenfalls verstorben, und ich bemerkte seine Erschütterung. Er habe sich, erzählte er, mit Leib und Seele in die Politik gestürzt, weil die Situation es erfordere; aber nicht ohne Bedauern.

Ich sprach von meinem Umzug nach London zusammen mit meinem Mann, von meinen Erfahrungen in einem sozialdemokratisch regierten Land, von meiner Begeisterung für den englischen Bürgersinn, der sich mit dem Begriff »austerity« verband. Er wunderte sich nicht darüber. Da ich am nächsten Tag nach London zurückkehren wollte, gab ich ihm meine Adresse: Platt's Lane, 21 – London, NW 3.

Es war das Haus, in dem Jan Masaryk, der unter anderem mit Elizabeth Wiskemann und Moura Budberg befreundet gewesen war, während seines Londoner Exils gelebt hatte. Ich erwähnte den kommunistischen Staatsstreich und den Fenstersturz Masaryks, der eine Woche nach der Machtübernahme durch die Kommunisten tot im Hof des von ihm geleiteten Ministeriums in Prag aufgefunden wurde. Magnani sagte nichts, aber sein Gesicht verfinsterte sich, und einen Moment lang schwiegen wir beide. Es kam eine Blumenverkäuferin mit einem riesigen Korb rosaroter Nelken vorbei. Magnani suchte sorgsam den am stärksten duftenden Strauß heraus und überreichte ihn mir.

Die Sommerferien verbrachte ich seit dem Ende des Krieges zusammen mit meinen Eltern in dem Haus in Antignano. Mein Mann war in London geblieben. Er litt unter der Hitze und nahm seinen Urlaub als ausgezeichneter Skiläufer lieber im Winter und fuhr nach Davos.

Großvater Ercole war gleich nach der Befreiung gestorben, mein angebeteter Opa Chino vor kurzem, und Großmutter Jole ging langsamer und auch nicht mehr so aufrecht. Nur ihr Blick war noch scharf und streng.

Das Tor, das den Garten des Hauses von dem Gemüsegarten der Bauern trennte, stand jetzt immer weit offen. Der Esel, der immer im Kreis lief, um das Wasser aus dem Brunnen zu holen, war durch eine elektrische Pumpe ersetzt worden. Abends ging ich hinüber zum Kartenspiel in die große Küche der Bauern, denen mein Vater ausdrücklich untersagt hatte, ihn »signor padrone« zu nennen.

»Ankomme Bahnhof Livorno 15 Uhr 30«, telegrafierte Valdo Magnani. Wir schrieben uns seit dem Wiedersehen an der Piazza del Popolo, und er wußte, daß ich die Ferien in Antignano verbringen wollte. Ich holte ihn vom Bahnhof ab und stellte ihn meinem Vater vor. Mama war an dem Tag nicht da. Bisher wußte einer vom anderen nur aufgrund meiner Erzählungen. Als sie sich jetzt gegenüberstanden, schien mir, als bemerkte ich eine wechselseitige Befangenheit an ihnen, so als seien sie miteinander bekannt, ohne sich je begegnet zu sein, oder aus anderen Gründen, die mir unbekannt blieben.

Mein Vater durchbrach die Verlegenheit sofort, indem er über die Politik redete: »Als ich in Paris im Exil war, kannte ich einen gewissen Pietro Magnani. Seid ihr verwandt miteinander?« – »Er ist mein Onkel, ein Bruder meines Vaters«, antwortete Valdo. »Er war Sozialist und emigrierte Anfang der dreißiger Jahre nach Frankreich und trat der ›Liga für die Menschenrechte‹ bei. 1935 war er zusammen mit Pietro Nenni, Modigliani und anderen Delegierter auf dem Kongreß gegen den Krieg in Abessinien.«

Ich ertappte mich dabei, daß ich über dieses Zusammentreffen froh war. Ich betrachtete es als ein Bindeglied zwischen unseren Familien.

Einen Monat zuvor hatte die aufsehenerregende Exkommunizierung Titos durch die Sowjetunion stattgefunden, und die Kommunisten in aller Welt hatten sich dieser Position sofort angeschlossen. Das Ereignis machte vor allem in Kreisen der italienischen Linken großen Eindruck, und da Magnani sich in Jugoslawien auskannte, war es nur natürlich, daß mein Vater ihn nach seiner Meinung fragte, auch wenn damals ein Kommunist und noch dazu ein Abgeordneter die offizielle Linie der Partei nicht einmal insgeheim in Zweifel ziehen durfte.

Magnanis Antwort war vorsichtig, aber doch freimütig genug, so daß mein Vater nach seiner Abreise sagte: »Wenn dieser Freund von dir herumerzählt, was er hier über Jugoslawien gesagt hat, kriegt er ernstliche Schwierigkeiten.«

Magnani schlug vor, einen Spaziergang am Meer entlang zu machen. Den Satz »Wir halten Kurs! Mussolini«, der meine Aufmerksamkeit angezogen hatte, als ich ein Kind war, hatte man überstrichen, aber die Farbe war verblaßt, und die Schrift schimmerte wieder durch.

Die kleine Straße zum Meer war staubig wie eh und je, und vor den Küchentüren waren die Frauen dabei, auf improvisierten Feuerstellen in großen Blechgefäßen Tomaten einzukochen. Ich kannte inzwischen jeden im Ort, und die Leute grüßten mich freundlich und nicht so unterwürfig, wie sie früher der Großmutter ihre Ehrerbietung erwiesen hatten, wenn sie mit uns ans Meer ging.

Magnani blieb stehen und unterhielt sich mit den Frauen. Er frug, wie die Ernte sei, was für Preise die Produkte erbrächten, wieviel die Landarbeiter verdienten usw. Mir fiel auf, daß er sich vor allem für ihre Lebensbedingungen interessierte und nicht für ihre politischen Ansichten oder Gefühle.

Wir schlenderten durch die Gassen und ließen uns Zeit, wie es Magnanis Art war, bis wir die Stelle am Meer erreichten, wo die Großmutter mich als Kind in die Sonne geflatscht hatte. Die Umkleidekabine von damals war verschwunden, die Sonne stand kurz vor dem Untergang, und der Strand war leer.

Wir setzten uns auf eine Klippe, die kaum vom Wasser umspült wurde. Nach langem Schweigen sagte Magnani mit ruhiger Stimme: »Meine Frau ist nicht tot.« Die Stille, die uns umgab, schien plötzlich noch tiefer geworden zu sein. Nur das leise schwappende Geräusch der Wellen begleitete seine Worte, als er zu erzählen begann.

Sie hatten im Herbst 1947 in Sarajewo geheiratet. Doch nach der Hochzeit weigerte seine Frau sich, ihm nach Italien zu folgen. Magnani erbat keine Begründung – wie es seinem Charakter entsprach. Tags drauf reiste er ab, alleine und verzweifelt. Als sie Abschied nahmen, erklärte Kruniza, daß sie später nachkommen werde.

Er fuhr nach Triest, verstört, und wußte nicht, was er tun sollte. Die Visa, die er mit Hilfe der Kommunistischen Partei Italiens und auch dank seiner Vergangenheit als jugoslawischer Partisan bekommen hatte, hätten es ihm erlaubt, nach Sarajewo zurückzureisen und zu versuchen, die Frau, die seine große Leidenschaft war, wiederzugewinnen.

Er war drauf und dran, es zu tun. Auf einer Bank verbrachte er Stunden der Hoffnungslosigkeit. Der Haken, an dem er sich schließlich aus dieser Ausweglosigkeit herauszog, war die Gewißheit, daß seine politische Arbeit, die er als moralische Verpflichtung auffaßte, über allem zu stehen hatte.

Er fuhr nicht zurück und reiste statt dessen weiter nach Reggio, wo Familienangehörige, Freunde und Genossen bereits darauf warteten, das Brautpaar zu feiern. Ihnen sagte er nur, was seine Frau angedeutet hatte: »Kruniza kommt später.« Nach zwei Wochen erhielt er ein Telegramm seiner Trauzeugin Jela: »Kruniza ist tot.«

Magnani nahm die Nachricht hin, so merkwürdig und unerwartet sie auch war, und sein familiärer und politischer Anhang sammelte sich teilnahmsvoll und solidarisch um ihn. Einige Wochen später kehrte ein Brief Jelas die Situation abermals um: Kruniza war nicht tot, es ging ihr gut, sie lebte mit einem anderen Mann zusammen und dachte nicht daran, nach Italien zu kommen, um mit Magnani zu leben. Sie habe Magnani nur geheiratet, um ein Versprechen zu erfüllen, das sie ihrer Mutter vor deren Tod gegeben habe.

Magnani glaubte die Begründung nicht und bot Kruniza an, sich scheiden zu lassen. Er bekam nie eine Antwort. Auch die jugoslawische Polizei hatte seltsamerweise inzwischen jede Spur von ihr verloren. Die Gründe für Krunizas Verhalten blieben ein Rätsel. Er redete nie und mit niemandem über dieses letzte Kapitel der Geschichte und blieb nach außen hin der Witwer, für den er sich selber eine Zeitlang gehalten hatte. Ich unterdrückte eine Frage, die mir damals im Hals steckte: »Warum erzählst du das mir?«

Die Sonne war untergegangen, und ein Windchen war aufgekommen, das die rosa und weißen Oleanderbüsche entlang der Küste leicht bewegte. Wir erhoben uns schweigend und kehrten ins Haus zurück. Ein Junge, der eine Pappschachtel umhängen hatte, kam vorbei und rief: »Pfefferminzbonbons, Kürbiskerne! Pfefferminzbonbons, Kürbiskerne!«

Das Tor zum Hausgarten war abgeschlossen, und so gingen wir durch das Gartentor der Bauern. Die Frauen, Rita und Settima, saßen mit einigen Tagelöhnern unter dem großen Feigenbaum vor einem Berg Tomaten. Sorgfältig legten sie eine Tomate nach der anderen in große Holzkisten. Die weniger ansehnlichen kamen nach unten und die schönen, glänzenden nach oben. Am anderen Morgen vor Tagesanbruch würden die Männer sie auf den Großmarkt nach Livorno bringen. Scharen ausgelassener Kinder liefen zwischen den Tomaten umher und spielten Fangen.

Die Bauern unterhielten sich angeregt über Togliatti. Sie alle waren Kommunisten aus der Provinz Livorno, aber nicht die Parteilinie interessierte sie in diesem Augenblick, sondern die Liebesgeschichte ihres charismatischen Führers, die nach dem Attentat, das man vor einigen Wochen auf ihn verübt hatte, zum öffentlichen Gesprächsthema geworden war. Togliatti war mit einer Altgenossin ordnungsgemäß verheiratet, und die Tatsache, daß er jetzt eine jugendliche »Geliebte« hatte, wie auch viele Kommunisten mit einem Unterton von Wohlanständigkeit zu sagen pflegten, empörte sie.

»Stimmt das, daß Nilde Iotti die Geliebte Togliattis ist?« frug ich Magnani.

»Die Iotti ist meine Cousine«, antwortete er ausweichend.

Ich ging in die große Küche, wo früher die hellschimmernden Kupferpfannen gehangen hatten, um das Abendessen vorzubereiten. Papa duldete nicht, daß etwas Besonderes gekocht wurde, wenn Gäste kamen. Er hielt es für »bischerate piccoloborghesi«, für »kleinbürgerliches Getue«. Ich befolgte seine Anweisungen und rührte unter den kalten, bereits vorgekochten Reis nur Mayonnaise. Als ich den Reis umrühren wollte, mußte ich niesen. Um den Hals trug ich einige Ketten winzig kleiner Perlen, die nach der damaligen Mode eng anlagen. Durch die plötzliche Anstrengung beim Niesen rissen die Fädchen, und die Perlen purzelten in den Reis. Es war unmöglich, sie alle herauszufischen, da sie in Farbe und Größe vom Reis nicht zu unterscheiden waren.

Es täte mir leid, sagte ich zu meinem Vater, daß ich gezwungen sei, etwas Besonderes auf den Tisch zu bringen: Reis mit Perlen. Papa war ungehalten, nannte mich einen Tolpatsch und schluckte entsprechend seiner sokratischen Theorie, »man ißt, um zu leben, und nicht umgekehrt« diszipliniert die Perlen hinunter. Magnani tat so, als habe er nichts bemerkt und sei mit den Gedanken woanders. Papa meinte: »Ein patenter Mann, nur ein bißchen professoral.«

Valdo und ich schrieben uns weiterhin regelmäßig. Im folgenden Jahr kam er wieder nach Antignano und lernte Mama kennen. Er empfand Zuneigung und Sympathie für sie. Mir fiel auf, daß er den Frauen eine besondere Aufmerksamkeit schenkte – eine Mischung aus Bewunderung, Achtung und Vertrauen in ihre unvergleichlichen Werte. Zum Teil beruhte diese Haltung auf der glücklichen Beziehung, die er zu seiner Mutter gehabt hatte; zum Teil stammte sie auch aus seiner emilianischen Heimat, wo die Frauen der Mittel- und Angelpunkt des Hauses sind.

Valdo hatte eine »Vespa« gemietet, mit der wir am Arno entlang nach Pisa und über schattige Alleen, die von uralten Pinien flankiert wurden, bis nach Lucca vordrangen. Aus den nahegelegenen Gastwirtschaften tönte ein Schlager: »Die süßesten Früchte essen nur die großen Tiere ...« Vergeblich versuchte ich, Valdo zum Wandern zu verführen. Er schätzte es nur in der Literatur. Valdo liebte die Natur: »Aber sitzend«, wie er präzisierte. Seit dem Partisanenkrieg, der in Jugoslawien überwiegend ein zermürbender »Bewegungskrieg« gewesen war, um den Deutschen oder der Ustascha auszuweichen, hatte er eine Abneigung gegen das Marschieren. Er behauptete oft, während der Dauermärsche durch Bosnien und Montenegro, die bis zum Umfallen dauerten und auf denen es nichts zu essen und zu trinken gab, habe er sich geschworen, nie wieder einen Schritt freiwillig zu Fuß zu gehen, wenn er diesem Inferno jemals lebend entrinnen sollte. Und er hielt sich daran.

Unterdessen hatte sich zwischen Valdo und mir etwas sehr Wichtiges ereignet: Wir waren gerne zusammen, hatten nicht nur gemeinsame Interessen, sondern auch den gleichen Geschmack, und wir blickten in die gleiche Richtung: wir liebten uns. Ich glaube, der Zustand währte schon eine Weile, aber im Gegensatz zu früher war es uns jetzt bewußt geworden.

Als ich am Ende meines Urlaubs nach London zurückkehrte, war ich unschlüssig: Ich war verheiratet, und aufgrund meiner Erziehung hatte ich gelernt, die Ehe und die Gefühle ernstzunehmen – auch die Gefühle anderer. Als wir uns in Livorno verabschiedeten und ich schon am Zugfenster stand, hörte ich Valdo sagen: »Denk daran, du bist meine Verlobte.« Ich konnte gerade noch antworten: »Aber ich bin doch verheiratet.« – »Ich weiß«, antwortete er, während der Zug sich in Bewegung setzte. »Ich warte.« Wir hatten uns noch nicht einmal geküßt.

Wieder schrieben wir uns. Inzwischen war mein Vater zum Chefredakteur der Tageszeitung *Il Progresso d'Italia* in Bologna ernannt worden. Die Zeitung sollte im Sinne der linken Parteien eine politische Gegenposition zum *Il resto del Carlino,* der konservativen Bologneser Zeitung, vertreten.

Ich begann meine ersten Artikel aus London nach Bologna zu schicken – Stimmungsberichte in Form von Episoden. Ich war »zwischen Zeitungen aufgewachsen«, wie Papa im Scherz sagte, und hatte drei bemerkenswerte Lehrer gehabt: meinen Vater, Arnold Künzli und Elizabeth Wiskemann. Sie ermutigten mich, und so schrieb ich weiter meine Artikel, als wir 1949 nach Rhöndorf bei Bonn umzogen, nachdem mein Mann Korrespondent für Deutschland geworden war.

Es tat mir leid, England verlassen zu müssen, doch die Aussicht, aus der Nähe mitzuerleben, wie Deutschland sich nach der nazistischen Katastrophe entwickeln würde, war verlokkend. Ich kannte bisher nur die Kultur des Landes und bewunderte sie. Ich kam gerade rechtzeitig, um den Beginn jener Epoche mitzuerleben, in der viele Deutsche die Einführung der Demokratie als Bestrafung für ihre Untaten und die Wiederbewaffnung als Belohnung für zukünftige Dienste ansahen.

Auch aus Deutschland sollte ich, wie von allen meinen Reisen, einige wertvolle »Souvenirs« mitbringen: Freunde. Neben dem Haus im Zennigsweg, in dem Kanzler Adenauer lebte, wohnte ein Paar – Louise Maraun, eine junge Kinderärztin, die zur Hälfte Belgierin war, und Rolf Le Beau, ein ehemaliger Journalist der *Kölnischen Zeitung*. Mein Mann und ich hatten sie in dem kleinen Hotel »Wolkenburg« kennengelernt, wo die ausländischen Journalisten wohnten. Auf diese Weise lernte ich auch in Deutschland Leute kennen, die keine Nazis gewesen waren. Im Hotel war ein Lokal, eine typische rheinische Weinstube, die häufig auch von Offizieren der britischen Besatzungsmacht besucht wurde.

Die Wohnung von Rolf und Louise ging auf Adenauers Garten hinaus. Häufig sah man, wie der Kanzler sich seinen Rosen widmete. Er hielt auch ein Schaf in seinem Garten, das fast einen menschlichen Gesichtsausdruck besaß. Es ähnelte dem Kanzler.

Valdo hielt mich brieflich über seine Gedanken auf dem laufenden und beschrieb seinen Tagesablauf. Auf die Weise lernte ich das Leben eines Parlamentariers und kommunistischen Parteifunktionärs im damaligen Italien kennen: Besprechungen im kleinen Kreis, im großen Kreis, Provinzversammlungen, Gewerkschaftsversammlungen, Regional- und Nationalkongresse, Wahlkundgebungen, Reisen nach Norden und Süden. Ein Leben in durchorganisierter Pflichterfüllung, das von großer Begeisterung und einer Hingabe getragen war, die den ganzen Menschen erforderte. Totaler Einsatz.

Immer häufiger schlichen sich in seinen Briefen jedoch auch politische Zweifel ein, die zu Meinungsverschiedenheiten mit seinen Genossen führten. Die Wirklichkeit des Sozialismus, die während einer Reise durch die Länder des Ostblocks über ihn hereinbrach, machte ihm deutlich, daß der

Sozialismus in Italien nicht nach dem Muster eines anderen Landes aufgebaut werden konnte, auch wenn es die Sowjetunion war.

In seinen Briefen beschäftigte ihn das Problem der nationalen Wege zum Sozialismus und führte zu Fragen, wie er sie schon meinem Vater gegenüber 1948 in Antignano vorsichtig formuliert hatte. Glaubte man Valdo, so existierte in Polen, das er 1950 besucht hatte, keine sozialistische Demokratie. Aber er sagte noch mehr: Es gehe darum herauszufinden, ob der Sozialismus überhaupt mit demokratischer Politik vereinbar sei.

Als ich Valdo im Sommer 1950 in Antignano wiedersah, redete er ganz offen über seine wachsende Unruhe, die er empfand angesichts der systematischen Verfälschung der geschichtlichen Wahrheit durch die kommunistische Partei, der unkritischen Verherrlichung Stalins und der ebenso unkritischen Verdammung des jugoslawischen Versuchs, einen eigenen Weg zu gehen. Er hatte das drängende Gefühl, als Politiker wie als Mensch verpflichtet zu sein, diese Dinge auszusprechen. »Aber«, fügte er hinzu, »ich weiß nicht, ob ich den Mut dazu haben werde, wenn sich die Gelegenheit bietet.« Eines wußte er: Es war eine Sache, den Feinden Widerstand zu leisten, und eine andere, den eigenen Genossen zu widerstehen.

Wir standen mitten im kalten Krieg, und in Italien erlebte der Stalin-Kult seinen Höhepunkt. Der Stalinismus bedeutete im damaligen Italien, daß die Welt in zwei feindliche Lager geteilt war: auf der einen Seite der »amerikanische Imperialismus« mit seinen Verbündeten, und auf der anderen Seite »die Kräfte des Friedens« – das heißt die Sowjetunion, die Volksdemokratien und die kommunistischen Parteien. In Italien gehörten auch die Sozialisten unter Pietro Nenni dazu.

Wer nicht prosowjetisch war, wurde sofort beschuldigt, proamerikanisch zu sein, und der Kapitalismus wurde als

Komplize des Faschismus betrachtet. Das Verlassen des einen Lagers führte automatisch zu der Anklage, sich dem anderen angeschlossen zu haben und deshalb ein Verräter zu sein. An einen dritten Weg zu glauben wurde fast als Verbrechen angesehen.

Das war das politische Klima, in dem der VII. kommunistische Regionalkongreß im Januar 1951 in Reggio Emilia stattfand. Einige Tage später kaufte ich am Zeitungskiosk am Beethovenplatz in Bonn den *Corriere della Sera* vom 28. Januar. Der Titel eines Vierspalters auf Seite eins lautete: »Überraschende Wende in den roten Reihen der Emilia. Zwei kommunistische Abgeordnete legen ihr Mandat nieder und geben den Mitgliedsausweis zurück. Es handelt sich um die Abgeordneten Magnani und Cucchi, die den Anweisungen des Kominform nicht mehr folgen wollen.«

Was war geschehen? Valdo hatte nach der Verlesung seines Rechenschaftsberichts als Sekretär des Regionalverbandes von Reggio Emilia einen Satz gesagt, »eine persönliche Bemerkung«, wie er ausdrücklich hinzugefügt hatte, der einen mir bekannten Gedanken enthielt: »Wenn die italienische Grenze morgen, wo auch immer und von wem auch immer, angegriffen werden würde, wäre es die erste Pflicht jedes Kommunisten, sein Land zu verteidigen ...«

Mit seinem Antrag verlangte er ein ausdrückliches »Nein« gegenüber der UdSSR als Führungsmacht und der Strategie der »importierten Revolution, die sich auf fremde Bajonette stützt«. Was Valdo vorschlug, war kurz gesagt die Suche nach einem italienischen Weg zum Sozialismus.

In ganz Italien rief dieser Fall von »Häresie« ein ungeheures Aufsehen hervor. Die kommunistische Partei lehnte Valdos Rücktritt ab und schloß ihn statt dessen aus der Partei aus.

Mit ihm ausgeschlossen wurde sein Freund Aldo Cucchi, ein legendärer Partisanenführer und Träger der goldenen Medaille der Widerstandsbewegung.

Das Urteil brandmarkte sie als »prinzipienlose Renegaten, Feinde der Arbeiterklasse und der Partei und als Instrumente der Feinde des Kommunismus, der UdSSR und aller aufrechten Verteidiger des Friedens und der Freiheit ...« Die kommunistische Fraktion im Abgeordnetenhaus schloß Valdo Magnani und Aldo Cucchi »wegen politischer und moralischer Unwürdigkeit und Verrat« aus. Und auch die »ANPI«, die prokommunistische Partisanenvereinigung, warf die beiden verdienten Widerstandskämpfer aus den Reihen ihrer Mitglieder hinaus.

Infolge seiner Verwandtschaft und Freundschaft mit Nilde Iotti – die inzwischen Togliattis offizielle Lebensgefährtin war – hatte Valdo direkten Umgang mit dem Führer der KPI. Nilde Iotti lud ihren Cousin häufig zum Essen ein, wenn er nach Rom kam, und ihr bevorzugtes Gesprächsthema war die Politik. Der »politische Verrat« Magnanis galt deshalb als besonders niederträchtig.

Gegen die beiden jungen Abgeordneten wurde eine moralische Hetze veranstaltet, für die es keine Vorbilder gab und die sie aus dem bürgerlichen Leben zu verbannen suchte.

Eine der Maßnahmen war eine neuartige Kampagne der »revolutionären Wachsamkeit«. In allen Parteigliederungen wurde eine offizielle Schrift verteilt, die den Titel trug: »Zwei Agenten des Imperialismus«.

Sie enthielt unter anderen einen Artikel von Edoardo D'Onofrio, Mitglied des Vorstandes der KPI, der im *Merkheft des Aktivisten (Quaderno dell'attivista)* vom 16. Februar 1951 enthalten war. Darin hieß es:

»Die wichtigste Wachsamkeit ist die politische. Sie besteht in der Befolgung der Parteilinie, wann auch immer und wo auch immer. Politische Wachsamkeit heißt vor allem Kampf für die politische Linie der Partei gegen jedwede opportunistische Abweichung ...«

Der freundlichste Angriff gegen Valdo und Aldo Cucchi kam von Palmiro Togliatti. Befragt nach dem »Fall der beiden Verräter« antwortete er anläßlich seiner Rückkehr aus der Sowjetunion einem Journalisten: »Auch in der Mähne eines edlen Rennpferdes wird man immer zwei oder drei Läuse finden.«

Die sozialistische Partei Pietro Nennis schloß sich der Kampagne gegen die »Magnacucchi«, wie sie abfällig genannt wurden, bedingungslos an und beteiligte sich an den Beleidigungen, Verleumdungen und Verfolgungen. Valdos alter Vater, ein Sozialist, schrieb seinem Sohn und bat ihn inständig, »die Politik der Sowjetunion nicht mehr anzugreifen«. Seine Genossen aus der sozialistischen Partei beschimpften ihn. Er könne nicht mehr in Ruhe durch Reggio spazieren oder in die Bar gehen, um Karten zu spielen, und sogar die Haushälterin habe ihn verlassen, weil sie nicht beim »Vater eines Verräters« arbeiten wolle.

Die KPI richtete einen Polizeidienst ein, um zu kontrollieren, welche Genossen sich mit Valdo und Cucchi trafen. »Sie respektieren nicht einmal die privatesten und menschlichsten Gefühle der Familie«, schrieb Valdo in seiner Schrift *Erklärungen und Dokumente,* die einen Monat nach seinem Rücktritt erschien. »Sie hetzen den Bruder auf, verächtliche Briefe gegen den Bruder zu schreiben, versuchen vom Onkel Briefe voller Haß gegen den Neffen zu bekommen, sie terrorisieren, drohen damit, einem die Zukunft zu verbauen, und schüchtern die Schwestern ein, damit sie den Bruder überreden, in der Partei zu bleiben. Man stelle sich vor, wie ein Staat aussehen würde, in dem eine Partei die Macht hat, die zu solchen Methoden greift, und alle Genossen müssen sich fragen, ob das der Kommunismus ist, den sie sich erträumen«, schloß Valdo.

»Im Kampf gegen die ›Magnacucchi‹ wurde kein Mittel ausgelassen«, gestand Giancarlo Pajetta, einer der höchsten Funktionäre der KPI, fast vierzig Jahre später in seinem Buch *Le crisi che ho vissuto* (Die Krisen, die ich erlebt habe).

Während Valdo in Italien seine politischen Kämpfe ausfocht – über die ich durch seine Briefe und die Presse ständig informiert wurde –, stellte ich in Rhöndorf fest, daß meine Ehe mit Künzli an einem Wendepunkt angelangt war. Ich hatte zu früh geheiratet. Ich mochte meinen Mann, und wir waren nie unglücklich gewesen, aber man konnte nicht sagen, daß wir gut zueinander paßten.

Ich verließ Rhöndorf – ging aber nicht zu Valdo. Den Ehemann wechseln wie das Hemd, das konnte ich nicht. Ich ließ mich in Zürich nieder, wo Robert Jungk mich Mabel Zuppinger vorstellte – der berühmten »Claudine« der *Weltwoche* und Chefredakteurin der schweizerischen Frauenzeitschrift *Annabelle*.

Sie war eine kluge, gebildete Frau mit gesundem Menschenverstand. Wir waren uns sofort sympathisch. Nach einer kurzen Probezeit stellte sie mich ein, und mit ihrer Hilfe lernte ich den Journalismus von der Pieke auf. Ich fand noch andere Lehrmeister: Manuel Gasser, der zusammen mit Karl von Schumacher die Wochenzeitung *Weltwoche* gegründet hatte, und den damals noch sehr jungen Georg Gerster.

Gasser führte mich durch das Labyrinth einer Druckerei und lehrte mich die Kunst des Umbruchs. Er verstand es, das Wesentliche der Dinge zu erkennen, wie Opa Chino, der mich in Todi zu beobachten gelehrt hatte, was ich auf den

Feldern sah. Gasser lehrte mich, auch Filme anzuschauen – sowohl gute wie schlechte –, und beschäftigte mich hin und wieder als Filmkritikerin der *Weltwoche*.

Zum ersten Mal in meinem Leben stand ich nicht mehr unter Kuratel. Da ich mit neunzehn Jahren geheiratet hatte, war ich aus der Obhut meines Vaters direkt in die meines Mannes übergegangen. Jetzt war ich fünfundzwanzig, besaß einen eigenen Hausschlüssel oder besser, einen Zimmerschlüssel, überwies der Vermieterin die Miete, zahlte »meine« Steuern und hatte das Gefühl, über mir sei nur noch der Himmel. Ich war endlich unabhängig.

Zugleich kümmerte ich mich um die Scheidung. Drei Dinge aus meiner Ehe wollte ich behalten: die Freundschaft mit meinem Mann, den schweizerischen Paß und eine Erinnerung an Gottfried Keller: sein Zigarrenetui, das der Familie Künzli gehörte. Alle drei Wünsche wurden mir erfüllt.

Der Austritt Valdos aus der KPI verletzte zutiefst unseren familiären Frieden. Nicht nur unsere gegenseitige Zuneigung und Liebe, sondern der gesamte Zusammenhalt der Familie als solcher war in Gefahr. Die Zusammengehörigkeit, die unversehrt alle Schwierigkeiten und Ängste des Exils überdauert und selbst an der »faschistischen Gefolgstreue« des Großvaters Ercole nicht zerbrochen war, erlitt plötzlich einen schweren Schlag.

Mein Vater reagierte wie alle Nenni-Sozialisten mit einer scharfen Verurteilung. In einem Leitartikel mit dem bezeichnenden Titel »Auf der schiefen Ebene«, der zehn Tage nach dem Austritt von Valdo und Cucchi in der Zeitung *Progresso d'Italia* erschien, schrieb Papa:

»Was uns betrifft, so richten wir unsere Meinung nicht nach dem Standpunkt dieser oder jener Partei, sondern danach, welche politische Linie dem Volk und der Demokratie dient, so wie es der Linie unserer Zeitung entspricht. In einem Augenblick, da die Opposition einen schweren Kampf führt, dessen wichtigstes Ziel die Verteidigung der Verfassung und des Friedens ist, kann die Initiative der Abgeordneten Cucchi und Magnani nicht im geringsten gerechtfertigt werden. Die Initiative ist dermaßen absurd, daß sie zu den schlimmsten Vermutungen Anlaß bietet und deshalb bereits zu einer entschiedenen Verurteilung geführt hat. Wer sich in dieser Zeit großer Spannungen außerhalb der Organisationen stellt, die die Arbeiterklasse vertreten, und eine Position einnimmt, die objektiv in der einen oder anderen Weise mit den Hoffnungen der kapitalistischen Welt übereinstimmt, der begeht, um es freundlich auszudrücken, einen entsetzlichen Fehler. Die Frage, ob er alles das gewollt oder nicht gewollt hat, ist unerheblich: Er hat sich objektiv in den Dienst der Feinde der Demokratie und des Sozialismus gestellt ...«

Mein Vater war nie Marxist oder gar Kommunist gewesen, und er war es gewiß auch nicht, als er diesen Artikel schrieb. Er reflektierte nur das Klima seiner Zeit, das nicht einfach von einer Anpassung an die Positionen der KPI gekennzeichnet war. Man hing an der »Einheit der Arbeiterklasse«, und der Mythos vom »Bollwerk der Demokratie und des Sozialismus«, als das die Sowjetunion sich darstellte, war gemeinsames Gedankengut aller, die an die Idee des Sozialismus glaubten. Emilio Lussu sagte mir in jener Zeit immer wieder: »Wir müssen an ihrer Seite bleiben (womit er die Kommunisten meinte), auch wenn sie uns morgen an die Wand stellen sollten.«

Valdo bezog sich auf diese alten Antifaschisten, die wegen ihrer Vergangenheit bewundert wurden, als er 1951 in *Crisi di una generazione* (»Krise einer Generation«) schrieb:

»Die Geisteshaltung der Antifaschisten, die sich immer an eine starke Macht anlehnen müssen, die sie wenigstens verbal vor dem Faschismus beschützt, entspricht nicht den Erfahrungen unserer Generation. Wir haben den Faschismus geerbt. Wir haben die Logik seiner Entstehung begriffen und durchlitten, bekämpft und besiegt haben wir ihn nicht im Stil einer Revanche, für die jedes Mittel recht ist, sondern wegen eines sozialen und menschlichen Ideals, das nicht in einem schlichten ›Anti‹ besteht, nicht eine neue Diktatur errichten will und die Kandare der Mythen – von wo auch immer – nicht akzeptiert. Dies ist eine der Ursachen für die Barriere zwischen Antifaschismus und junger Generation, die in den letzten Jahren entstanden ist. Andere kommunistische oder parakommunistische Intellektuelle sind bereit, Werte wie die Freiheit des Denkens und der Kritik, die auch sie als Höhepunkte des menschlichen Fortschritts anerkennen, einem vermeintlichen Wohlstand für alle (den es dann doch nicht geben wird) zu opfern, und erinnern in einem selbstmörderischen Gedankenschluß an die Lebensangst der existentialistischen Strömungen. Diese sind im eigentlichen Sinne Erscheinungen einer Dekadenz, die der Kommunismus geschickt auszunützen weiß. So ist es ihm jetzt möglich, eine fast mystische Hingabe des Individuums an eine Macht und einen irdischen Apparat zu erzeugen und dadurch als höchste Werte die Verneinung des eigenen Denkens zu verherrlichen. Das Denken ist nicht mehr ein menschliches Ziel, das jedermann respektieren muß, sondern ein Mittel, das wie ein technisches Instrument benutzt wird, um Meinungen zu verbreiten und zu beherrschen, die wahr oder nicht wahr sein mögen und jedenfalls vom kommunistischen Machtapparat ausgehen – das heißt von jenen Männern, die über die höchste diktatorische Autorität in der Sowjetunion verfügen. Der Kommunismus negiert hier sogar die christlichen Fundamente unserer modernen Welt, unabhängig von irgendeiner Kirche.«

Im Sommer 1951 verbrachte ich wie immer einige Tage bei meiner Mutter. In großer Bestürzung vertraute sie mir an, daß Edoardo D'Onofrio vom Vorstand der KPI – ein Mann, der bis 1944 in der Sowjetunion gewesen war – ihr den »Beweis für den Verrat« Magnanis geliefert habe; eine Quittung über acht Millionen Lire mit Valdos Unterschrift. Die »Operation Bestechung« sei auf Initiative des damaligen Innenministers Scelba in Absprache mit der CIA organisiert worden. Meine Mutter kam nicht auf den Gedanken, daß Valdos Unterschrift womöglich gefälscht war, und nicht im Traum fiel ihr ein, daß Verräter im allgemeinen nichts unterschreiben. Sie glaubte D'Onofrio blind, und die bloße Vorstellung, daß ihre Tochter mit so einem verachtenswerten Menschen ein Verhältnis haben könnte, machte sie krank.

Valdo war in die Via Bormida in Rom zu Freunden gezogen, die seinen politischen Kampf unterstützten: Luciana und Riccardo Cocconi. An diesem Punkt griffen die Verantwortlichen für die Isolierung der »Magnacucchi« zu einer Methode, die man nur grotesk nennen könnte, wenn sie nicht auch schwerwiegende Folgen gehabt hätte.

Man bediente sich der Zugehfrau der Cocconis und überredete sie gegen Bezahlung, alle Briefumschläge der an Valdo und Cocconi gerichteten Post aus dem Papierkorb sicherzustellen. Auf diese Weise wurden viele Sympathisanten der »Magnacucchi« ermittelt, verfolgt und bedroht. Nicht einmal Stalin hätte sich eine so hausgemachte Mata Hari einfallen lassen. Luciana Cocconi ertappte das Dienstmädchen auf frischer Tat, und es gestand. Aber dergleichen wiederholte sich. Mal mit einer Hausangestellten, dann mit dem Portier und mit jedem, der ins Haus kam, um irgendeine Reparatur durchzuführen, und wenn es der Klempner war.

Meine Eltern wußten, daß ich mich scheiden lassen wollte. Sie mischten sich nicht ein, nur Mama war in Sorge. Auch als ich ihnen mitteilte, daß ich Valdo liebte und mit ihm zusammenleben wollte, versuchten sie nicht, mich davon abzubringen. Sie respektierten meine Gefühle. Aber sie versuchten, mich zu überreden, meine Rückkehr nach Italien zu verschieben. Mein Vater, mit dem ich von Zürich aus in der Sache einen herzlichen Briefwechsel hatte, sprach nie von »Verrat« im Hinblick auf Valdo, wenngleich nur theoretisch.

»Du darfst dich von nichts anderem als von deinem Gewissen und deinem eigenen Urteil leiten lassen«, schrieb er mir, getreu seinen Prinzipien. Aber er warnte mich auch vor der Atmosphäre, die ich in Rom vorfinden würde, den Gehässigkeiten *in dieser ganz besonderen Epoche* (die Unterstreichung stammt von ihm) und »den Andeutungen vieler Freunde und Feinde …« Papa hatte nicht übertrieben.

Tatsächlich wurden die Attacken der Kommunisten und Sozialisten verschärft und akzentuiert, als Valdo sich nicht im Elfenbeinturm versteckte, sondern zum Gegenangriff überging. Er versuchte das Unmögliche: im Italien der frühen fünfziger Jahre eine Linke ins Leben zu rufen, die zugleich antistalinistisch war und außerhalb der Logik der Blöcke stand. Zusammen mit Aldo Cucchi, Riccardo Cocconi, der ebenfalls ein bekannter Partisan war, Lucio Libertini und anderen gründete er zunächst die »Italienische Arbeiter-Bewegung« (»Movimento dei Lavoratori Italiani«) und später die »Union unabhängiger Sozialisten« (»Unione Socialisti Indipendenti«), kurz: »USI«.

Unterstützung bei der Gründung einer antistalinistischen Linken in Italien erhielten sie nur aus Jugoslawien. Eine erste

Begegnung zwischen Valdo und Djilas fand im September 1951 in Paris statt. 1953 traf er sich mit Dedijer, später mit Kardelj und Tito auf Brioni. Die »Magnacucchi« gründeten auch eine Wochenzeitschrift – *Risorgimento Socialista* –, die sich sechs Jahre lang halten konnte. Auf Seite eins der ersten Ausgabe vom 16. Juni 1951 stand neben einem Artikel von Valdo einer von Ignazio Silone: »Il sale nella piaga« (»Das Salz in der Wunde«), der ganz von der ungeheuren und selbstauferlegten Anstrengung getragen war, als Kommunist »ein freier Mensch« zu werden. Silone war das Verbindungsglied zwischen dem Exil meiner Kindheit und jenem anderen Exil, das auf mich wartete: das Exil in der Heimat an Valdos Seite.

Meine Scheidung von Arnold Künzli wurde Ende 1952 vor dem Bezirksgericht Zürich durch fünf Richter – drei Protestanten und zwei Katholiken – in weniger als zehn Minuten ausgesprochen, da ich keine Unterhaltsansprüche stellte und die Richter berücksichtigten, daß ich als Minderjährige geheiratet hatte. Sie waren allesamt freundlich und verständnisvoll, und das Ganze kostete wenig mehr als einhundert Schweizer Franken.

Ich war siebenundzwanzig Jahre alt, war gesund, liebte und wurde geliebt, hatte einen anerkannten Beruf und besaß überdies die Kraft, die ich meiner Kindheit und Jugend verdankte. Ich fühlte mich stark genug, jedwede Situation zu meistern. So bestieg ich den Zug nach Rom.

Valdo mietete uns eine kleine Wohnung in der Via Faleria, im Bezirk San Giovanni. Sie hatte keine Möbel, dafür aber sehr viele Bücher und ein bequemes Bett. Unsere erste Anschaffung war »eine ernsthafte Angelegenheit«, wie Valdo sagte: die Küche. Wir konnten jetzt lesen, schlafen und essen. So begann unser gemeinsames Leben, wir waren glücklich. Von

Valdos Freunden wurde ich mit brüderlicher Herzlichkeit empfangen, und als ich bemerkte, daß ich ein Kind erwartete, das wir uns sehr wünschten, hätte ich die ganze Welt umarmen können.

Im Dezember 1952 schrieb Valdo einen Brief an meinen Vater, in dem er ihn von unseren Heiratsplänen unterrichtete. In seiner Antwort schrieb Papa unter anderem:

»Die tiefe politische Meinungsverschiedenheit, die uns vor einem Jahr plötzlich getrennt hat, gestattet mir nicht, an der Durchführung Eurer Absicht mit der Spontaneität und Herzlichkeit teilzunehmen, wie ich es mir gewünscht hätte. Das bedeutet für mich einen großen Schmerz. Ich habe in einer so tragischen und schweren Zeit wie der unseren mein ganzes Leben dem politischen Kampf gewidmet und kann mich auch aus dem gegebenen Anlaß nicht darauf einlassen, Privatleben und Politik voneinander abzuschotten, so bequem es auch wäre. Von der Schwere meiner innerlichen Zerrissenheit wirst Du eine annähernde Vorstellung haben, wenn Franca Dir – wie ich annehme – gesagt hat, wie groß meine Zuneigung und geistige Übereinstimmung sind, die mich mit ihr verbinden.«

Wenn ich mit meinem Vater unter vier Augen reden wollte wie in meiner Kindheit in Zürich, verabredeten wir uns in einer Bar in der Via dei Sabini zwischen Piazza Colonna und Fontana di Trevi. Da saßen wir vor einem Cappuccino und einem Cornetto und nahmen die alten Gesprächsfäden wieder auf, die unweigerlich zu den augenblicklichen Themen führten: die kritischen Punkte unserer Beziehung.

Ich widersetzte mich offen dem Verhalten meiner Eltern gegenüber Valdo. Ihre politische Einschätzung konnte ich akzeptieren, auch wenn ich sie nicht teilte. Aber ihr offensichtliches moralisches Urteil, das sich in ihrem Verhalten zeigte, konnte ich nicht zulassen: Meine Eltern weigerten sich, unsere Wohnung zu betreten. Nicht einmal Weihnachten und Neujahr verbrachten wir mehr zusammen, und wenn ich sie sehen wollte, mußte ich sie besuchen.

Ich sah darin einen Widerspruch zu den Idealen, die sie beseelten, und zu den Anleitungen für das Leben, die sie selber mir erteilt hatten. »Ihr könnt einen Menschen nicht ohne Beweise verurteilen«, zitierte ich sie immer wieder in allen Gesprächen mit meinem Vater. Damit endeten stets unsere sehr lebhaften Streitgespräche in der Via dei Sabini.

Der Kellner der Bar kannte uns inzwischen. Sorgenvoll erstaunt sah er zu uns herüber und konnte eine heftige Neugier nicht unterdrücken. Er wußte nicht, wo er uns als Paar einordnen sollte, zumal Papa und ich uns nach jedem Streit liebevoll und gerührt verabschiedeten.

Am Schluß konnte ich es nicht lassen, meinen Vater mit der Feststellung zu necken: »Meine Solidarität mit Valdo ist auch eine Folge eurer Erziehung – abgesehen davon, daß ich ihn liebe.«

Mein Vater fuhr mir dann zärtlich über den Hinterkopf, als wollte er mir eine seiner sanften Kopfnüsse verpassen, und wie einst lag in seiner Geste ein »freundlicher Ordnungsruf«. Halb im Ernst und halb zum Spaß seufzte er: »›On est trahi jamais que par les siens‹, wie Madame Lisy sagen würde.« (Man wird nur von den Seinen verraten.)

Der Kontakt zwischen mir und meinen Eltern war nie unterbrochen, was vor allem Valdo zu verdanken war. Er besaß jene Sanftmut, mit der nur wirklich starke Menschen ausgestattet sind: »Wer nicht immer menschlich mit allen ist, der hat wahrlich kein Recht, es zu sich selber zu sein«, sagte er.

Onkel Carlo Zuccarino, derselbe angeheiratete Onkel, der für mich die Amme gesucht hatte, kam uns dagegen immer besuchen. Er kam als Verwandter, als Freund und als Arzt. Er war das Familienmitglied, das die Schiavettis und Magnanis zusammenhielt. Es gab noch ein zweites Bindeglied zwischen den beiden Familien: jenen Studenten, den wir in Zürich nach dem Sturz Mussolinis kennengelernt hatten, als mein Vater im »Volkshaus« den Appell »an alle Italiener« verkündet hatte: Enzio Volli.

Er hatte das Chemiestudium aufgegeben und war jetzt ein gefragter Anwalt in Triest. Nach Rom kam er in dieser Zeit oft, da er sich auf eine Dozentur für Seerecht an der Universität vorbereitete. Er liebte und schätzte meine Eltern, blieb jedoch mein Freund und befreundete sich auch mit Valdo.

Ich hatte wenige italienische Freunde aus dem alten Kreis. Die Geschichte wiederholte sich. Damals, als Papa bereits heimlich ausgewandert war und das Regime immer mehr Wirkung zeigte, hatten viele von Mamas Bekannten den Bürgersteig gewechselt, um ihr nicht guten Tag sagen zu müssen. Dasselbe passierte jetzt auch mir.

Einmal betrat ich ein Geschäft in Rom, wo mich die Eigentümerin, die mich kannte, anfuhr: »Das hätten Sie Ihren Eltern nicht antun dürfen. Sie sind so redliche Menschen.«

Die Geschäftsfrau war orthodoxe Sozialistin. Aber es gab auch Kommunisten oder Sozialisten strenger Observanz, die intellektuell so aufrichtig waren, mich weiterhin zu grüßen, auch wenn sie nicht mit uns verkehrten: Sandro Pertini, Umberto Terracini, Antonio Giolitti, Pietro Nenni und einige wenige andere. Mein Vater hat Valdo nie den Gruß verweigert.

Ich entdeckte in dieser Zeit ein mir unbekanntes Italien, und häufig frug ich mich, warum ausgerechnet in jenem Klima des kalten Krieges, wie ich es miterlebt habe, das Märchen von *Don Camillo und Peppone* gedeihen konnte – das heißt die Legende, daß die Italiener allen politischen Feindschaften zum Trotz immer Mensch bleiben würden.

Dieses Verhalten gab es tatsächlich. In vielen Fällen handelte es sich zwar nur um politische Indifferenz, wie sie in gewissen Schichten des italienischen Bürgertums anzutreffen ist – aber auch um eine humane Verhaltensweise. Im Parlament bekämpften sich zu gewissen Zeiten die zwei Hauptgegner – die Sozialisten/Kommunisten und die Christdemokraten – heftigst, nicht selten mit persönlichen Beleidigungen … und es flogen auch Fäuste. Anschließend standen die Protagonisten solcher parlamentarischen Kämpfe aber doch wieder an der Bar des Abgeordnetenhauses zusammen, tranken ihren Kaffee und machten Witze.

Niemals jedoch war ein ähnliches Verhalten des sozialistisch-kommunistischen Blocks gegenüber den »Magnacucchi« zu beobachten.

An den Wahlen zum Abgeordnetenhaus im Juni 1953 beteiligte sich die »Union Unabhängiger Sozialisten« mit eigenen Kandidaten. Das Resultat war beachtlich und zugleich enttäuschend:

Die »USI« errang 225.000 Stimmen in den zwei Dritteln der Wahlkreise, in denen sie angetreten war. Trotzdem wurden weder Magnani noch Cucchi ins Parlament gewählt. Immerhin waren diese Stimmen ausschlaggebend, um zu verhindern, daß das sogenannte »Legge truffa« – das »Wahlbetrugs-Gesetz« – wirksam wurde. Mittels einer Majoritätsklausel sollte die parlamentarische Mehrheit des damals regierenden Bürgerblocks sitzemäßig verstärkt werden. Und gerade das war das Schlüsselthema der Wahlen von 1953 gewesen. Mein Vater wurde für die Nenni-Sozialisten ins Parlament gewählt.

Ich hatte Valdo während der Wahlkampagne in Süditalien begleitet: drei, auch vier Kundgebungen pro Tag, dazwischen Ortswechsel mit schrottreifen Autos und behelfsmäßigen Verkehrsmitteln. Valdo, ich und mein dicker Bauch. Die Straßen im tiefsten Süden waren damals noch schadhaft und staubig. Wir reisten auf sonnenheißen Straßen, die von großen Feigenkakteen und blühenden Mandelbäumen flankiert wurden, während sich bis zum Horizont die von den Bauern bereits verlassene, ausgedorrte und unfruchtbare Erde erstreckte.

Kommunisten und Sozialisten reagierten in zweierlei Weise auf die Kundgebungen der »Magnacucchi«. Entweder waren die Plätze überfüllt von einer schweigsamen, undurchdringlichen Menschenmenge, die feindselig und zuweilen auch bedrohlich wirkte, so daß die Polizei sich veranlaßt sah, massiv in Erscheinung zu treten, oder sie waren gähnend leer.

So war es in Andria, einem wichtigen landwirtschaftlichen Zentrum in der Provinz Bari am Hang der apulischen Hochebene »Le Murge«. Als wir auf den Platz kamen, war niemand zu sehen. An dem improvisierten und schwankenden Podium hatten Unbekannte ein großes Schild angebracht: »Judas bekam für seinen Verrat dreißig Silberlinge – und du?« Valdo weigerte sich, das Schild zu entfernen, stieg das wacklige Treppchen hinauf und hielt neben dem beleidigenden Schild eine seiner leidenschaftlichsten und erregendsten Ansprachen. Ich begriff, warum er als großer Redner galt. Hinter den Fenstern der niedrigen, hellgestrichenen Häuser sah man die Umrisse der Leute, die unbewegt zuhörten. Hier und da wurde vorsichtig eine Tür geöffnet, hinter der jemand halbversteckt die Versammlung beobachtete.

Nach der Wahl hatten Valdo und Aldo Cucchi nur das sehr bescheidene Gehalt zur Verfügung, das alle Funktionäre der

USI bekamen. Es war spartanisch und entsprach den Regeln, die Valdo aus der KPI mitgebracht hatte. Wir waren arm, aber das kümmerte mich nicht. Ich war unmittelbar an Valdos Leben beteiligt, das aus Reisen, Tagungen, Gesprächen über die redaktionelle Gestaltung des *Risorgimento Socialista* und leidenschaftlichen Diskussionen mit den Anhängern der USI bestand. Häufig begleitete ich ihn im Autobus bis zur Via Calabria hinter der Piazza Fiume, wo die Union ihr Büro hatte: drei oder vier ärmlich möblierte Zimmer. Die Art der Ausstattung war mir bestens bekannt. Sie entsprach der Einrichtung aller politischen Treffpunkte, die ich im Exil erlebt hatte, einschließlich des kleinen Saals im Obergeschoß der Kooperative in Zürich.

An Sorgen war kein Mangel, doch wir lebten heiter wie damals im Exil, als ich noch ein Kind war. Valdo behauptete, diese Heiterkeit sei eine »Weltanschauung«. Wir schafften es immer, genug Zeit für uns zu haben. An warmen Abenden saßen wir auf den Beckenrändern großer römischer Brunnen, unterhielten uns und lauschten dem Plätschern des Wassers. Ich war immer wieder erstaunt über Valdo: einerseits brannte er vor politischer Leidenschaft, andererseits war es sein starker poetischer Ausdruck, der mich fesselte.

Obwohl wir nun Tag für Tag zusammen waren, fand ich an ihm nie eine Spur seines zehnjährigen Soldatenlebens. Er hatte keine mythische Auffassung des Marschbefehls behalten. Vor allem gegen das, was er »Schockwecken« nannte, das rüde und allzu frühe Gewecktwerden, hatte er eine starke Abneigung. Sein besonderer Widerwille galt dem Läutwerk des Weckers (der damals noch nicht so einschmeichelnd läutete wie heutzutage). Um dieser »morgendlichen Beleidigung« zu entgehen, hatte er eine Apparatur gebaut, die mit dem Grammophon verbunden wurde. Es weckte uns mit dem »Frühling« von Vivaldi.

Sein Vater hatte seinen Söhnen den Bau solcher technischer Kleinigkeiten beigebracht, und Valdo war sehr stolz auf diese Fähigkeit. Aus seiner Militärzeit hatte er nur eine Angewohnheit beibehalten: den Blechnapf. Er benutzte weder Tasse noch Täßchen für seinen Milchkaffee. An seinem Blechnapf hing er, wie die Engländer an ihrer Teetasse, die auch dann an ihrem Rucksack baumelt, wenn sie in den Krieg ziehen.

Viele Stunden verbrachten Valdo und ich gemeinsam in der Küche. Meistens kochte ich, während er mir aus einem Text die Passagen vorlas, die ihm besonders gefallen hatten. Auf die Weise konnte er mich kontrollieren, auch wenn er das nicht zugeben mochte. In der Küche war er der Oberaufseher und nicht etwa der Küchenjunge. Er zeigte mir, wie man den Nudelteig nach allen Regel der Kunst knetete – nicht mit jener Kraftanstrengung, die das Küchenbuffet erschütterte und die Gläser klirren ließ, mit der mein Vater in Zürich ans Werk gegangen war.

»Der Nudelteig muß liebevoll durchgearbeitet werden, so wie man einen Menschen streichelt. Entscheidend ist die Ausdauer, nicht die Heftigkeit, und nur keine Eile«, sagte er und zitierte Dante: »Vergiß die Eile, die mit jedem Schritt die Ehre mindert.« In seiner Heimat behaupteten die Leute, eine Frau, die nervös und in Eile sei, könne keinen Nudelteig machen. Seine Heimat erwähnte Valdo oft. Vom Charakter der Emilianer hatte Valdo unter anderem die Hartnäckigkeit, den Dickschädel, den sogenannten »testa quedra«, wie die Emilianer sagen. Dort in der Emilia hatte Valdo seine Wurzeln. Vergnügt erzählte er von den Bräuchen seiner Kindheit: wenn ein Gast nicht dem Ansturm der zwölf oder gar vierzehn Gänge eines emilianischen Hochzeitsmahles standhielt und der Länge und Breite nach zu Boden stürzte, wurde er sofort ins Freie geschleppt und so, wie er war, in Kleidern, in den Misthaufen gesteckt. Dabei sprangen die Kinder um ihn herum, schwenkten große, weiße Servietten und vertrieben so die Schmeißfliegen. »Ich habe etliche gesehen«, meinte Valdo hochzufrieden, »denen die natürliche, feuchte Wärme das Leben gerettet hat.«

Die mir bis dahin unbekannten Seiten Italiens waren nicht auf die Politik beschränkt. So war die Zivilscheidung in den fünfziger Jahren nicht nur unzulässig, sie war auch undenkbar. Es kam vor, daß die Leute mich prüfend anschauten und flüsterten: »Magnanis Frau ist geschieden«, um nach einer kurzen Pause hinzuzufügen: »Man sieht es ihr aber nicht an.« Mir war klar, daß ich Erstaunen erregte. Denn die Vox populi verband mit dem Wort Scheidung etwas Unmoralisches. Wer sich in jenen Jahren scheiden ließ, gehörte zur Welt des Theaters oder des Films und war begütert, da man sich an ein ausländisches Gericht wenden und zu diesem Zweck seinen mehr oder weniger festen Wohnsitz im Ausland nehmen mußte.

Tatsächlich war ich zu der Zeit noch nicht »Frau Magnani«. Valdo und ich hatten uns im Dschungel der italienischen Gesetze verfangen – genau gesagt im Gesetz Nummer 555 aus dem Jahre 1912. Es bestimmte, daß ein Italiener, der eine ausländische Staatsbürgerschaft annimmt, wieder Italiener wird, wenn er eine Zeitlang in Italien gelebt hat. Das war genau mein Fall, so daß ich, gegen jede Logik, keine Schweizerin mehr war, die einen Italiener heiraten wollte. Ich war wieder Italienerin, und keine italienische Behörde hätte jemals automatisch meine schweizerische Scheidung anerkannt. Valdos jugoslawische Ehe stellte kein Problem dar. Sie war noch nicht in ein italienisches Standesamtsregister eingetragen worden.

Die Tatsache, daß wir nicht heiraten konnten, belastete uns zwar nicht, aber wir mußten weitere Schwierigkeiten befürchten, wenn unser Kind erst auf der Welt war. Wie sollte es heißen? Künzli, Magnani oder Schiavetti? Es gab einen Präzedenzfall: Ingrid Bergman und Roberto Rossellini. Sie mußten unglaubliche Schwierigkeiten überwinden, bevor ihr erster Sohn, Robertino, den Namen des Vaters bekommen konnte.

Valdo traf sich also mit dem Standesbeamten im römischen Rathaus auf dem Kapitolshügel und erläuterte ihm unter Aufbietung höchster forensischer Spitzfindigkeiten in einer gelehrten Disputation, die von den Evangelien bis Giuseppe Mazzini reichte (von dem der Ausspruch stammt: »Die Familie ist die Heimat des Herzens«), die unvergänglichen Werte der Familie. Der Standesbeamte war ein finster blickender, gestrenger Jurist, der aussah wie »Kinder, Küche, Kirche«. Valdo deutete vorsichtig meinen schwangeren Zustand an und zeigte auf, wie in unserem Falle »die Einhaltung des Gesetzes die rechtliche Gründung einer de facto bereits bestehenden Familie verhindert«.

Der Beamte nahm einen sittenstrengen Gesichtsausdruck an und verfügte im Handumdrehen die Anerkennung meiner Scheidung, die auf diese Weise auch in Italien wirksam wurde. Es war eine Lösung »auf italienisch«.

Vor lauter Anträgen, Beschwerden, Stempeln und notariell beglaubigten Übersetzungen meines Scheidungsurteils waren mittlerweile fast neun Monate verstrichen. Wir heirateten kurz vor der Geburt unseres Kindes.

In die Klinik brachten Valdo und ich jeder sein eigenes Köfferchen mit. Meins enthielt eine Babyausstattung, die ich selber nach den unvergeßlichen Anweisungen unserer »Handarbeitslehrerin« in Zürich gestrickt hatte, und das Buch von Dick Read *Birth without fear,* das mich während der Schwangerschaft begleitet hatte.

Ich war eine Avantgardistin. In Italien waren die Methoden der sanften Geburt noch unbekannt. Vor allem die Ärzte belächelten meine »ausländischen« Vorstellungen und zitierten die Bibel, derzufolge die Frau unter Schmerzen zu gebären habe.

Valdos Köfferchen enthielt alles, was er brauchte, um einen Artikel zu schreiben: Papier, Bleistift und Zeitungsausschnitte. Er sollte am folgenden Tag einen Kommentar zum Thema des Tages abliefern: *Die Triestiner Frage.* Während ich mich bemühte, ein Kind zur Welt zu bringen, saß Valdo neben mir und schrieb einen Artikel. Die Schwestern, die von Zeit zu Zeit hereinkamen, um zu schauen, »wie weit ich sei«, waren höchst erstaunt. Erst im letzten Moment brachten sie mich in den Kreißsaal. Als ich nach etwa einer Stunde wieder herauskam, trug ich einen gesunden, schlummernden Knaben im Arm. Ich sah Valdo, der mir entgegenkam, und fühlte mich unaussprechlich glücklich. Es war der 9. Oktober 1953, 23 Uhr.

Wir nannten unseren Sohn Marco, zur Erinnerung an den Platz in Venedig, wo Valdo und ich uns kennengelernt hatten. Die Schwestern schlugen direkt neben mir ein Behelfsbett für Valdo auf, und so verbrachten wir die erste Nacht zu dritt: wir waren eine »Familie«. Tags drauf gab ich meinen Eltern Bescheid. Sie kamen sofort. Mama und Papa umarmten mich und das Kind, mein Vater reichte Valdo die Hand, und Mama begrüßte ihn mit einem Kopfnicken.

»Wann taufen wir das Kind?« frug Schwester Ilaria gut gelaunt, als sie mir Marco am nächsten Morgen zum Stillen brachte. Sie war eine liebliche, anmutige Ordensschwester mit feinen Gesichtszügen, einem unbefleckten Kittel und einer Haube mit großen Flügeln, die ihr Gesicht umrahmten. Sie sah aus wie eine Taube. Es tat mir leid, sie zu enttäuschen, aber ich mußte ihr sagen, was achtundzwanzig Jahre zuvor mein Vater zu meiner Amme gesagt hatte: »Wir wollen den Jungen nicht taufen lassen. Wenn er groß ist, soll er sich selber entscheiden. Er wird alles erfahren, was er wissen muß, um die Frage zu beurteilen.« Schwester Ilaria war betroffen, schaute ungläubig und verschwand. Ich fürchtete, sie verletzt zu haben, und bedauerte meine Offenheit schon. Statt dessen kam sie nach einiger Zeit zurück, aber nicht alleine, sondern in Begleitung von zehn Mitschwestern. Es sah aus, als käme ein ganzer Schwarm Tauben ins Zimmer.

Schwester Ilaria baute sich auf, lächelte freundlich und sagte zu ihren Mitschwestern: »Das ist Marco Magnani. Schaut ihn euch gut an. Auf dieses Kind müßt ihr besonders aufpassen. Es ist nicht getauft, und wenn ihm etwas zustößt, kommt es nicht ins Paradies.«

So wurde unser Sohn besonders aufmerksam behandelt. Ständig wechselten die Tauben seine Windeln, und sobald er nur einen Gickser von sich gab, nahmen sie ihn auf den Arm, schaukelten ihn und drückten ihn an ihren unbefleckten, zarten Busen. Marco schien es zu genießen.

»Aber um Himmels willen, was machen Sie da, Onorevole?« rief die Portiersfrau Giovanna und hob die Arme, als sie heraufkam, um die Post zu bringen, und Valdo dabei überraschte, wie er die Windeln wechselte. Im damaligen Italien machte ein Mann so etwas nicht. Aber Valdo war nicht nur ein Mann, der die Kinder liebte, und zwar alle, sondern auch ein »Feminist«, der einen eigenen Beitrag zur Gleichberechtigung der Frauen in politischer, sozialer und wirtschaftlicher Hinsicht leisten wollte.

Wenn ich jetzt meine Eltern besuchen wollte, ging ich nicht mehr alleine, sondern brachte Marco mit. Solange er im Kinderwagen lag, trafen wir uns auf dem Colle Oppio, einem der sieben Hügel, der über die Via San Giovanni in Laterano gut zu erreichen war.

Wir spazierten ein Stündchen im Park unter den riesigen Kronen der Pinien. Papa ließ es sich nicht nehmen, mich zu ermahnen, die Historie zu betrachten, deren Reste man von hier aus sah – Domus aurea, Kolosseum, Trajans-Thermen –, aber ich betrachtete nur meinen Sohn.

Über die Erziehung unserer Kinder waren Valdo und ich uns einig: eine Mischung aus heilsamen italienischen Bräuchen und zivilisierten mitteleuropäischen Regeln. Der Kleine konnte noch nicht laufen, als wir beschlossen, ihn und das zweite Kind, das wir uns wünschten, auf die schweizerische Schule in Rom zu schicken, und das nicht nur wegen meiner Verbundenheit mit der Schweiz. Wir waren auch überzeugt, daß es gut für unsere Kinder sei, mit Gleichaltrigen aus anderen Ländern und Religionen zusammenzukommen und fremde Sprachen zu erlernen.

Zwei Ereignisse machten das Jahr 1954 unvergeßlich. Wir erwarteten ein zweites Kind, auf das wir uns riesig freuten, und meine Mutter erkrankte. Sie hatte Magenkrebs, wurde operiert, und es bestand kaum Hoffnung. Wir verschwiegen ihr die Schwere der Erkrankung, aber ich hatte den Eindruck, als täuschte sie nur vor, die Wahrheit nicht zu kennen.

Ich hatte bis dahin wenig über den Tod nachgedacht. Jetzt brach er mit Gewalt in mein Leben ein. Angesichts der Gefahr, die über meiner Mutter schwebte, erschienen mir unsere familiären Beziehungen noch absurder. Ich versuchte, mit ihr über unsere Gefühle zu reden, ohne mir meine Ängste anmerken zu lassen. Sie wollte »der Zeit Zeit lassen« und meinte, es würde sich »eines Tages alles von selber finden«.

Ich dachte an das Kind, das ich erwartete, und frug mich, ob Mama es noch erleben würde. Über der Freude, die ich für das entstehende Leben empfand, schwebte der Schatten des anderen, das zu verlöschen begann.

Unser Kind kam am 20. April ein paar Tage zu früh auf die Welt. Valdo machte Wahlkampf auf Sizilien, und ich benachrichtigte ihn deshalb nicht. Die Wahlkampagne stand kurz vor dem Ende, und er hätte ohnehin nicht mehr rechtzeitig kommen können. Ines, die Frau von Luciano Bolis, nahm sich meiner an.

So überraschten wir Valdo. Als er nach Rom zurückkehrte, erwarteten ihn zwei Frauen statt einer. Es war das erste gemeinsame Komplott von Mutter und Tochter. Wir nannten sie Sabina – ein römischer Name mit legendären Ursprüngen, der uns beiden gefiel.

Marco reagierte gut auf das Schwesterchen und fand sich leicht zurecht in der neugeschaffenen Situation. Die zwei waren nur achtzehn Monate auseinander. Ich war erschöpft und tat mich schwer mit dem frühen Aufstehen. Zum ersten Mal vergaß Valdo seine Abneigung gegen das »Schockwecken«. Fanfaren, Trompeten und Trommeln hätten nicht das vollbracht, was Sabinas Weinen bewirkte. Er stand blitzschnell auf, machte ganz leise, damit ich weiterschlafen konnte, wickelte seine Tochter, wog sie, legte sie mir an die Brust, während ich weiterschlief, gab acht, daß sie schön trank, wog sie abermals, um festzustellen, wieviel sie getrunken hatte, und legte sie dann vorsichtig in ihre Wiege zurück. Er hatte sich immer eine Schwester gewünscht. Jetzt besaß er eine Tochter, und auch für ihn waren alle Wünsche in Erfüllung gegangen.

Zum letzten Mal besuchte ich Mama in Antignano zusammen mit unseren Kindern, um ein paar Tage Urlaub am Meer zu machen. Das Thema unserer familiären Beziehungen sprach ich nun nicht mehr an. Kurz drauf verschlechterte sich Mamas Zustand, und sie fuhr nach Zürich zu meiner Schwester, die sich zusammen mit meinem Schwager, der ja Mediziner war, so gut wie nur möglich um sie kümmerte. Papa fuhr mit dem Zug zu Mama ins Kantonsspital, wann immer seine parlamentarischen Pflichten es zuließen, und wenn es nur für ein paar Tage war.

Ich traf Papa weiterhin in der Via dei Sabini in »unserer« Bar. Wir hatten aufgehört, uns zu streiten. Es schien keinen Sinn mehr zu haben. Ich hatte Marco dabei, damit Opa und Enkel sich kennenlernen konnten. Der Kellner sah noch überraschter aus und verstand gar nichts mehr, seit ich mit einem Kind erschien.

Papa und ich waren uns einig, daß er mich für eine unverheiratete Mutter hielt, da er an meiner Seite nie einen jungen Menschen sah, der mein Mann hätte sein können. Höchstwahrscheinlich, sagten wir uns, denkt er, unsere lebhaften Auseinandersetzungen, die er früher oft miterlebt hatte, müßten ihren Grund in einem unehrenhaften »Unglücksfall« gehabt haben.

Wenn wir dem Kellner gesagt hätten, daß Stalin an unseren Streitgesprächen schuld war, hätte er uns für verrückt gehalten. »Recht hätte er gehabt«, sagte ich zu meinem Vater. Es gelang mir, ihn zum Lächeln zu bringen. Aber es war ein Lächeln, das ich an ihm nicht kannte. Es wirkte traurig und bitter.

Ein paarmal fuhr ich ebenfalls nach Zürich, zuweilen auch mit Marco. Wir wohnten dann bei einer Freundin, da meine Schwester und ihr Mann das Verhalten meiner Eltern Valdo und mir gegenüber unterstützten. Valdo blieb mit Sabina in Rom und erwies sich weiterhin als überaus tüchtiger Vater. Die Briefe, die er mir täglich nach Zürich schickte, um mich zu beruhigen, handelten davon, wieviel Milch unsere Tochter trank, wie viele Stunden sie schlief, was sie wog und wie oft sie lächelte. Es hätten die Berichte einer Amme sein können, wenn nicht immer auch ein tiefes Mitgefühl für meine Sorgen durchgeschimmert wäre. Seine Briefe drückten Kummer aus, nicht jedoch Schuldgefühle: »Die Schwierigkeiten, die du mit deiner Familie hast, schmerzen mich; trotzdem denke ich, daß es gut war, zu heiraten und die Wahrheit auszusprechen; für uns und überhaupt. Wir dürfen nur nicht hochmütig werden, das ist die Voraussetzung dafür, daß unsere Haltung human und glaubwürdig bleibt. Worauf es ankommt, ist, daß die Wahrheit zum geeigneten Zeitpunkt und in geeigneter Weise ausgesprochen wird – was immer die unvermeidlichen Konsequenzen sein mögen ...«

Ich war in Rom, als ich eines späten Abends die telefonische Nachricht von Mamas Tod erhielt. Ich nahm sofort den Nachtzug. Als ich in Zürich ankam, lag die Todesanzeige bereits gedruckt vor:

»Hier in Zürich, wo sie während ihres langen Exils und des Befreiungskrieges mit ganzem Herzen dem unterdrückten Vaterland gedient und sich mit mütterlicher und freundlicher Fürsorge um die Probleme der Flüchtlinge gekümmert hat, starb in Frieden am 20. November 1955 Giulia Bondanini Schiavetti.«

Zu den Familienangehörigen, die die Todesnachricht bekanntgaben, gehörten auch Marco und Sabina. Es fehlte der Name Valdo Magnani.

Mamas Wunsch war es gewesen, auf dem kleinen Friedhof von Antignano bestattet zu werden, von wo man aufs Meer hinausschaute und wo auch Großvater Ercole lag. Ich wurde gebeten, Valdo auszurichten, daß seine Anwesenheit bei der Trauerfeier nicht erwünscht sei; ich nahm alleine teil.

Unser Leben kehrte in die gewohnten Bahnen zurück, die Kinder wurden größer, aber die Fröhlichkeit von früher war erst einmal dahin. Behutsam nahmen Vater und ich in der Via dei Sabini unsere Gespräche wieder auf und gaben acht, uns nicht noch mehr zu verletzen. Die Situation stagnierte.

Die Wende kam mit einem Ereignis, das die gesamte politische Öffentlichkeit erschütterte: Am 14. Februar 1956 wurde in Moskau der XX. Kongreß der KPdSU eröffnet. Für unsere Familie wurde er zu einem wirksamen Nachbeben. Die Enthüllungen Chruschtschows in seinem Geheimbericht zum Abschluß der Tagung sollten nicht lange geheim bleiben.

Was er in einem feierlichen Akt formulierte, war eine Anklage gegen die terroristische Diktatur Stalins. Ein Vorhang tat sich auf. Tatsächlich bedeutete der neue Kurs für die kommunistischen Parteien das Ende der Hegemonie der sowjetischen kommunistischen Partei. Theorie und Praxis einer führenden Partei und einer Führungsmacht begannen ihre Gültigkeit zu verlieren.

Fünf Jahre zuvor hatten Kommunisten und Sozialisten wegen dieser Thesen zu einer moralischen Hetzjagd gegen die »Magnacucchi« aufgerufen. Jetzt war der Augenblick der Wahrheit gekommen.

Bald nach Chruschtschows Referat lud mein Vater Valdo, Onkel Carlo Zuccarini und mich in sein Haus zum Abendessen ein. Das letzte Mal hatten Valdo und er 1948 in Antignano an einem Tisch gesessen, als ich den »Reis mit Perlen« aufgetischt hatte. Eine politische Frage hatte die beiden entzweit, und eine politische Frage führte sie wieder zusammen. Sie begrüßten sich mit einem festen Händedruck und so scheinbar gleichmütig, als hätten sie sich erst am Abend zuvor verabschiedet.

Über das Gesicht meines Vaters huschte ein zaghaftes Lächeln, doch weder er noch Valdo verloren ein Wort über die Vergangenheit. Ich empfand Valdos Unerschütterlichkeit als übertriebene Großmut. Ohne Umschweife machten die zwei sich daran, die neue Linie der KPI und der sozialistischen Partei zu erörtern.

Valdo hatte seinen Kampf gegen die systematische Verfälschung der Geschichte gewonnen, aber meine Befriedigung darüber hatte nicht den erhofften Klang. Mama war gestorben – drei Monate bevor Chruschtschow mit seiner Rede unsere Familienangelegenheiten in Ordnung brachte.

Es gab ein Nachspiel, fünf Jahre später. Papa besuchte uns nun oft, und wir saßen beim Abendessen in unserer neuen Wohnung in der Via Moena. Marco und Sabina hatten sich gleich nach dem Essen vom Großvater verabschiedet und waren ins Bett gegangen. So waren wir allein: Papa, Valdo und ich. Das Gespräch plätscherte so dahin.

Mein Vater machte mehr zufällig und ganz nebenher eine Bemerkung über Stalins Politik während des kalten Krieges und rechtfertigte damit die Haltung der Kommunisten und Sozialisten in jenen Jahren.

Auf einmal schien die Welt unterzugehen. Valdo zuckte zusammen, sprang auf und schlug mit der flachen Hand auf den Tisch. Während die Gläser klirrten, der Tisch bebte, die großen Fensterscheiben klapperten, schrie er meinem Vater entgegen:

»Nein! Ihr hattet nicht recht! Entweder wart ihr politisch verblödet oder verlogen. Wähle!«

Nie hatte ich Valdo so laut schreien gehört. Nicht einmal bei den wildesten Wahlkämpfen. Ich war bestürzt. Niemand hatte jemals so mit meinem Vater zu reden gewagt. Das

Privileg zu schreien hatte allzeit ihm gehört. Valdo wiederholte wie eine Schallplatte, die einen Kratzer hat: »Politisch verblödet oder verlogen! Wähle!«

Papa verzichtete darauf. Ich schaute ihn an, er schaute mich an, war bestürzt und sagte halblaut zu mir: »Regt er sich öfter so auf?« »Nie«, antwortete ich mit dünner Stimme. Während die Spannung am höchsten war und eine große Stille eintrat, geschah das Undenkbare: mein Vater legte mir zärtlich die Hand auf die Schulter und sagte ruhig und liebevoll: »Das beste wird sein, du gehst mit Valdo etwas spazieren. Ich paß derweil auf die Kinder auf.« Ich glaube, ich habe Papa noch nie so geliebt wie in diesem Augenblick. Valdo und ich verließen langsam das Haus, gingen die Via Moena hinauf und schwiegen lange. Er hielt meine Hand, und ich spürte seine Erregung. Als wir die kleine Steigung hinaufgegangen waren, hatte er sich wieder gefangen. Er blieb stehen und frug, ruhig wie immer:

»Meinst du, daß ich etwas übertrieben habe?«

»Nein«, antwortete ich. »Du hättest schon vor fünf Jahren so schreien sollen.« Ich umarmte ihn.

Die Geduld, die Valdo in unserem politisch-familiären Konflikt an den Tag gelegt hatte, war mir immer etwas unheimlich erschienen. Ich glaubte nicht, daß es auf dieser Welt eine so heilige Geduld geben könnte – schon deshalb nicht, weil Opa Chino zu sagen pflegte:

»Die Heiligen fliegen in das Paradies.«

Langsam, Hand in Hand, gingen wir die Via Moena wieder hinunter nach Hause.

Die Italienerin zwischen
Zwang und Freiheit

IN DEN MORGENSTUNDEN DES 1. Dezember 1970 wurde nach
erregten Debatten das so lang erwartete und heftig umstrittene
Scheidungsgesetz verabschiedet. Endlich können die Italiener
ihre Ehedramen humaner lösen als mit dem Messer. Die neue
Situation führte zu einer Neubewertung der Rolle der Frau in
Italien und stellte diese in den Brennpunkt der Polemik. Mit der
nun möglichen Scheidung, die gegen den Willen der kirchli-
chen Dogmatiker im Vatikan erzwungen wurde, wird zum
ersten Mal mit der Tradition gebrochen. Seit Jahrhunderten
schrieben Staat und Kirche der italienischen Frau die Rolle zu,
Dienerin des Mannes zu sein. Seine Macht war unantastbar.
Thomas von Aquin meinte: »Die Frau ist nur ein zufälliges
Wesen.« Doch nun hat die Italienerin echte Chancen in ihrem
Bemühen um Emanzipation.

Verglichen mit vielen anderen europäischen Ländern begann
der Kampf der Italienerin um ihre Gleichberechtigung erst spät.
Man kann ihn in Verbindung mit der »resistenza« bringen.
Damals, 1943-45, beteiligten sich erstaunlich viele Frauen am
bewaffneten Kampf und versuchten Italien von Faschismus
und Krieg zu befreien. Doch bis heute verweigert der Staat
ihnen viele Rechte. In den Nachkriegsjahren trugen die Frauen
mit ihrer Arbeitskraft zum Wirtschaftsaufschwung bei, nur um
bei einer Konjunkturflaute als erste entlassen zu werden.
Schließlich wird die Frau auch von der italienischen Industrie
lieber als Konsumentin denn als Produzentin gesehen. Doch
immer mehr Italienerinnen, vor allem die jüngeren, wissen, daß
wirtschaftliche Selbständigkeit die Vorbedingung für ihre Per-
sönlichkeitsentwicklung ist. Sie wollen den engen Gesichts-

kreis ihrer vier Wände erweitern, wollen vollwertige Partner sein und nicht mehr Dienerinnen wie bisher. In ihrem Bemühen um Anerkennung und Rollengleichheit sind die Frauen in Italien jedoch auf sich selbst angewiesen, mit substantieller männlicher Unterstützung können sie nicht rechnen. Außerdem steht ihnen die tiefverwurzelte katholische Moralvorstellung im Weg, da die Kirche noch heute die Möglichkeit hat, mit Hilfe künstlich erzeugter Gewissenskonflikte Veränderungen zu verhindern, zumindest aber zu erschweren.

Die italienische Gesellschaft ist eine vom Mann bestimmte, und in der Vergangenheit nahmen Kirche und Staat eine ausgesprochen frauenfeindliche Haltung ein. Obwohl dem Gesetz nach der Frau jeder Beruf offensteht (außer der des katholischen Priesters, des Carabiniere und des Soldaten), wird ihr der Einstieg in die Arbeitswelt nicht gerade leichtgemacht. Vor allem der verheirateten Frau und Mutter stehen nicht genügend Kindergärten und -tagesstätten zur Verfügung.

Die selbständige Frau wird sich jedoch nicht ohne weiteres wieder an den Herd zurückschicken lassen, und sie wird keineswegs einsehen, daß es die »vornehmliche Aufgabe der Frau sei, Bürger für den Staat zur Welt zu bringen und zu erziehen«. Aufgrund ihrer Intelligenz, ihres Fleißes und ihrer Gewissenhaftigkeit könnte sie in der Lage sein, dem Mann den Rang abzulaufen. Diese Befürchtung äußerte Benedetto Veca, römischer Professor für öffentliches Rechnungswesen, in seiner Schrift »Betrachtungen über die Verfassungswidrigkeit des Gesetzes, das die Frau zu öffentlichen Ämtern zuläßt«. Der Professor sieht am Ende dieser unheilvollen Entwicklung ein bürokratisches Matriarchat auf sich zukommen.

Obwohl die berufstätige Frau häufig noch auf atavistisches Mißtrauen der Männer stößt, opponieren heute wohl nur wenige Väter gegen eine Berufsausbildung der Töchter, die ja schließlich eine Art dauerhafte Mitgift darstellt und gleichzeitig eine Rückversicherung für die »nicht an den Mann Gebrachten«.

Mit dem italienischen Mann verbindet sich der Mythos vom leidenschaftlichen Liebhaber. Eine Heerschar weiblicher Urlaubsreisender drängt es darum alljährlich gen Süden, und die Papagalli treiben ihren sommerlichen Leistungssport zu deren Zufriedenheit. Anders verhält sich der Italiener seiner eigenen Frau gegenüber. Das italienisch-päpstliche Christentum übertrug die Jungfräulichkeit seiner Madonna auf alle Italienerinnen, sie wurde zur »dünnen Demarkationslinie« zwischen sittlichem Recht und Unrecht. Immerhin äußerten sich vor nicht langer Zeit noch 75 Prozent der Männer vernichtend über den vorehelichen Verlust der »Reinheit«, obwohl 81 Prozent von ihnen zur regelmäßigen Kundschaft der Bordelle gehörten.

Da der italienische Moralbegriff alles Geschlechtliche zu etwas »Schmutzigem« abgestempelt hatte, trennten die Italiener »Sex« und »Liebe« voneinander, d. h., man unterhielt stets sexuelle Beziehungen zu der Frau, die man nicht liebte, paradoxerweise also zu der »Geliebten«, und man unterhielt enthaltsame, zurückhaltende Beziehungen zu der Frau, die man liebte, zur Mutter seiner Kinder. Es ist der jungen emanzipierten Italienerin nicht zu verdenken, wenn sie nicht mehr bereit ist, die Dulderin zu spielen, oder der Selbstbestätigung des Mannes zuliebe die Rolle der Tugendhaften auf sich zu nehmen, sich ihm zu widersetzen, damit er ihren Widerstand brechen kann und seine Männlichkeit bestätigt wird, denn diese ist für ihn kein selbstverständlicher Zustand, sondern eine Eigenschaft, die stets neu bewiesen sein will. Als Indiz gilt die Potenz, die sich in der Anzahl der absolvierten Abenteuer zeigt.

Mit ihrer Unabhängigkeit aber hat die Italienerin dem Mann manchen Trumpf aus der Hand genommen, und wenn sie weder seinen Schutz noch seine Hilfe beansprucht, sich die Pille auf dem Schwarzmarkt besorgt und er sich an den sorglosen Zustand gewöhnt hat, dann wird er seinerseits in die Rolle des Abhängigen geraten.

Im scheidungslosen Italien steckten die Ehen und Familien oft in schweren Krisen. Man war sich dann über die Schizophrenie dieser Gesellschaft im klaren, die sich nach außen hin den Anschein gab, als halte sie sich an die Prinzipien der Kirche, während sich das Leben hinter verschlossenen Türen nach persönlichem Bedürfnis abspielte.

Der linkssozialistische Abgeordnete Fortuna und sein liberaler Kollege Baslini konnten sich gegen die Kirche und die Christdemokratische Partei durchsetzen und das Scheidungsgesetz im Parlament durchbringen. Das Gesetz aber entfachte heftige Diskussionen, man trennte sich in »divorzisti« und »antidivorzisti«. Obwohl über eine Million Eheleute in illegalen Verbindungen leben, wird es nur wenigen möglich sein, eine Scheidung zu erreichen, da sich die Kosten auf 3.000 bis 6.000 DM belaufen.

Seit der Einführung des Gesetzes vor zehn Monaten sind 10.418 Ehen geschieden worden.

Aber es sind bereits wieder heftige Bestrebungen im Gange, das Gesetz rückgängig zu machen. Mit Hilfe der Kirche sammelten die Ordnungshüter inzwischen 1,9 Millionen Unterschriften. Ein drohendes Referendum könnte die Ehescheidung wieder aufheben.

Um die Gewohnheiten der Italiener zu ändern, müßten die politischen, gesellschaftlichen und wirtschaftlichen Institutionen sich des Frauenproblems annehmen und die Frauen nicht sich selbst überlassen, denn wenn ein Teil der Bevölkerung von fundamentalen Menschenrechten ausgeschlossen wird, kann es zu keiner Demokratie kommen.

Fragt sich, ob dies in Italien wirklich angestrebt wird.

Dezember 1970

Zwischen Tradition und Protest in Italien

ITALIEN IST EIN KATHOLISCHES LAND. Von 55 Millionen Einwohnern gehören nur 350.000 einer anderen Religion an. Unbedeutend ist die Zahl der Nichtgetauften. Vergangenen Herbst versuchte das Forschungsinstitut Doxa durch eine Umfrage festzustellen, wieweit das Bild dieses »katholischen Italiens« der reellen Beteiligung der Italiener am religiösen Leben entspricht. Die Umfrage ergab, daß nur 35 Prozent der Italiener zur sonntäglichen Messe gehen. Weitere 33 Prozent gehen gelegentlich, 32 Prozent nie. Betrachtet man Frauen und Männer getrennt, ergibt die Untersuchung, daß nur 23 Prozent der Männer und 45 Prozent der Frauen die Messe besuchen. Was die Jugendlichen (zwischen fünfundzwanzig und vierunddreißig Jahren) beiderlei Geschlechts betrifft, so sind 28 Prozent davon Kirchgänger; bei den Älteren (über vierundfünfzig Jahren) steigt der Prozentsatz auf 53 Prozent.

Die Kirche ist infolge ihres über tausendjährigen Bildungsprozesses eine mächtige und verzweigte Institution, eine Weltmacht, die die Menschen mittels ihrer organisierten und überall gegenwärtigen Strukturen regiert. Aber die Kirche ist auch eine religiöse Gemeinschaft.

Die Beziehungen zwischen diesen zwei Charakterzügen der katholischen Kirche sind vielschichtig und fordern eine nähere Analyse. Daraus ergeben sich einige Kriterien, die eine umfassende Antwort auf die Frage des gegenwärtigen Einflusses der Kirche in Italien erteilen und Auskunft geben über das kulturelle, geistige und politische Interesse, das die Kirche hervorruft.

Die Ergebnisse der Doxa-Umfrage haben die katholischen Soziologen keineswegs überrascht. Don Silvano Burgalassi,

Professor für Soziologie der Religionen an der Pro Deo und der Lateraneser Universität in Rom, betrachtet dieses Ergebnis – alles in allem – als positiv. Seiner Meinung nach betragen die praktizierenden Katholiken weniger als 35 Prozent, vielleicht 27 Prozent. Die »Gelegenheitschristen« rund 15 Prozent.

Der Katholizismus hat in Italien, im Laufe der Jahrhunderte, den Charakter einer Religion angenommen, die eigentlich zu den Sitten und Gebräuchen des Landes gehört. Man hält im allgemeinen an den Riten und am Glauben dieser Religion fest, wie an einer Regel, die einem einen legitimen und anerkannten Zugang zur Gesellschaft zusichert. So hat sich die Institution der Kirche im System der Macht eingegliedert; im weiten Sinne, d. h. also in einem Verhältnis, dem entweder Verständigung oder Reibung mit dem Staate entspricht. Italien hat weder die Reformation noch den darauffolgenden »religiösen Wettstreit« zwischen den verschiedenen Konfessionen erlebt. Infolgedessen hat die katholische Kirche, trotz der schwierigen Phase des »Risorgimento« – die in die Einigung Italiens mündete und das Ende des Kirchenstaates herbeiführte –, im Endeffekt jene Politik weitergeführt, die allgemein als »konstantinische Politik« bekannt ist. 1.600 Jahre nach dem Konzil von Nikäa, in einem selbstverständlich völlig veränderten historischen Zusammenhang, ist es dennoch die konstantinische Politik, die die Kirche 1929 weiterführte, als sie die Lateranverträge mit dem damals faschistischen Staate unterzeichnete.

Die große Bedeutung der Verträge – hauptsächlich des Konkordats – liegt einerseits in der positiven Beurteilung des totalitären Regimes Mussolinis (und darüber hinaus in der feierlichen Anerkennung des italienischen Staates), andererseits in der Stärkung der Kirche als Institution. Diese politische Richtlinie überlebte den Sturz des Faschismus (1943). Die Kirche, die immer ihre Kontakte zu den Regierungen der Menschen pflegt, nahm noch während des Krieges Beziehungen zum sich siegreich profilierenden Antifaschismus auf und stärkte diese Bindung gerade mit Blick auf den »Nach-Faschismus«. Während des kalten Krieges (1947-56) unterstützte die Kirche offen die Democrazia Cristiana und trug wesentlich zu ihrer Stabilität als demokratische Partei der Macht in Italien bei, die als Damm gegen die kommunistische Offensive diente. Die Kirche war das geistige Zentrum dieses Kampfes, an dem sie sich mit ihrer gesamten Organisation aktiv beteiligte.

Diese Vermischung von weltlicher und geistiger Macht im Zeichen des Antikommunismus ermöglichte es der Kirche in Italien, ihre konstantinische Politik in konkreter Weise erheblich zu erweitern.

Kaum je zuvor in der modernen Zeit wurde die Kirche, als mächtige Institution gesehen, in Italien so sehr von den Menschen, den verschiedenen Organisationen und den politischen Parteien umworben, wenn man so sagen kann, wie in den letzten dreißig Jahren. Gleichzeitig jedoch verlor sich aber der spezifisch religiöse Inhalt – jetzt Kirche als Gemeinschaft von Gläubigen verstanden – in leeren Formeln.

Parallel zur Verringerung der unmittelbaren kommunistischen Gefahr in Italien verlor die kirchliche Rolle des »Bollwerks gegen den Kommunismus« an Bedeutung. Die Kirche konnte immer weniger die sich rasch nähernden Krisen der gegenwärtigen Gesellschaft auffangen, gerade weil sie sich während des kalten Krieges auf allen Gebieten (kulturell, sozial, politisch) mit dem gesellschaftlichen Machtsystem so sehr eingelassen hatte. Die Krise der Kirche brach also auf beiden Ebenen aus: institutionell und religiös.

In den fünfziger Jahren reagierte eine Minderheitengruppe von Katholiken gegen die Verminderung des religiösen

Inhalts der Kirche; es wurden Zentren gegründet, wo freiere religiöse Diskussionen geführt werden konnten, es entfaltete sich eine politisch-soziale Aktivität, die auf einer konsequenten Anwendung der christlichen Botschaft beruht. Im allgemeinen stehen diese Aktivitäten außerhalb der traditionellen Organisationen der Kirche (es geht also nicht um Häresie), aber innerhalb ihres religiösen Bereichs. Die überwiegende Mehrheit der Katholiken aber, d. h. die katholischen Massen, reagierten auf diese Art »Verdorrung« und Materialisierung der institutionellen Kirche mit Gleichgültigkeit, ohne deswegen formell aus der Kirche auszutreten (das offizielle Austreten aus der Kirche ist in Italien nicht üblich). Die Ergebnisse der am Anfang erwähnten Doxa-Umfrage bestätigten eben den Umfang dieses Phänomens.

Ein noch bedeutungsvolleres Indiz der Krise der Kirche ist der Rückgang der Priesterzahl; Italien schließt sich also hier der allgemeinen Tendenz auf der ganzen Welt an: 1881 entfiel ein Priester auf 332 Einwohner, 1970 entfällt ein Priester auf 1241 Einwohner.

In ungewohnter Weise und in immer stärkerem Maße trat demzufolge innerhalb der Kirche eine Spannung auf zwischen der organisierten Machtstruktur der Kirche – die sich in das bestehende politisch-sozial-ökonomische System der Macht eingeschaltet hat – und ihrer ursprünglichen Natur, nämlich eine Gemeinschaft von Gläubigen, die auf eine Erlösung der Menschen hinstrebt. In diesem Sinne spiegelt sich in der Krise der Kirche die Zerrissenheit der gegenwärtigen Gesellschaft wider: Reichtum – Armut; entfremdende Technik – menschliche Freiheit; Kapitalismus – Sozialismus; Dritte Welt – reiche Länder; Krieg – Frieden; freie Forschung – Dogma usw.

Nach dem theokratisch-konstantinischen Pontifikat Pius XII. (1939–1958) erfaßte Johannes XXIII. mit seinem zutiefst pastoralen Empfinden sowohl die ungewohnte Intensität als auch die Dramatik dieser Zerrissenheit und die Dringlichkeit eines Zurückkehrens der Kirche zu ihrer ursprünglichen Mission als Erlöserin. Erneuerung der Kirche also, aber auch ein Versuch, die Anhänger des Protests innerhalb der Kirche, die an der Grenze der Rebellion angelangt sind, zurückzugewinnen. Mit der Ankündigung des Vatikanischen Konzils (1959), der Enzykliken *Mater et Magistra* (1961) und *Pacem in terris* (1963) stellte Johannes XXIII. einen Dialog mit der modernen Welt her, gleichzeitig führte er eine Wendung in der Art des Seins und des Handelns der Kirche herbei.

Es erscheint notwendig, darauf hinzuweisen, daß Johannes XXIII. den Dialog und die Mission der Kirche von den konstantinischen Hypotheken zu befreien beabsichtigte. Es bestehen keine Zweifel darüber, daß es sich um eine grundlegende historische Wendung handelt, wie auch katholische Historiker anerkennen. Im Sturm der doktrinären Diskussionen, der politischen Gegensätze im Zusammenhang mit der Haltung der Kirche gegenüber dem Kapitalismus, dem Kolonialismus, dem Faschismus und den sozialen Kämpfen in der modernen Welt laufen die sich häufenden Gruppen des katholischen Protests parallel zum Aufkommen der Studentenbewegungen auf der ganzen Welt.

Diese katholische Abweichung umfaßt Gruppen und Vereinigungen; sie werden sogar von einigen wenigen Exponenten der hohen kirchlichen Hierarchie protegiert, die sich durch eine pastorale Tätigkeit dem konservativen Geist – oder der vorsichtigen Vermittlung der großen Mehrheit der Kardinäle und der italienischen Bischöfe – widersetzen.

1968 schätzte man diese katholischen Protestgruppen auf rund 1.000; sie verfügen über rund dreißig Zeitschriften. Es handelt sich um eine kleine Minderheit von meist

Jugendlichen, die oft an der Grenze zur Häresie steht, die aber nie formell verurteilt worden ist. Die Debatten, die diese Minderheitengruppen organisieren, lösen in kulturellen und politischen Linkskreisen lebhaftes Interesse aus.

Im Rahmen der traditionellen Organisation der Kirche ist es die ACLI (eine große gewerkschaftsähnliche Organisation katholischer Arbeiter), die am deutlichsten die Linkswelle auffängt. Die ACLI verharrt jedoch, im religiösen Sinn, innerhalb der katholischen Orthodoxie. Sie wendet die klassischen soziologischen Methodologien an und teilt die sozialistischen Thesen des Protests.

Ein wichtiger Faktor im zunehmenden Interesse an der internen Krise der katholischen Kirche in Italien ist die Stellung der Kommunistischen Partei. Antonio Gramsci, der die Strategie der KPI ausgearbeitet hat, nannte die Suche nach einem »politischen« Abkommen mit den Katholiken einen entscheidenden programmatischen Punkt der sozialistischen Revolution in Italien. Die KPI ist dieser Linie bis heute treu geblieben. Vor der Bedrohung der Menschheit durch die Atomkraft wiederholte Togliatti immer wieder die Aufforderung, mit den Katholiken eine Verständigung zu finden. Die unter Kommunisten durch das Ende des Stalinismus ausgelösten Debatten und die Diskussionen, die unter den Katholiken durch die von Johannes XXIII. vertretenen Thesen hervorgerufen worden sind, beleben sich gegenseitig. Die Kommunisten schüren die Krise des traditionellen Dogmatismus der Katholiken; denn die Kommunisten meinen – jenseits des Dogmatismus – dort jenen Glauben an die Befreiung des Menschen wiederzufinden, der ihrem Glauben ähnlich ist. Im Kampf der Menschen gegen die entfremdenden gesellschaftlichen Strukturen des modernen Kapitalismus ist das seelische Bangen der engagierten Minderheitskatholiken in Italien von nicht geringer Bedeutung, gerade wegen seiner Verflechtung mit den Debatten der orthodoxen Kommunisten. Zudem streckt gleichzeitig die Kommunistische Partei der institutionellen Kirche die Hand zu einer Verständigung hin. Das Gespenst der Konziliar-Republik taucht auf; sie ergäbe sich durch das Zusammengehen von zwei totalitären Machtblöcken: der katholischen Kirche und der Kommunistischen Partei. Vor dieser Möglichkeit fürchten sich alle Liberaldenkenden Italiens.

Die Krise der katholischen Kirche hat paradoxerweise das Interesse am theologischen und pastoralen Ringen erhöht. Wie nie zuvor beschäftigen sich heute Bücher, Zeitungen, Zeitschriften und Jugendzirkel mit den Fragen der Kirche. Aber nur eine aktive Minderheit wird davon berührt; dafür um so intensiver. Die sich anbahnende Evolution des Katholizismus in Italien liegt vielleicht gerade in diesem Aufkommen eines religiösen Katholizismus, wie er heute von einer engagierten Minderheit betrieben wird. »Wir treten aus einer monokulturellen Zivilisation aus und sind in eine pluralistische Zivilisation eingetreten«, sagt Prof. Don Pierluigi Colombo, der Verantwortliche für die Statistik-Sektion und für die soziologisch-religiöse Forschung der Mailänder Kurie.

Die Hierarchie innerhalb der institutionellen Kirche ist über diese Zersplitterung besorgt und will die Zügel der großen katholischen Massen wieder in traditionellen, dogmatischen und zentralisierten Formen direkt übernehmen. Bis zu einem gewissen Maße nimmt die Kirche heute Abstand von der vergangenen Vermischung mit der staatlichen Macht (das Ende der konstantinischen Ära ist nicht mehr rückgängig zu machen), gleichzeitig aber erfolgt dies mit dogmatisch-doktrinären Beteuerungen. So erklärt sich Paul VI. einerseits bereit, den Dialog mit der modernen Welt weiterführen zu wollen (auf den Spuren Johannes XXIII.), andererseits verurteilt er in der Substanz jene Erneuerungsbestrebungen, die eine Brücke zum Dialog mit der modernen Welt bilden. Er lehnt die Diskussion über die Unfehlbarkeit des Papstes ab und hält am Priesterzölibat sowie am Verbot der Verhütungsmittel fest. Die jüngsten päpstlichen Äußerungen über die Existenz des Teufels als persönliche Entität, der letztlich die Ursache aller Übel unserer Welt sei, bricht praktisch die Brücke zum Dialog mit der modernen Welt ab, und zwar mit einer Geste fast mittelalterlicher Prägung.

Die Kirche neigt also heute dazu, sich als Hierarchie und Institution in sich selbst abzukapseln, da sie sich durch jede doktrinäre oder pastorale Erneuerung in ihrer Machtstellung bedroht fühlt. Das Interesse am Protest innerhalb der Kirche scheint aber nicht abnehmen zu wollen. Man kann nicht mehr, auf konstantinische Weise, die »ketzerischen« Erneuerungsbestrebungen austilgen, indem man sie mittels des weltlichen Armes verfolgt.

Das von den gegenwärtigen Problemen der Kirche ausgelöste Interesse ist also gestiegen; ja, man kann sagen, daß dieses Interesse als etwas Neues in Italien auftritt. Nur eines muß betont werden: Dieses Interesse wird nur von einer kleinen, dafür intellektuell und moralisch äußerst aktiven Minderheit von Katholiken wachgehalten.

Dezember 1973

Über italienische Männer

ZU MÄNNERN HABE ICH IMMER ein ausgesprochen gutes Verhältnis gehabt (unberufen, toi, toi, toi). Es begann mit meinem Großvater. Der Großvater war ein Italiener, mit all dem Charme, dem Liebenswerten und den stets überraschenden Einfällen, die den italienischen Männern im allgemeinen nachgesagt werden. Drei Faktoren unterscheiden meines Erachtens die italienischen von den deutschen Männern – drei Merkmale, von denen sich dann all ihr Verführungsvermögen und ihre Schwächen ableiten lassen: Zeit, Phantasie und – die Mamma.

Die italienischen Männer haben immer Zeit für die Frau, die sie interessiert; haben sie keine, so erfinden sie sie. So läßt sich auch die Frage, ob der Italiener fleißig sei oder nicht, nur schwer beantworten: Es hängt von der Zeit ab, die übrigbleibt, nachdem er sich der geliebten Frau gewidmet hat. Der Italiener faßt die Werbung um eine Frau als eine hauptamtliche Tätigkeit auf; er arbeitet nicht halbtags daran. So schmeichelhaft dies für eine Frau sein kann, es hebt die gockelhafte Haltung hervor, die in der Frau ein untergebenes, also nicht ebenbürtiges Wesen sieht.

Phantasie – darin sind die italienischen Männer Weltmeister. Phantasie im Erfinden, Erdenken, Ergrübeln und Herbeiführen von Situationen, in denen sie unweigerlich eine Glanzrolle spielen und die Frau sich im Glanz des Mannes sonnen darf. Phantasie im Erfinden von Komplimenten, von Kosenamen, von kleinen Gesten, die den Alltag zum einmaligen Erlebnis werden lassen. Das Erfolgsgeheimnis so vieler als »latin lovers« weltberühmt gewordener Italiener besteht genau darin; nicht in übernatürlichen Leistungen, sondern in der breiten Skala ihrer Ausdrucksmöglichkeiten. Das Aussprechen, Ausschmücken; das Kommunizieren ihres Glücks oder Unglücks – das ist eine unbestreitbare lateinische Gabe. Das hat der italienische Mann von seiner Mamma gelernt, noch in seinen Kinderjahren.

Die »Mamma«, das Verhältnis zu ihr, ist die Grundlage, auf der der italienische Mann sein Wesen aufbaut. Die »Mamma« ist nicht etwa das, was für einen Deutschen die Mutter ist, beileibe nicht. Die »Mamma«, das ist die Wärme und das Beschützende in seinem Leben, das ist die Säule, auf der das psychische, seelische und materielle Leben vieler Italiener ruht.

Das Verhältnis des Italieners zur Frau, ist sie einmal geheiratet worden, ist für einen Deutschen kaum faßbar. Mehr als Frau ist sie »La Mamma dei miei figli«, die Mutter meiner Kinder – eine ungemein bevorzugte Stellung, nach Meinung vieler Italiener. Womit ihr in der ganzen Verwandtschaft ein Denkmal gesetzt wird. Die »Mutter meiner Kinder« darf ruhig einmal betrogen werden; das tun die Italiener – glaube ich – ebenso häufig und ebenso selten wie alle Männer auf der ganzen Welt. Nur spricht man hier nicht davon. »Si fa ma non si dice«, lautet ein weiser Volksspruch: Man tut es – verschweigt es aber. Erst wenn es der Partner weiß, taucht für die meisten der Betrug in Form einer Gewissensfrage auf. Im allgemeinen betrügen die Italiener mit ebensoviel Phantasie, wie sie lieben; also erfahren es die wenigsten Frauen. Was das Leben sicher vereinfacht. Das Recht zu betrügen beanspruchen hier die meisten Männer nur für sich; die Frau, die eigene natürlich, muß makellos sein, so wie es die eigene Mutter ist. Denn einen italienischen Mann betrügen heißt sein Ehrgefühl verletzen; heute sagt man »frustrieren«. Ein gehörnter Mann ist hier lächerlich, eine gehörnte Frau wird bemitleidet; beides ist unangenehm. Trotz aller theoretischen Äußerungen, zu denen sich manche hinreißen lassen: Der Frau wird in den seltensten Fällen dieselbe Freiheit gewährt, wie der Mann sie sich nimmt. Da der Italiener in den meisten Fällen unbewußt das Bild seiner Mutter mit sich herumträgt, opfert er das Verhältnis zu seiner Frau – unbewußt – dem Idol der Mutter; er »achtet« seine Gattin mehr als Mythos denn als Frau, da die Familie ein Kern ist, der in der auseinanderfallenden Gesellschaft noch Bestand hat. Da der italienische Mann eitel ist (nicht nur äußerlich legt er Wert darauf, »bella figura« zu machen), wird mit einem Seitensprung seiner Frau – von dem man weiß – seine Machtstellung in der Gesellschaft angegriffen. Da er eitel ist, darf dies nicht geschehen. Die Frau hat ja auch ihren eigenen Machtbereich, die Familie. Dort regiert sie als absolute Monarchin; diese weibliche Machtstellung erklärt zum guten Teil die Schwierigkeiten, auf die die Frauenemanzipation in Italien stößt. Zwischen Mann und Frau gibt es eine stillschweigende und beiderseitig seit Urzeiten akzeptierte Verteilung der Machtzentren: er Gesellschaft, sie Familie. Insofern ist es falsch, immer nur von der mangelnden Frauenemanzipation zu sprechen, denn die Emanzipation der Männer ist genausowenig verwirklicht.

Findet man aber einen Mann, einen italienischen Mann, der diese atavistischen Grundübel, also die Auffassung von Familie als Clan und von Frau allein als »Mutter meiner Kinder«, überwunden hat, findet man also einen Mann, der auch psychologisch ein Europäer geworden ist, dann übertrifft – nach meiner persönlichen Erfahrung – das Leben mit einem italienischen Mann alles, was das Leben in dieser Hinsicht sonst zu bieten hat.

1975

Warum ich Rom dennoch liebe

ICH BIN HIN UND HERGERISSEN. Liebe ich Rom überhaupt noch? Heute entdecken viele Ausländer mit berechtigtem Entsetzen, aber weniger berechtigtem Staunen, die Mißwirtschaft und Korruption Roms. Ihr Traum, in Rom zu leben, zerschellt an der neuentdeckten Realität. Aber in Rom hat es sich nie leicht leben lassen, im Gegensatz zu dem, was so viele Ausländer denken. Allein schon wegen des bürokratischen Dschungels, dessen Ursprünge weit zurückliegen und der eine typisch römische Bürgermentalität geprägt hat: Staatsbürgerliches Bewußtsein fehlt den Römern noch mehr als anderen Italienern.

Aber im Rom der Renaissance oder im päpstlichen Rom zu leben muß für jene, die auf der falschen Seite standen, auch kein reines Vergnügen gewesen sein. Und die Mehrheit der Römer lebte auf der falschen Seite, damals wie heute.

Jahrhundertelang war das Leben des römischen Volkes mühselig und ärmlich. Den Romantikern vor allem verdankt Rom den Mythos seines Zaubers. Neben unschätzbaren Meisterwerken schufen aber die in Rom weilenden Dichter und Maler auch die Voraussetzungen für viele spätere Mißverständnisse. Denn Elend, also Unrecht, ist für jene, die es erleiden, weder pittoresk noch romantisch. Und so stimmte wohl das Rom der Römer mit dem Rom der damaligen Künstler ebensowenig überein wie heute – das *dolce vita* ist eine der genialsten Erfindungen Fellinis.

Ich ärgere mich täglich über unzählige Dinge, die gar nicht oder nur mangelhaft funktionieren, über Zeit- und Geldverschwendung. Aber Rom ist vital. Die sprichwörtlich unterstellte Apathie der Römer fällt oft von ihnen ab, und die plötzliche Reaktionsfähigkeit dieser an sich skeptischen und oft zynischen Bevölkerung überrascht mich immer wieder: so z. B., als das katholische Rom entgegen der päpstlichen Anweisungen für die Beibehaltung des Ehescheidungsrechts stimmte und die Menschen auf den Straßen spontan ein Freudenfest veranstalteten; oder die tiefbewegte Teilnahme des *popolino* von Rom, als Anna Magnani, die große römische Schauspielerin, zu Grabe getragen wurde. Man kann da den Puls eines Volkes schlagen hören. Kein ruhiger Puls, fürwahr, auch oft indiskret und aufdringlich, aber lebendig, vital und kräftig.

Ich kritisiere, ich lehne mich auf. Die Frage, ob ich Rom liebe, wird somit überflüssig. Denn würde es mich so treffen, liebte ich Rom nicht? – Allerdings, auch ich gehöre zu den Privilegierten, die von den *mali di Roma*, den Übeln von Rom, nicht direkt berührt werden. Unleugbare Tatsache ist, daß, neben dem alltäglichen Ärger, Rom auch tägliche Freude bereitet: Die viel besungenen Schönheiten beglücken mich immer und immer wieder, das Licht, die Farben, die Großzügigkeit und die Weite auf den Plätzen, die Intimität der engen Gassen und die Freude und Leidenschaft ausdrückenden Barockfassaden, das alles belebt mein Gemüt. In anderen Städten schließt man sich mit seiner Sorge gerne ein; in Rom zieht es mich hinaus. Rom ist meine Heimat. Bin ich mit Rom zu nachsichtig? – Man möge mir verzeihen.

1976

Malocchio

DER AMULETTVERKÄUFER IST EINER der 300.000 Arbeitslosen von Neapel, die täglich aus dem Hause gehen, ohne einen sicheren Arbeitsplatz zu haben. »Toccato« – berührt – ruft er jenen zu, die er mit seinem roten Horn blitzartig trifft. Das bedeutet in Neapel soviel wie: Das Glück hat dich berührt; weise es nicht von dir; zahle etwas dafür – es lohnt sich.

Toccato – aus dem Aberglauben hat dieser Mann seine Erwerbsquelle gemacht. Er bietet den Vorbeigehenden das seit Jahrhunderten bekannteste Amulett gegen den »malocchio«, den bösen Blick an. Es ist ein rotes Horn, einst aus Gold oder Koralle, heute meistens aus Plastik. Das Amulett soll seinen Besitzer vor dem Neid der Menschen und dem Unheil in der Welt bewahren. In Neapel, der Hauptstadt der sozialen Unsicherheit, kann es sich kaum einer leisten, einen Schutz gegen den bösen Blick zurückzuweisen, welcher Art auch immer dieser sein mag.

Aber was ist »il malocchio«, der böse Blick, dieser seit Jahrhunderten besonders im Süden gefürchtete Zauber? Der Anthropologieprofessor Pino Simonelli gibt darauf Antwort:

»Historisch betrachtet wird der böse Blick als eine Ausstrahlung eines unheilvollen Einflusses seitens einer oder mehrerer Personen erklärt. Dieser unheilvolle Einfluß überträgt sich über die Augen, den Blick. Er kann jegliche Art von Unheil wie Erdbeben und Überschwemmungen herbeiführen, er kann Glück und Gesundheit zerstören oder den Besitz vernichten. Auch in den primitiven Religionen und Kulturen glaubte man an diese Einflüsse, und es wurden magische und religiöse Riten vollzogen, um diese Einflüsse zu vertreiben.«

Bis zum heutigen Tag ist in Italien der Glaube erhalten geblieben, das vom Phallus abgeleitete Horn bringe Glück und wende das Böse ab. In armen Ländern, in denen die soziale Unsicherheit besonders gefürchtet ist, greift man gern zu Amuletten und Glücksbringern. Die Verbindung zwischen Armut und Glaube an den bösen Blick wird von Professor Simonelli bestätigt: »Zweifellos gibt es diese Verbindung. In einer Welt, in der Elend und Krankheiten vorherrschen, fühlen sich die Menschen ständig bedroht. Sie müssen kämpfen, um zu überleben, und greifen dazu auch zum Irrationalen. Die Beschwörung gegen den bösen Blick ist ein wichtiger Bestandteil dieses Kampfes, auch wenn er nichts mit der Vernunft zu tun hat. Bei der Erforschung des bösen Blicks begegnet man übrigens auch Tragödien. Im 17. Jahrhundert sind hier in Neapel Frauen deswegen als Hexen verbrannt worden.«

In einer als Werkstatt eingerichteten Wohnung an der Peripherie Neapels werden aus Muscheln und Korallen Amulette hergestellt. Von dieser Tätigkeit leben in Torre del Greco viele Arbeiter, Handwerker und Händler. Korallen galten schon in der Antike als Glücksbringer. Aber nur die reichen Kaufleute verfügen über das nötige Kapital, um die wertvollen Korallen einzukaufen. Koralle wird mittlerweile zu 70 Prozent aus Japan, Afrika und Indien eingeführt. Die Händler übergeben den Arbeitern das Rohmaterial und bezahlen ihnen die fertige Ware. Durchschnittlich verdient ein solcher Arbeiter zwischen 300 und 400 Mark monatlich. Diese Handwerker sind die Ausgebeuteten der Industrie des Aberglaubens – einer Industrie, die gerade der landesweiten Wirtschaftskrise wegen floriert.

Mit Hörnern, Hufeisen und anderen Glücksbringern muß man sich schützen, weil der liebe Gott – so sagen viele arme Leute in Neapel – keine Zeit hat, sich um die alltäglichen Sorgen eines jeden Menschen zu kümmern. So stehen Amulette, Abwehrsymbole und Heilige friedlich nebeneinander, sie teilen sich sozusagen die Aufgabe. In den Gassen Neapels begegnet man auf Schritt und Tritt dieser Koexistenz zwischen Glauben und Aberglauben – eine von der Kirche weitgehend tolerierte Haltung.

Die enge Verflechtung zwischen Religion und Magie wird besonders deutlich erkennbar bei den Wahrsagerinnen. Die »fattucchiera«, was so viel wie »Zauberin« oder »Hexe« bedeutet, treibt den bösen Blick von Berufs wegen aus. Sie ist »autorizzata«, d. h., sie hat eine behördliche Genehmigung dafür, den bösen Blick auszutreiben. Ihr Beruf ist in manchen Fällen äußerst rentabel und blüht besonders dann auf, wenn Wirtschaftskrisen und soziale Probleme die Gesellschaft erschüttern. Pro »Kur«, d. h. pro Sitzung, werden bis zu 10.000 Lire verlangt. Durchschnittlich empfängt eine Wahrsagerin zehn Patienten am Tag – Frauen wie Männer. Da sie nur drei Tage in der Woche arbeitet, verdient sie im Monat über 3000 Mark am bösen Blick. Für Neapel ein Luxuseinkommen. Dafür mußte die Fattucchiera zunächst eine Reliquie erwerben, denn erst diese verschafft den Zugang zum Dialog mit dem Heiligen. Riten und Zauberformeln jedoch vererben sich. Die Gabe, den bösen Blick zu vertreiben, ist angeboren – erlernen läßt sich da nichts.

In einem Innenhof des Viertels Sant'Antonio Abbate lebt Cirella. Die Bewohner des Innenhofes haben, trotz langjähriger Vertrautheit, eine gewisse Ehrfurcht vor Cirella, dem »scacciamalocchio«, der für ein paar hundert Lire den bösen Blick austreibt, als fliegender Händler sozusagen. Cirella ist arm – sehr arm. Denn nur wer so arm ist, daß er nicht den Neid seines Nächsten auslösen kann, vermag den malocchio zu vertreiben. Auf seinem Hut sind alle dazu dienlichen Symbole aufgesteckt, alles hat seinen Sinn und seine Bedeutung. Von seinem Vater hat Cirella nicht nur die überlieferten Zaubersprüche geerbt, sondern auch die dazugehörige Kleidung, die ihn sofort überall in Neapel als »scacciamalocchio« erkenntlich macht.

Glocke und Weihrauch – die Verflechtung zwischen Religion und Magie ist stets präsent. »Durch ganz Neapel bin ich gezogen, und nun komme ich auch in dieses Haus. Weihrauch bringe ich mit, und den bösen Blick vertreibe ich ... Mit dem Knüppel in der Hand gehe ich dem Weihrauch des Heiligen Catiello nach ... Auch der Maria – Salve Regina ... wer diesem Haus Böses wünscht, dem sollen die Augen erkranken und die Zähne ausfallen ... heiliger Weihrauch des heiligen Nikolaus. Sciò, sciò – fort mit den bösen Nachbarn.« Sie kennen ihn alle, Cirella, der dank des Glaubens an den bösen Blick überleben kann ...

Geschäftsleute sichern sich heute besonders gerne gegen den bösen Blick und den Neid der Konkurrenz ab. Psychologen deuten den Aberglauben als Ausdruck einer großen Angst. Einst nur der Angst vor dem Tod, heute auch vor der Gesellschaft, der Technik, den Menschen. In Neapel handelt es sich besonders um die Angst vor der unsicheren Zukunft. Nicht nur das einfache Volk fühlt sich von irrationalen Beschützungsformeln angezogen. Auch unter gebildeten Leuten wagt es kaum einer, am bösen Blick zu zweifeln. »Es gibt den bösen Blick nicht – aber auch ich glaube daran«, lautet der bekannte Ausspruch eines berühmten Philosophen.

Die Straße ist in Neapel die Bühne, auf der sich das tägliche Leben abspielt. Geburt und Tod, Freude und Schmerz, Glauben und Magie – die Kulissen dazu bietet in Neapel stets die Straße. Der Glaube an den bösen Blick, der in seinen primitiven Formen und seinen magisch-religiösen Aspekten hier besonders tiefe Wurzeln geschlagen hat und der Cirella das Leben ermöglicht, ist auch ein Bestandteil des noch ungelösten Süditalien-Problems. Denn die Suche nach Absicherung, nach einem Schutz gegen ökonomische und soziale Ungerechtigkeit und Unsicherheit erscheint hier berechtigter als anderswo.

Oktober 1977

Die Sarzis – eine Puppenspielerfamilie

Auf der Piazza der toskanischen Ortschaft Barga bei Lucca wird noch heute ein Puppentheater aufgeführt, das als direktes Erbe der Commedia dell'arte gilt.

Ein Lautsprecher kündigt die nächste Vorstellung an. »Tutti in piazza« – kommt heute alle auf die Piazza, das Theater von Otello Sarzi gibt eine Vorstellung ...

Die frische, unmittelbare Wirkung, die besonders das »teatro dei burattini« – das Handpuppentheater – in den vergangenen Jahrhunderten charakterisiert hat, ist hier noch unverändert. Ein Hauch Poesie aus vergangenen Zeiten ist spürbar, der durch den Reiz der natürlichen Kulisse einer italienischen Piazza noch unterstrichen wird – im Zeitalter der Computer und der Massenmedien ein Wunder an sich.

Der im »teatro dei burattini« enthaltene Mutterwitz und derbe Volkshumor finden immer noch ein Publikum – oder sollten wir eher sagen: wieder? Für viele Kinder ist es sogar eine Neuentdeckung. Dank archäologischer Ausgrabungen hat man erfahren, daß Puppen seit jeher zum Menschen gehören. Aber was ein wahrer »burattino« ist, das erleben viele zum ersten Mal.

Fagiolino und Pantalone – zwei klassische Figuren des italienischen Puppentheaters. Fagiolino verkörpert den Einfachen, den Gerechten, der am Schluß dank Mutterwitz und instinktiver Weisheit stets die Mächtigen und deren Arroganz besiegt. Jahrhundertelang konnte sich die Gesellschaftskritik und die Satire gegen die Macht nur durch das »burattini«-Theater ausdrücken.

Otello heißt der Zauberer, der die Puppen herstellt, sie bewegt, ihnen die Sprache verleiht und die Moral der

Geschichte festlegt. Er hebt u. a. mit moderner Ausdrucksweise das hervor, was uns das Theater der Vergangenheit anbietet, indem er an die Gegenwart denkt und sich nach ihrem Sinn und ihren Forderungen richtet. Otello gehört einer Familie an, die sich seit vier Generationen dem Puppenspiel widmet.

Durch die Kulturämter verschiedener Regionen hat Otello Zuschüsse für sein Puppenspieltheater erhalten. Seine Vorfahren hatten es schwerer. Aber für die Vorbereitung und den Aufbau jeder Vorstellung hat Otello selber zu sorgen, wie es schon sein Großvater und Vater taten. Otello ist heute siebenundfünfzig Jahre alt und stammt aus Mantua, in der Emilia. Vor fünfzehn Jahren hat er eine Theatergenossenschaft gegründet und zieht mit dieser, wie einst die Wandertheater, von Ort zu Ort, durch alle Regionen Italiens und sogar in ferne Länder in Asien und Afrika. Für sein Experimentier-Theater findet Otello immer Mitarbeiter.

Die Basis seines Theaters ist das traditionelle Puppenspiel für Kinder; daneben hat er aber auch »burattini« für Erwachsene geschaffen. So kommen in seinem neuen Repertoire auch Bernhard Shaw, Brecht und Majakowski vor. Für die Herstellung seiner Puppen hat er teilweise neue, bisher unbekannte Materialien verwendet. Das Erlernen des Burrattinaio-Berufes allein genügt nicht, sagt Otello. Seinen Mitarbeitern unerläßlich ist die Freude daran, man könnte auch sagen: Es bedarf sogar einer Berufung dazu.

Während des Faschismus benützten die Sarzis das Puppentheater sogar dazu, antifaschistische Propaganda zu verbreiten und den Geist des Widerstands wachzuhalten. Im Befreiungskampf 1943–45 war die Familie Sarzi für die Freiheitskämpfer ein wertvolles Verbindungsglied; denn das viele Reisen war bei den Sarzis unverdächtig. Schließlich wurde die ganze Familie jedoch verhaftet und Otello zu einer langjährigen Gefängnisstrafe verurteilt, der er sich durch die Flucht in die Schweiz entziehen konnte. Heute kandidiert Otello für die Sozialisten bei den Parlamentswahlen.

Jede Vorstellung ist für Otello ein neues Erlebnis; die Begegnung mit unbekannten Menschen, der Beginn eines Gesprächs. Fagiolino, der traditionelle Kasperl, kündigt ein französisches Stück an: »Le Cheval«. Es handelt sich um das Pferd eines Leichenwagens; nun ist es alt geworden und kann die Menschen nicht mehr zur letzten Ruhe begleiten. Die Kutscher des Leichenwagens verabschieden sich mit einem Lied von ihm.

Die Reise geht weiter. Am Steuer sitzt die Jüngste der Gruppe, Isabella, eine zwanzigjährige Schweizerin, die nach abgeschlossenem Abitur ihre Kenntnisse über das Puppenspieltheater bei Otello Sarzi erweitern will. Sie fühlt sich wohl in dieser Karawane.

Der neunzigjährige Großvater Francesco ist immer dabei. Den italienischen Familien ist die Institution des Altersheims weitgehend unbekannt. Man schließt hier die Alten nicht aus; sie werden nicht nur geduldet, sie sind nach wie vor in den Familienclan mit eingeschlossen. Zumal der alte Francesco wohl der kritischste aller Zuschauer ist.

Diesmal führt die Fahrt von der Toscana in die Emilia, zum Stammhaus der Sarzis; dort wartet der andere Teil der Familie, der ebenfalls zur Theatergruppe gehört. Die Szene einer Familienbegrüßung unter Italienern erinnert immer etwas an Emigranten, die sich nach Jahren wiederfinden. Die Freude ist spontan. Um den großen Bauerntisch versammelt, tauschen alle ihre in der Zwischenzeit gemachten menschlichen und beruflichen Erfahrungen aus. Großvater, Vater und Sohn sitzen einträchtig beisammen. Der häufig beschwo-

rene Generationenkonflikt, der heute so viele Familien erschüttert, hat sie nicht berührt.

Sie hängen an der Decke, die vielen Burattiniköpfe, wie
einst die Schinken von Otellos Vorfahren. Hier im Landhaus
befindet sich die Werkstatt der Sarzis, die Geburtsstätte aller
Burattini und Puppen, die dann mit ihnen die Reise durch die
Welt antreten. Die Werkzeuge zur Herstellung der Figuren
sind zu einem großen Teil von Otello selber erfunden und
hergestellt worden. Zwei für jeden echten Burattinaio uner-
läßliche Werkzeuge lassen sich aber nicht herstellen, sagt
Otello, sie werden einem in die Wiege gelegt: Phantasie und
Liebe zum Menschen.

Zwischen Vater und Sohn entwickelt sich auf natürliche
Weise ein Gespräch, das immer – wenn auch auf Umwegen –
vom Puppenspiel handelt. Beiden, dem Vater wie dem Sohn,
geht es darum, die Ausdrucksfähigkeit der Puppen immer
mehr zu verbessern. Es komme darauf an zu beweisen, sagt
Otello, daß ein gut geführter »burattino« alle menschlichen
Gefühle auszudrücken vermag; ja, daß eine Puppe sogar in
ihren Bewegungen viel freier ist als zum Beispiel ein Schauspieler auf der Bühne.

Vor dem Landhaus erzählt Sohn Mauro den Kollegen von
seinen Erfahrungen mit den Schulkindern in Venedig, wo er
im Auftrag der Stadt Kurse für Puppenspieler abhält. Wesentlich dabei ist, daß Mauro all seine Requisiten in der Hosen-
tasche tragen kann. Das unterscheidet ihn von seinem Vater
Otello. Es gehe ihm hauptsächlich darum, sagt Mauro, den
Kindern die Verlustangst zu nehmen, ein in unserer Zeit weit
verbreitetes Gefühl. Dabei geht Mauro von einem Socken
aus, der einfach in den Müllkorb geworfen wurde, weil er
Löcher hat; man stopft heutzutage ja keine Socken mehr.
Natürlich weint der Socken, da er nicht verlassen werden

möchte; er hat Angst. Aber eine kleine Maus hört den Socken und rät ihm, sofort zu einem Puppenspieler zu gehen; der könne immer aus allem etwas machen. So wird der weggeworfene Socken zuerst ein Hündchen oder eine Katze; aber der Socken will ein menschlicher burattino werden, eine Puppe. Die Kinder – erzählt Mauro – ereifern sich dabei und beteiligen sich aktiv an der Entstehung des burattino, zu dem natürlich auch Kopf, Augen, Nase, Mund und Haar gehören. So war der Socken plötzlich wieder glücklich, denn er konnte mit seinen Augen vieles sehen, mit seinem Mund viele Geschichten erzählen und mit seinen Händen viel Schabernack treiben.

Eine Kontinuität ist in der Familie vorhanden, obschon jeder Sarzi – im Rahmen der burattini – eigene individuelle Wege gesucht und gefunden hat. Das Puppentheater beschränkt sich nicht nur darauf, Kinder zu unterhalten und zu amüsieren; es hat auch eine bedeutende erzieherische Funktion. Mit der Waffe der Satire und der Ironie kann es Kinder und Erwachsene zur Freiheit des Geistes erziehen. In diesem Sinn ist das Puppenspiel auch ein Ausdruck unvergänglicher Kunst.

Mai/Juni 1979

Anfang der sechziger Jahre ging die bunt zusammengewürfelte Puppenspielerfamilie von Otello Sarzi bei uns ein und aus. Viele von ihnen hatten direkt mit dem Handpuppentheater zu tun, andere teilten einfach mit ihm sein unstetes Leben, seine schöpferische Unruhe: sein Sohn Mauro, Jean, der Ringkämpfer aus Armenien, der aufstrebende Schriftsteller Manrico mit seiner alabasterweißen schwedischen Verlobten Roskha, Alfredo, ein chilenischer Wirtschaftswissenschaftler, Gino, der virtuose Gitarrist, Gigi, der Schriftsetzer mit den vielen Berufen, und andere, wie die Volkssängerin Caterina Bueno und Gelegenheitsgenossen, an die ich mich nicht mehr erinnern kann: eine eigensinnige und fröhliche Gesellschaft, die in jenem breiten Strom schwamm, der die 68er Jahre vorbereitete.

Die mamma hatte Otello durch ihre Freundin Ornella Baragiola kennengelernt, die als Pädagogin mit dem Puppentheater arbeitete. Aber die Familie Sarzi war auch eine alte Bekanntschaft unseres babbo. Die Sarzis waren in den Kriegsjahren von 1943 bis 45 eine der bedeutendsten antifaschistischen Familien der Emilia Romagna, eng verbunden mit den Familien der Brüder Cervi. Auch Otello verschmolz seine Kunst mit politischer Leidenschaft: während einer Tournee in Italien, ich weiß nicht mehr, wo, verbrannten Faschisten nachts sein Zelt. Er mußte mit seinen Puppen, die er teilweise retten konnte, zu der von uns so genannten »Zia Ornella« flüchten. Damit begann für uns Kinder, Sabina, mich, Ava und Varo, die gleichaltrigen Kinder der Zia Ornella, eine einzigartige Zeit.

Spontan »adoptierte« die mamma Otello und viele seiner Freunde. Sie besaß ein besonderes Gespür für Menschen, die – wie sie selbst es ausdrückte – »jemand sind«: nicht wegen irgendeines äußeren Erfolges oder Status, sondern aufgrund der Treue gegenüber sich selbst und der Fähigkeit, sich nicht dem Konformismus zu beugen. In dieser Hinsicht hatte sie eine positive Einstellung auch gegenüber echten Anarchisten – Otello war es im Tiefsten seiner Seele. Mit solchen Menschen konnte die mamma eine verläßliche freundschaftliche Beziehung eingehen, die dann nie mehr erlosch. Für die mamma und babbo gehörten Otello und seine Gruppe mit ihren Überzeugungen noch jener Zeit an, in welcher der Kampf gegen die Faschisten das zentrale Anliegen war und sie alle die Hoffnung hatten, daß es noch einen Horizont zu erobern gäbe. Dank der mamma wurde unser Haus für die »Otelli«, wie unser Familienlexikon sie nannte, einer ihrer Treffpunkte.

Schon als junges Mädchen hatte die mamma die Kunst der Gast-
freundschaft und des Teilens einer gedeckten Tafel gelernt; sie öffnete
Gästen weit die Tür, ob sie einzeln oder als Gruppe, vorangekündigt
oder nicht ankamen. Sie erfand mit Zauberhand am Ende ihrer täg-
lichen Arbeit unvergeßliche »Spaghettate«, die oft bis tief in die
Nacht dauerten, mit Chianti begossen wurden und zu unendlichen
politischen Auseinandersetzungen führten, untermalt von Liedern
aus dem spanischen Bürgerkrieg.

Manchmal entschlossen sie sich dann zu einem Ausflug »Rome by
night«, wie die mamma scherzend sagte. Wir quetschten uns in den
zerbeulten Fiat 600 und fuhren als Karawane den Hügel über der
Ponte Milvio hinunter. Erste Station war der Petersplatz, wo oft
noch Licht in der Wohnung von Papst Paul VI. brannte, auf das
Otello mit Worten hinwies, in denen ich irgendwie einen ironischen
Ton spürte; dieser Ironie erinnerte ich mich, als Jahre später ausge-
rechnet eine Familienangehörige dieses Papstes meine Lebensgefähr-
tin wurde. Dann ging es weiter zur Piazza Navona, dem Bernini-
brunnen mit dem ausgestreckten Arm, der aussah, als wolle sich die
Figur vor dem Zusammenbruch der Kirche (S. Agnese), die von Ber-
ninis Rivalen Borromini gebaut war, retten. Dann ging es hoch zum
Kapitol, dem Lieblingsplatz meiner Eltern, mit dem mir gleichna-
migen Reiterstandbild von Marco Aurelio, das ich so sehr liebte, wie
ich den gleichnamigen Liebhaber von Kleopatra haßte.

Im babbo hatte die mamma einen außerordentlichen Partner, der
die Diskussionen im Auto mit Fresken aus der römischen Geschichte
unerwartet unterbrach. Ich war glücklich über ihre Fähigkeit, diese
Augenblicke teilen zu können.

Die Otelli waren wichtig in meiner Kindheit. Sie waren der
lebendige Zirkus im eigenen Hause. Jean aß Glas, aber buchstäb-
lich: Er nahm ein ganzes Weinglas in die Hand, und langsam fing
er an, daran zu knabbern, bis zum letzten Stück. Gino, die Gitarre
mit seiner kleinen Gestalt regelrecht umhüllend, füllte den großen

Raum unseres Wohnzimmers mit Flamencofaltenwürfen. Manch-
mal probierte Otello eine neu erfundene Puppe aus. Wir Kinder
waren verliebt in Alfredo, der »sanft wie alle Radikalen« war und
dessen Kopf an »Che« erinnerte. Aber vor allem waren die Otelli
anders als alle Menschen, die wir kannten. Sie führten ein Leben
als Bohemiens, jeder einzelne war eine Geschichte für sich und nur
provisorisch mit den anderen vereint. Es war eine Art Rudel, in sei-
ner Zahl und Zusammensetzung instabil; für Sabina und mich,
die wir Teil einer sehr strukturierten Familie waren, ein greller
Gegensatz.

Durch die Otelli entdeckte ich in unserem Hause die offene politi-
sche Polemik. Fast alle waren extrem linksdenkend und schon gegen-
über der KPI kritisch; sie sympathisierten spontan mit den Chinesen
wegen Maos Kritik am Revisionismus Chruschtschows und Togliat-
tis, dem Sekretär der italienischen Kommunistischen Partei. Sie
kamen sogar eines Abends mit der chinesischen Fahne zu uns und
setzten sie auf unsere Lampe.

Der babbo war gerade wieder in die KPI eingetreten, nachdem
diese die stalinistischen Verbrechen verurteilt und sich zu einem ita-
lienischen Weg zum Sozialismus bekannt hatte.

Zwischen ihm und Otello entflammten immer wieder heftige Dis-
kussionen, denen ich mit frühreifem politischem Interesse gebannt
zuhörte.

Die mamma schien distanzierter zu sein, aber sie sprang im-
mer dann empört auf, wenn der Eindruck entstand, daß babbo
Otellos Hang zur Freiheit, den sie über alles liebte, in den Schatten
rücken wollte.

Ich aber hatte Gelegenheit, in meinem sicheren familiären
Umfeld geborgen, verschiedene Lebensweisen und Meinungen ken-
nenzulernen und zu vergleichen. Ich war in einer privilegierten Si-
tuation, deren Seele die mamma war. Sie verzichtete nicht auf ge-
wisse Regeln, z. B. uns Kinder normalerweise frühzeitig ins Bett

zu schicken, aber ich fühlte mich einbezogen in diese Gemeinschaft, in diese Augenblicke intensivster Spannung in unserer Familie, eine Art Erwartung, die ich damals wie heute nicht genauer definieren kann.

Um den Otelli zu helfen, entschieden die mamma und babbo sich irgendwann, sie einigen römischen Intellektuellen und Journalisten vorzustellen. Wir Kinder wurden für die Versorgung der Gäste mit eingespannt, ich erinnere mich gut, wie wir den ganzen Nachmittag mit Tellern, Flaschen und Speisen beschäftigt waren.

Abends kamen die Gäste, es waren etwa hundert Personen. Die Puppenspieler hatten in einer Ecke des Wohnzimmers ein schwarzes Tuch als Tribüne gespannt. Ich ließ mich neben einem Sessel auf dem Boden nieder, in dem ein Herr mit einem düsteren melancholischen Ausdruck saß, es war Moravia. Ich kannte seine Bücher noch nicht, doch da ich erfahren hatte, daß er mit zwölf Jahren den Roman »Schuld und Sühne« verschlungen hatte, versuchte ich es ihm gleichzutun, jedoch ohne Erfolg.

Weil der Abend für Otello erfolgreich sein mußte, warf ich in den Theaterpausen immer einen Blick auf diesen Herrn, um in seinen Zügen ein Interesse zu erkennen, leider vergeblich.

Das Leben mit den Otelli verblaßte allmählich. Wahrscheinlich ging Otello oft auf Tournee, und vielleicht war auch der Zauber dieser sechziger Jahre im Schwinden begriffen. Einzelne von ihnen habe ich später wiedergetroffen, andere nie aus den Augen verloren. Mauro führt die Tradition der Puppenspielerfamilie weiter. Alfredo war nach dem Putsch von Pinochet in Chile Ende der siebziger Jahre in Rom militant für die MIR-Bewegung eingetreten. Nach verschiedenen unglaublichen Abenteuern lebte er in Schweden und war Arbeiter. Er liebte immer noch den Chianti und war von derselben Sanftheit, die uns Kinder in Bann gezogen hatte. Jean habe ich 1989 in Reggio Emilia getroffen, er war noch mit Otello zusammen, wir haben uns fest wie immer umarmt.

Als ich vor einigen Monaten in den Schubladen der mamma wühlte, fiel mir die Schallplatte mit den spanischen Liedern unserer damaligen Nächte in die Hände, die uns Manrico geschenkt hatte. Auf der Hülle steht noch die Widmung, die uns Manrico geschrieben hatte: »In der Hoffnung, daß die Menschen aus meiner Generation sich dieser Lieder wieder erinnern. Aber mit der Ermahnung, sie nie zu vergessen, falls uns die Worte nicht genügen werden!«

Otello traf ich das letzte Mal am Grab der mamma. Er ist ein Greis mit einem Bart wie ein Prophet. Ich sah ihn plötzlich vor dem Friedhof – ich habe ihm die Stirn geküßt, mit der Erinnerung an unser gemeinsames Stück Leben.

Marco Magnani (aus dem Italienischen von Sabina Magnani-von Petersdorff)

Warum ich Eboli nicht vergessen kann

Iᴄʜ ᴇʀɪɴɴᴇʀᴇ ᴍɪᴄʜ ɢᴇɴᴀᴜ an den Tag, als ich mit Carlo Levi nach Agliano kam. In jenen Ort also, den er später in seinem Roman zu Gagliano – mit »G« – verfremdete. Es war ein herrlicher Spätsommerabend des Jahres 1947, südlich von Eboli waren die Straßen holprig geworden, schotterig. Wir fuhren den steilen Weg zum Dorf hinauf, unser Auto zog eine lange Staubfahne hinter sich her.

Ich war damals neunzehn Jahre alt, und ich bewunderte Levi, dessen Lebensgeschichte Rosis Film erzählt. Was wußte ich von ihm?

Er war Arzt in Turin, aber mehr Maler, Dichter, Schriftsteller, engagierter Kämpfer für die Menschen im vergessenen Süden Italiens. 1934 hatten ihn die Faschisten wegen seiner antifaschistischen Aktivitäten in die Verbannung geschickt – nach Agliano. Man muß sich diese Diskriminierung einmal deutlich machen! Die Regierung schickt einen unbequemen Mann dorthin, wo sie ihn am weitesten weg vermutet. Nach Lukanien »Profondo sud«, der tiefe Süden, das »Sibirien Italiens«.

Auf dem Marktplatz von Agliano begegneten wir Roberto. Ich glaube, er hieß Roberto. Roberto mußte jetzt siebzehn Jahre alt sein, damals in der Verbannung hatte Levi ihm Lesen und Schreiben beigebracht. Giulia, seine Mutter, war bei ihm – und Carlo Levi erinnert sich, daß sie Roberto, als er noch ein kleiner Bub war, aus Verehrung für die Madonna von Viggiano wie den heiligen Antonius kleidete.

Roberto begrüßte Levi herzlich, aber nicht unterwürfig. Auch die Frauen, die wie seit eh und je schwarz gekleidet waren, zeigten Würde, als sie ihm »Guten Tag« sagten. Sie

zeigten nicht das beklemmende Buckeln, das Wohltätig-
keit oft auslöst. Und darauf war Levi, der ja ein berühmter
Mann war, besonders stolz. »Es zeigt mir«, sagte er mir damals,
»daß die Menschen mich dazuzählen, daß sie mein Anliegen
würdigen.«

Er war nach Lukanien gereist, um eine Kampagne gegen
den Analphabetismus zu starten. Noch bis zum Ende der
fünfziger Jahre waren 41 Prozent der Süditaliener Analphabeten, heute sind es noch immer 10 Prozent. Levi wollte, daß sie
lesen und schreiben können. Nicht als Selbstzweck, doch für
die Menschen dieses vergessenen Landes war und ist es ganz
persönlich wichtig, ihre Gedanken, Wünsche, Hoffnungen
zu Papier bringen zu können. Damals waren viele nach Amerika ausgewandert, heute arbeiten sie in Deutschland, Österreich, in der Schweiz.

Die erzwungene Emigration der Menschen aus dem Süden
war für Carlo Levi eine Qual. »Es ist unerträglich«, hat er immer und immer wieder gesagt, »daß Menschen gezwungen
sind, ihre Heimat zu verlassen, um überhaupt ein Dach über
dem Kopf zu haben.« Doch Levis Engagement hat wenig
geholfen.

Ich habe im November letzten Jahres daran gedacht, als wir
mit unserem Fernsehteam ins Erdbebengebiet um Potenza
und Eboli fuhren, um über dieses schreckliche Ereignis zu
berichten, das mehr als 5.000 Menschen das Leben kostete
und 250.000 Menschen obdachlos machte.

Obdachlos? Welch ein sachliches Wort für die Not dieser
Menschen! Bei all dem Kummer, den wir mit den Opfern
empfanden: Am meisten hat mich das Schicksal der Männer
getroffen, die von ihrem Arbeitsplatz im Ausland zurückka-
men und ihr Heim zerstört vorfanden. Zwanzig, fünfundzwanzig Jahre ihres Lebens waren mit einem Schlag dahin.

»Piove sul bagnato – Es regnet immer auf den, der ohnehin schon naß ist.« Dieses Wort des Südens wurde nie schrecklicher dokumentiert als bei dieser Katastrophe. Und ich begann daran zu zweifeln, ob Levis stiller Optimismus, mit dem er seine Aktivitäten für den Süden ausübte, irgendwann in der Zukunft berechtigt sein würde.

Christus kam nur bis Eboli, schrieb Levi. Papst Johannes Paul II. war über Eboli hinaus in die zerstörten Dörfer Lukaniens gekommen. Aber auch er war hilflos. »Ich bin zu euch gekommen«, sagte er vor den Trümmern des Dorfes Balvani, »um euch zu trösten. Ich bete mit euch, aber ich kann euch nicht helfen.«

Resignation, wenn es um Italiens Süden geht. Levi wollte, daß die Menschen dort unten aus eigener Kraft mit Hilfe der Regierung aus ihrer Armut herauskommen. »Man darf ihnen ihren Stolz nicht nehmen«, sagte Levi.

»Christus kam nur bis Eboli« – Levis Roman wurde zum Symbol der Wehrlosigkeit dieser Menschen. Was Touristen an der Gebirgslandschaft des Apennin lieben – die stillen Olivenhaine, malerische (oder verrottete?) Bergdörfer –, in Wirklichkeit ist dies das traurige Kapitel einer mißlungenen Entwicklungspolitik. »Der Staat«, das schrieb jetzt nach der Erdbebenkatastrophe eine Zeitung in Neapel, »ist noch nicht einmal bis Eboli gekommen.«

Die Einwohner verdienen hier im Jahr soviel wie bessere Angestellte in der Bundesrepublik in einem Monat. Um die Kranken kümmern sich nur halb soviele Ärzte wie beispielsweise in Rom oder Mailand. Die Kindersterblichkeit ist doppelt so hoch wie in den Industriegebieten des Nordens.

Dieses Land zwischen Steinäckern und kargen Weiden ist versteinert in seiner jahrhundertelangen Geschichte, die eine Geschichte des Stillstands ist. Das Versprechen, die

Menschen aus ihrer Apathie und aus der Unterdrückung her-auszuführen, ist auch sieben Jahre nach Carlo Levis Tod nicht eingelöst. »In diese dunkle Erde, wo das Böse keine Frage der Moral ist, sondern ein ganz und gar irdischer Schmerz, ist Christus nicht hinabgestiegen.« Schreibt Levi.

Ich habe die Menschen im tiefen Süden kennengelernt, und ich weiß, welch ein Verlust es ist, auf diese Menschen in der Gesellschaft Italiens verzichten zu müssen. Levi nannte sie die »wirklichen Menschen Italiens«.

Ich habe Francesco Rosis Film nicht gesehen, ich werde ihn auch nicht sehen. Denn ich will die Menschen und Carlo Levi so in Erinnerung behalten, wie ich sie damals kennenlernte. Und ich will darauf hoffen, daß irgend jemand das »verdorrte Herz Italiens« wieder zum Leben erweckt. Doch ich zweifle daran. »Piove sul bagnato – Es regnet immer auf den, der ohnehin schon naß ist.«

28. 3. 1981

Marcello Mastroianni

»Wʜᴀᴛ'ѕ ɢᴏɪɴɢ ᴏɴ?« frugen an einem heißen Augustmorgen zwei amerikanische Touristinnen auf der Piazza della Pilotta im Herzen des historischen Rom. Die Frage war berechtigt: Einige Männer versuchten schreiend und gestikulierend die sperrigen Reisebusse von der Piazza fernzuhalten. Diese mußte leer sein, weil dort Szenen zu dem Film *Mattia Pascal* gedreht wurden, nach dem gleichnamigen Roman des sizilianischen Schriftstellers Luigi Pirandello. Die Busfahrer ihrerseits wollten um jeden Preis gerade dort parken, damit die Touristen zur naheliegenden Fontana di Trevi wandern konnten. »What's going on?« und »Who is that man?« fragten erneut die beiden Touristinnen und zeigten mit dem Finger auf einen Mann, der gemächlich, einen Regenmantel und eine Aktentasche in der Hand, quer über den endlich verkehrsfreien Platz schlenderte. »He is Marcello Mastroianni, the Italian actor«, antwortete ich.

»Are you sure? He doesn't look like a latin lover ...«

Marcello Mastroianni wurde auf seinem Gang über die Piazza jäh von Regisseur Mario Monicelli gestoppt: »Ripetere« – Wiederholen! Mastroianni kehrte anstandslos zum Ausgangspunkt zurück; zwei-, drei-, viermal wiederholte er die Szene, geduldig und zahm wie ein Lamm, bis der befreiende Ruf des Regisseurs ertönte: »Basta, benone!«

Was hatte die beiden amerikanischen Touristinnen dazu bewogen, Mastroianni als »latin lover« zu bezeichnen? Wir wollten Marcello gerne selber danach fragen, als er uns in einer Drehpause zum Interview empfing, und zwar im Wohnwagen der Filmproduktion, an der Ecke der Piazza della Pilotta.

Italiens berühmtester Filmschauspieler zeigte sich von einer natürlichen Freundlichkeit, keine Spur von Starallüren. Einfach, spontan und ungeziert ist seine Art zu sprechen. Weiche, regelmäßige Züge zeichnen sein Gesicht aus; Charakterfalten hat er nicht. In einer Menge würde er untertauchen; er ist unauffällig. Im Wesen wirkt er vertrauenerweckend, höflich, zuvorkommend; alles in Maßen gehalten. Das alles galt, bis im Laufe des Gesprächs auf einmal der Begriff »latin lover« fiel. Da erst belebte sich Marcello Mastroianni richtig und sagte in barschem Ton: »Kein Wort darüber – ich bin Schauspieler von Beruf und kein ›latin lover‹. Man hat mir diese Etikette in Amerika angehängt, vor vielen Jahren, und seither wurde ich zum Klischee des ›latin lovers‹. Und in meinem Alter – ich bin sechzig Jahre alt – ist es nicht nur lächerlich, sondern sogar peinlich.« Er kokettierte mehrmals mit seinem Alter. »Übrigens habe ich nur wenige Verführerrollen gespielt. Impotente Männer, Homosexuelle ja – doch selbst in Fellinis Filmen sind die intellektuellen Hauptdarsteller nie außergewöhnliche Liebhaber. Es sind überwiegend zerbrechliche, sensible, empfindsame Männer, die sich wohl für die Frau als solche interessieren; aber es sind Männer voller innerer Widersprüche, seelisch komplizierte, zwiespältige Gestalten, so wie es die meisten Menschen eben sind. Ich empfinde es als Beleidigung, wenn man mich als ›latin lover‹ bezeichnet …«

Er beruhigte sich, als wir ihn davon überzeugten, daß wir nichts Näheres über seine bekannten oder unbekannten Liebesaffären wissen wollten. Steht man Mastroianni heute gegenüber, fällt es einem schwer, sich diesen Schauspieler als großen Liebhaber vorzustellen. Sein Wesen strahlt Gemütlichkeit und fast Trägheit aus, was von vornherein die Fähigkeit zu großen Leidenschaften ausschließt. Es ist angenehm, mit ihm zu sprechen, weil er spontan ist; die Worte legt er nicht auf die Goldwaage; er rechnet sich nicht den Effekt aus, den seine Aussagen auslösen könnten. Man versteht, weshalb ihn die Italiener allgemein »simpatico« – »sympathisch« – finden.

Eingebildet ist er nicht; gerne gibt Mastroianni zu, daß es im Leben auch eine gute Portion Glück braucht, um zum Erfolg zu gelangen. Wann eröffnete sich ihm seine große Chance?

Als Marcello in Rom Architektur studierte und an einer Operette mitwirkte, die die akademische Theatergruppe inszeniert hatte. (Den Lebensunterhalt verdiente er sich mit Gelegenheitsarbeiten, als Buchhalter.) Im Theatersaal saß zufällig ein Regieassistent des damals bereits berühmten Filmemachers Luchino Visconti. Unter allen Mitwirkenden fiel dem Assistenten Marcello Mastroianni auf, und er stellte ihn seinem Meister Visconti vor. Es war Visconti, der aus Mastroianni einen Berufsschauspieler machte. Dazu Marcello: »Visconti war sehr anspruchsvoll; aber hinter seinem Eigensinn steckten Stil, Format und Perfektion. Jedermann hatte sich an Viscontis Anweisungen zu halten; er war unerbittlich. Visconti war auf seine Weise tyrannisch, aber genial; für mich ist er eine Vaterfigur; ich konnte nie ›du‹ zu ihm sagen.«

Unter Viscontis einschneidender Führung spielte Mastroianni ab 1948 – also bereits mit vierundzwanzig Jahren – Shakespeare, Goldoni, Tschechow, Arthur Miller, Tennessee Williams. Als Dreiunddreißigjähriger debütierte Marcello dann auch im Film, und zwar in *Le notti bianche* (*Die weißen Nächte*), unter der Regie von Visconti und mit Maria Schell als Hauptdarstellerin. Seither hat Marcello über 110 Filme gedreht; aber es waren jene unter Fellinis Regie – *La dolce vita* und $8^1/_2$ –, die Marcello über Italiens Grenzen hinaus berühmt machten.

Nach fast dreißigjähriger Unterbrechung ist Mastroianni vorübergehend zum Theater zurückgekehrt; im vergangenen Jahr bis zum Mai dieses Jahres hat er in Paris in François Billet- doux' Stück *Cin Cin* die Hauptrolle gespielt; der Italiener ern- tete großen Beifall, obschon er auf französisch spielte und seine Aussprache nicht einwandfrei ist. Dennoch kehrte Mastroianni gerne wieder zum Film zurück.

Wo liegt für ihn der Unterschied zwischen Theater und Kino?

»Das Theater ist für mich eine Art Tempel, in dem Religiosi- tät, Disziplin und Schweigen herrschen. Der Zauber liegt in dieser Art religiöser Stimmung ... Das Cinema dagegen, das ist für mich der Tempel des Ungefähren – Cinema, das ist ein Happening; da kann nie alles vorausgesehen werden: Plötzlich geht das Licht aus, unvorhergesehene Geräusche entstehen, Autos werden dort geparkt, wo sie es nicht dürften usw. Man muß sich beim Film sofort an die neuentstandene, unvorherge- sehene Situation anpassen können; das gefällt mir sehr ...

Und jetzt spiele ich gerne die Rolle des ›Mattia Pascal‹, ein Mann, der vor der Realität flieht, indem er seine wahre Identi- tät verwischt und sich jene eines anderen aneignet ...« Der Schauspieler tut ja im Grunde nichts anderes als sich maskie- ren, sich verstecken, sich nicht exponieren, er nimmt eine andere Persönlichkeit an, oder er täuscht vor, eine zu haben, hat Marcello einmal erklärt. Das macht ihm viel Spaß.

Mastroianni macht sich oft über amerikanische Schauspie- ler lustig, jene, die sich in ihre Rolle geradezu »hineinverset- zen«, die Identität der zu spielenden Personen annehmen, die monatelang z.B. Boxen lernen, nur weil sie einen Boxkämp- fer zu spielen haben. »Was hätte ich nach diesem Prinzip tun müssen, als ich die Rolle des verrückten Heinrich IV. spielte, zuerst einmal einige Monate im Irrenhaus verbringen? Das ist doch alles verrücktes Zeug, oder Angeberei, oder Neurose. *Diese* Art von Perfektionismus, die verstehe ich nicht ... Kino, Cinema, das ist doch Lüge, der Schauspieler ist ein Schwindler; sollen wir denn wirklich alles ernstnehmen? Mir ist übrigens das amerikanische Actor's Studio stets auf die Nerven gegangen; all diese Schulen, diese Manien, diese Tics ... Viele amerikanische Schauspieler sind rauschgiftsüchtig, das ist bekannt; ein Rausch gewährt absolute Freiheit; das kann nützen und helfen, in bestimmten Situationen. Aber die Dramatisierung des Berufs, nein, das verstehe ich nicht. Spielen, das ist doch ein großartiges Vergnügen und kein Leiden. Der Schauspieler vergnügt sich beim Spielen; die eigene Rolle gut zu spielen ist schön, wie ein schöner Orgasmus ...«

Seit über fünfunddreißig Jahren ist Marcello Mastroianni mit Flora Clarabella verheiratet, einer Schauspielerin, die er auf der Universität kennengelernt hat. Heute spielt Flora kaum mehr; ihre Hauptbeschäftigung besteht darin, sagte sie uns einmal scherzend, das Lebensschiff Marcellos, das oft durch bewegte sentimentale Gewässer segelt, in den sicheren Hafen zurückzuführen, nämlich in ihren. Flora ist zweifellos Marcellos beste Freundin. Sie ist auch immer die erste, die von den Liebesaffären ihres Mannes erfährt, und die erste, die weiß, wann sie beendet sind. Und diese Affären enden immer, früher oder später – sagt sie. Warum eigentlich? fragten wir Signora Flora einmal. »Marcello è un pigro« ... Marcello ist doch träge, gab sie lachend zur Antwort.

Die Mastroiannis haben ein Haus in Rom, eine kleine Villa aus der Jahrhundertwende nahe dem Tiber, und ein großes Haus außerhalb Roms. Da trifft sich die Familie immer wieder, wenn Marcello oder Flora von ihren Reisen zurückkehren; beide reisen viel, selten zusammen. Zur Familie gehört nicht nur die dreißigjährige Tochter Barbara, die heute

Kostümbildnerin ist, sondern auch die zwölfjährige Chiara, deren Mutter die französische Schauspielerin Catherine Deneuve ist. Signora Flora ist eine aufmerksame Großmutter für die kleine Chiara und schätzt Catherine sehr. »Auch diese Geschichte ging zu Ende«, sagte Signora Flora wiederum scherzend; sie gab zu verstehen, daß alle Geschichten Marcellos enden werden, immer, eben seiner Trägheit wegen. Auch die Liebesaffäre zu Faye Dunaway endete abrupt, als die amerikanische Schauspielerin von Marcello forderte, er solle sich von seiner Frau Flora scheiden lassen.

»Scheiden?« meint Flora Clarabella, »das ist für Marcello undenkbar; so wie es unsinnig, absurd ist, sich von der eigenen Mutter scheiden zu lassen.«

Ja, Mastroianni und seine angebliche Mutterbindung, ist das auch so ein in die Welt gesetztes Märchen, wie jenes des feurigen »latin lovers«?

»Ja, auch so ein Märchen«, sagt Mastroianni. »Natürlich liebe ich meine Mutter, wie wohl die meisten Menschen. Aber es stimmt nicht, daß ich eine besonders positive Bindung zu ihr hatte. Wahr ist vielmehr, daß, wenn ich sie besuchte, sie bereits nach drei Minuten nervös wurde und ich mich schnell wieder von ihr verabschiedete ... Ja, die Nabelschnur ist schwer zu durchtrennen, doch diese Nabelschnur besteht aus Konflikten; die Beziehung ist ähnlich wie zu einer Geliebten ...«

»Einer Geliebten?«

»Ja, eine Geliebte ist doch aufreizend – irritante – verstehen Sie?«

»Nein, das verstehe ich nicht.«

»Mit einer Geliebten diskutiert man doch, man setzt sich mit ihr auseinander, das ist aufreizend. Mit einer Freundin ist das anders. Eine Mutter ist aber schwerlich eine Freundin ihres Sohnes. Wäre die Mutter wirklich eine Freundin, könnte sie uns vielleicht im Leben helfen, Probleme zu lösen und Krisen zu überwinden.« Freundschaft ist für Mastroianni äußerst wichtig; er vermißte sie sehr bei seiner Mutter und fand sie bei seiner Frau. »Aber die Mütter der Männer meiner Generation wollen Probleme und Krisen bei den Söhnen nie sehen; es hieße zugeben, daß sie erwachsen geworden sind. So erkundigte sich meine Mutter stets, ob ich das Wollhemd trage oder ob ich an den Nägeln kaue – ich spreche natürlich von Müttern, wie ich eine hatte, von den einfacheren ... denn – ja, heute hat sich in diesem Zusammenhang vieles geändert ...«

»Gewiß, besonders dank den Frauen und des großen Wandels, der sich in der italienischen Gesellschaft vollzogen hat.«

»Ja, sicher. Meine Mutter hat mir nie geholfen während meiner Krisen; sie wollte sich nur meine Sorgen aufbürden, das ist etwas ganz anderes. Ich will Ihnen eine Geschichte erzählen: Als ich von meiner damaligen Geliebten, Catherine Deneuve, das Kind erwartete – es ist auch schon zwölf Jahre her, ich war achtundvierzig Jahre alt –, da ging ich zu meiner Mutter und wollte mit ihr darüber reden. Kaum stand ich vor ihr, da ging es wieder los: Marcello, ißt du auch genug? Du bist so blaß. Und das Wollhemd, trägst du es auch? Und die Nägel? Zeig einmal her, usw. usw. Es wollte kein Ende nehmen; da gab ich mir einen Ruck und sagte: Mamma, ich muß dir etwas sagen; und erzählte ihr die Geschichte mit dem Kind, sie hätte es ja doch früher oder später aus den Zeitungen erfahren. Die Reaktion meiner Mutter war bezeichnend; sie sagte nur: In deinem Alter? Nie hat sie mich gefragt: Bist du glücklich? Bist du froh? Sehen Sie denn nicht, wie falsch eine solche Beziehung ist?«

»Natürlich sehe ich das; aber man kann das alles nicht verallgemeinern; heute gibt es ganz andere Mütter ...«

»Ja, falls man mit dem Feminismus nicht übertreibt, bin ich ja auch gar nicht gegen den Wandel, der in Italien eingetreten ist. Ich folge sogar mit Neugier dieser Entwicklung. Übrigens kann eine Frau, die vom Mann unabhängig und selbständig ist, sogar raffinierter sein als eine Geisha. Denn eine Geisha wirkt auf die Dauer langweilig, glauben Sie mir ...«

»Ich zweifle nicht daran ... Glauben Sie Ihrerseits nicht, daß Männer viel dazugewinnen, wenn die Frauen nicht mehr nur im Schatten der Männer stehen, in Anbetung zu ihnen leben, wenn sie nicht mehr mit List zu erreichen versuchen, was ihnen von Rechts wegen zusteht?«

»Mag sein. Übrigens habe ich zwei Töchter; also bin ich auch froh, wenn eine Italienerin eine neue Stellung einnimmt, die ihr Würde verleiht.«

Zu Italien hat Marcello Mastroianni eine starke Bindung; Italien als »Heimat« verstanden, nicht als »Vaterland«.

»Ich liebe Italien«, sagt er, »obschon ich keineswegs nationalistisch bin. Die Fahnen, die Uniformen, die Grenzen, das alles geht mir auf die Nerven ... Nein, ich liebe Italien seiner Natur, seiner Landschaft und seines Volkes wegen. Die Italiener haben ›una bella natura‹, ein schönes Naturell. Sie sind geborene Lebensphilosophen; ›tiriamo avanti‹, sagen sie in jeder Notsituation; ›nur vorwärts – Hauptsache, wir überleben‹ ...«

»Und was für Pläne haben Sie für die Zukunft, Marcello Mastroianni?«

»Pläne? Ich schmiede nie Pläne. Programmiert man etwa die Liebe?«

August 1984

Urbi et orbi

OSTERN – PASQUA – hat sich überall in der christlichen Welt zu einer freudigen Auferstehungsfeier entwickelt. In Italien hat sich diese Freude sogar in der Sprache verfestigt: Um jemanden zu bezeichnen, der überglücklich ist, sagt der Italiener, er sei *felice come una pasqua*, glücklich wie ein Osterfest. In manchen italienischen Regionen hat sich eine weitere Redensart erhalten, die beweist, daß Ostern – im übertragenen Sinn – zum Bestandteil des italienischen Sprachgutes geworden ist: *dare la mala pasqua*, ein schlechtes Ostern geben, bedeutet, jemandem ein Leid zufügen.

Als Familienfest hat Ostern hier nicht die gleiche Wertigkeit wie Weihnachten. Ein bis heute gebräuchliches Sprichwort lautet: *Natale con i tuoi – pasqua con chi vuoi* – Weihnachten soll man mit den Seinen verbringen, Ostern mit wem man will. Das besagt aber nicht, dem Osterfest werde keine Bedeutung beigemessen. Im Gegenteil, man ist sich stets bewußt, daß Ostern das älteste aller christlichen Feste ist. Mit ihm verbinden sich Bräuche, die sich im Laufe der Zeit zwar verändert und weiterentwickelt haben, an denen die Menschen hier jedoch nach wie vor festhalten, unabhängig davon, ob sie sich für gläubig halten oder nicht. Wenige Italiener werden es am Palmsonntag versäumen, in die Kirche zu gehen, um sich den geweihten und gesegneten Olivenzweig – ein Symbol für das Wegbereiten mit Palmwedeln – zu holen. Die Weihe findet kurz vor der Elf-Uhr-Messe im Kreuzgang, im Hof der Kirche oder unter freiem Himmel statt. Der Zweig des Ölbaumes gilt als ein Zeichen des Friedens und der Eintracht. Man sieht ihn in den meisten italienischen Wohnungen über dem Foto eines verstorbenen Angehörigen hängen. Dort verdorrt er, verstaubt und bleibt, selbst halb entblättert, bis er zum nächsten Osterfest durch einen frischgeweihten Zweig ersetzt wird.

Karfreitag ist in Italien ein Werktag. Die Geschäfte und Büros sind geöffnet, und die Menschen tun ihren Dienst. Dem Arbeiten wird die symbolhafte Bedeutung der Buße zugeschrieben. Erst abends begibt sich der Papst zur Prozession auf den Kreuzweg am Kolosseum, wo er vor einer andachtsvollen, neugierigen Menschenmenge, zwischen dem Konstantinbogen und den Stätten des Martyriums der christlichen Urgemeinde, die Stationen des Leidens Christi abschreitet.

Auch anderenorts werden in Italien voröterliche Passionsspiele veranstaltet. Die wohl älteste Prozession Italiens findet in Chieti, in den Abruzzen, statt; am eindrucksvollsten sind die Passionsspiele in Sezza, südlich von Rom. Dabei wirken etwa 1500 Menschen mit, und sie dauern vier Stunden. Die Darstellung wirkt so aufrichtig und echt, daß auch die Zuschauer emotional ergriffen werden.

Großen Wert legen die Menschen zu Ostern noch immer auf die *benedizione*, den apostolischen Segen, der durch einen Kaplan den Wohnungen und Häusern erteilt wird. Von seinem religiösen Gehalt abgesehen, grenzt er in seiner Bedeutung für manche Italiener gar an Aberglauben. Doch die modernen Lebensverhältnisse und Gewohnheiten erschweren die *benedizione*. Während man früher kurz vor Ostern den Kirchenmann erwartete, der an der Tür klingeln und nicht nur die Wohnung, sondern oft auch alles Eßbare, was die Frauen für das Fest schon vorbereitet hatten – vom Lamm bis zu den Eiern –, segnen sollte, tritt er heute seine segensreiche Reise, wenn man das so nennen darf, schon vierzehn Tage vor

Ostern an. Leider findet er immer öfter verschlossene Türen vor, denn die Berufstätigen sind außer Hause; aber man kann sich behelfen: Nach einer alten italienischen Volksweisheit dringt der Segen durch sieben verschlossene Türen.

Früher wäre es undenkbar gewesen, daß der Segen über geschiedene Leute ausgesprochen wird; heute ist das kein Problem mehr, vorausgesetzt, es wird darum gebeten. Man arrangiert sich mit seinem Gewissen und mit seinem Priester. Auch die ideologischen Grenzen sind fließend. Denn 90 Prozent der italienischen Kommunisten lassen ihre Kinder taufen – Marx hin oder her – und empfangen den Segen der katholischen Kirche mit derselben Freude und Dankbarkeit wie ihre politischen Gegner, die Christdemokraten. Und der Kaplan des Stadtviertels Sant'Angelo in Pescheria, in dem sich auch das Ghetto befindet, erzählte uns, daß auch manche Juden den Ostersegen zu erhalten wünschen.

Am Ostersonntag schließlich strömen Pilger und Touristen zum Petersplatz, um in den Armen der vierfachen Kolonnaden-reihen den päpstlichen Segen – *urbi et orbi*, der Stadt und dem Erdkreis – ein jeder in seiner Sprache, zu erhalten. Man kann das auch am Fernseher verfolgen, aber wieviel bewegender ist es auch für Nichtgläubige, dort unter den Menschen die Anziehungskraft der Kirche und ihre Ausstrahlung unmittelbar zu erleben. Das ist einer der Augenblicke, in denen Rom und die Christenheit der ganzen Welt mit dem Ruf *viva il papa* für einen Moment zusammenfinden – in der Farbenpracht des römischen Frühlings und mit der Erinnerung an die zweitausendjährige christlich-römische Geschichte.

Das Profane und das Heilige liegen in Rom immer nahe beieinander. So wird die Essenstradition, wie alles, was mit Speise und Genuß zusammenhängt, sehr ernstgenommen.

Der Ostersonntag beginnt mit einem Frühstück aus harten Eiern, geschnittener Salami und dem üblichen Weißbrot. Ostern ist also der einzige Tag im Jahr, an dem Römer so etwas wie ein Frühstück zu sich nehmen und nicht nur stehend einen *espresso* oder *cappuccino* trinken. In Süditalien wird noch der traditionelle Osterfladen gegessen, der am Tag zuvor bereitet und geweiht wurde und in dessen Teig Eier mit Schale, dicke Salamischeiben und Oliven eingebacken sind.

Weder im Süden noch im Norden des Landes ist von Osterhasen, die bunte Eier verstecken, die Rede. Auch in italienischen Märchen existiert der Osterhase nicht. Er ist für italienische Kinder eine völlig fremde Gestalt. Gefärbte Ostereier dagegen sind schon vor einigen Jahren eingeführt worden. Schokoladeneier gehörten stets zum italienischen Osterfest. Aber das Eierfärben zu Hause in der Familie, das in Mitteleuropa zu einer alten Tradition gehört, ist hier unbekannt.

Zur Ostermahlzeit gehören nach einem Bericht des römischen Dichters Gioacchino Belli aus der Mitte des letzten Jahrhunderts: Fleischbrühe, Lamm oder *abbacchio*, eine besondere Pizza, Salami und natürlich nochmals harte Eier. Als Süßspeise folgt ein Kuchen aus Hefeteig, der die Form eines Lamms oder einer Taube, *colomba*, haben muß. Für ausländische Gaumen sind diese Kuchen so trocken und nichtssagend wie der *panettone* an Weihnachten, aber sie sind unverzichtbar. Das römische *abbacchio* ist landesweit berühmt. Es ist ein junges Lamm, das zwanzig Tage nach seiner Geburt geschlachtet wird, also noch nie Gras gekostet hat, und einen sehr feinen, kaum spürbaren Lammgeschmack hat. Nur ein solches führt den Namen *abbacchio*, sonst heißt es *agnello*. Das *abbacchio* wird im Ofen gebacken und mit Rosmarin, Knoblauch und Olivenöl gewürzt; dazu gehören Artischocken mit *mentuccia romana* (Minze) und Petersilie.

Der Ostermontag wird in Italien *pasquetta* genannt. Die Tradition gebietet, diesen Tag *fuori le mura*, außerhalb der Stadtmauern, zu verbringen und auf den Wiesen zu picknicken. Es sieht so aus, als würden die Römer erst dann die Natur entdecken und den Frühling feiern. »Erzähl mir deine Wunder«, mit diesen Worten beginnt ein Kirchenlied, das in die *pasquetta* einführt.

Die *trattorie* außerhalb der römischen Mauern machen gute Geschäfte. Denn mit der *pasquetta* gehen viele einen Kompromiß ein. Sie essen im Freien, sitzen aber bequem am Holztisch der alten Gasthöfe in der *campagna romana*, umgeben von Autos, Kindergeschrei und Lärm.

Die Stadt gehört an *pasquetta* hauptsächlich den Fremden. Denn Ostern fällt zusammen mit dem Beginn der Reisesaison. Die Völkerwanderung hat begonnen, bemerken die Römer, was auf Italienisch *invasioni barbariche* heißt, also »barbarische Invasionen«. Oft machen diese Besucher auf die Römer einen bedauernswürdigen Eindruck; sie ziehen an der Fülle der geschichtlichen und künstlerischen Kostbarkeiten vorüber, als wollten sie sich erschöpfen statt erholen; an Ostern jedoch werden sie nicht nur mit dem päpstlichen Segen, sondern auch mit dem römischen Frühling belohnt.

1986

Der schwarze Samstag der römischen Juden: 16. Oktober 1943

ALS DIE AUF DEN WAFFENSTILLSTAND zwischen Italien und den Alliierten vom 8. September 1943 folgende allgemeine Bestürzung vorüber war und die Front südlich von Rom wiederhergestellt worden war, starteten die deutschen Besatzungsmächte in Italien die Operation, die allgemein unter dem Namen *caccia all'ebreo*, Judenhatz, bekannt wurde. Diese wurde erleichtert durch eine Liste mit den Namen aller Juden, die nach 1938 (Erlassung des Rassengesetzes in Italien) noch in den Polizeizentralen der verschiedenen italienischen Städte zusammengestellt und, aus unerklärlichen Gründen, nach dem Sturz des Faschismus, am 25. Juli 1943, nicht vernichtet worden war.

Die bedeutendste Razzia in Italien war, allein ihrer Opferzahl wegen, jene des Römer-Ghettos.

Am 26. September wurden die Vorsitzenden der *unione ebraica* und der Israelitischen Gemeinschaft, Dante Almansi und Ugo Foá, vom Polizeikommandanten, SS-Major Kappler, aufgefordert, »zwecks Mitteilungen« in der deutschen Botschaft zu erscheinen. Die beiden wurden von Kappler persönlich empfangen. Er teilte ihnen wörtlich folgendes mit:

»Ihr habt die italienische Staatsbürgerschaft, aber das geht mich nichts an. Wir Deutsche betrachten euch lediglich als Juden, und als solche seid ihr unsere Feinde..., als solche müssen wir euch behandeln. Dennoch werden wir euch weder euer Leben noch eure Kinder nehmen, falls ihr gewillt seid, auf unsere Forderungen einzugehen: Es ist euer Gold, das wir wollen, um unserem Lande neue Waffen zu verschaffen. Innerhalb von sechsunddreißig Stunden müßt ihr mir fünfzig Kilo Gold abgeben. Werdet ihr es abgeben, soll euch nichts Böses geschehen. Andernfalls werden zweihundert von euch festgenommen und nach Deutschland an die russische Grenze deportiert, oder sie werden auf andere Weise unschädlich gemacht werden.«

Der Protest Almansis und Foás führte zu nichts. Auf die Frage, ob die angedrohten Maßnahmen sich bloß auf die Juden der Gemeinde bezögen oder auch auf die getauften und »gemischten« Juden, antwortete Kappler schroff: »Ich mache keinen Unterschied zwischen dem einen und dem anderen Juden!! Wenn in ihren Venen ein Tropfen jüdischen Blutes fließt, sind sie alle für mich dieselben. Alle sind Feinde…« Die einzige Konzession, die Kappler machte, bezog sich auf die Auszahlung: außer Gold sei er bereit, auch Pfund Sterling und Dollar anzunehmen; aber nicht italienische Lire…

So begann unverzüglich die gehetzte Goldsammlung. Da befürchtet wurde, nicht in der gesetzten Frist das geforderte Quantum zusammentragen zu können, wurde beschlossen, noch zusätzliches Gold zu kaufen. Es war die einzige Hilfe, die die offiziellen italienischen Behörden leisteten – denn obschon der Kauf von Gold eigentlich verboten war, erteilten sie eine Bewilligung dafür. Renzo Levi unternahm Schritte bei Pater Borsarelli vom Kloster des *Sacro cuore*, um ausfindig zu machen, ob der Heilige Stuhl bereit sei, die Differenz zu borgen, falls man die fünfzig Kilo Gold nicht bis zum genannten Zeitpunkt zusammentragen könne. Der Heilige Stuhl ließ wissen, daß er bereit sei, das fehlende Gold zu leihen, und die Juden sollten sich um die Rückerstattung keine Sorgen machen; dazu sei keine Eile. In Wirklichkeit wurde diese Hilfe nicht gebraucht, denn Hunderte von Juden antworteten dem Aufruf der jüdischen Gemeinde; daneben auch einige Nicht-Juden, darunter einige Priester.

Beim Fristablauf waren beinahe achtzig Kilo Gold gesammelt worden (der Differenzbetrag wurde sichergestellt und nach dem Kriege dem Staate Israel übergeben). Zum überwiegenden Teil bestand dieses Gold aus Kettchen, Ringen, Broschen, kleinen Anhängern usw. – alles, was die Familien des römischen Ghettos besaßen. Das auf diese Weise gesammelte Gold wurde am 28. September in die Via Tasso (Sitz des deutschen Oberkommandos) überführt. Die Deutschen weigerten sich, eine Quittung dafür auszustellen.

Als die Deutschen das Gold in Händen hatten, gingen sie unverzüglich zum zweiten Akt ihres Planes über: sie durchsuchten die Lokale der Jüdischen Gemeinschaft, entwendeten Geld und sämtliche Dokumente. Am 13. Oktober bemächtigten sie sich sämtlicher Bücher der Gemeindebibliothek und des Rabbiner-Kollegiums, die einen unschätzbaren historischen und kommerziellen Wert besaßen. Nach dieser Plünderung gingen die Deutschen zur letzten Phase über, die diesmal nicht Kappler und dem Heere, sondern – so scheint es – drei Polizeikompanien übertragen wurde – unter dem direkten Kommando des Hauptmanns T. Dannecker, einem der brutalsten Mitarbeiter A. Eichmanns.

Am 16. Oktober, bei Morgengrauen, umzingelte die deutsche Polizei das Ghetto und holte systematisch jeden heraus: Kinder, Alte, Schwerkranke und Sterbende, schwangere Frauen und Wöchnerinnen – niemand wurde verschont. Während des ganzen Vormittags breitete sich der Terror über Rom aus. Eine Augenzeugin erinnert sich heute: »Es war vier Uhr morgens, als uns heftige Schläge an der Tür aufschreckten«, erzählt die an der Via della Reginella wohnende Signora

Bellina. »Wie ein Lauffeuer verbreitete sich von Haus zu Haus, von Hof zu Hof die Nachricht, daß die Deutschen uns abzuführen kamen. Einigen Juden gelang die Flucht über die Dächer; sie wurden von katholischen Nachbarn versteckt; andere fanden vorübergehend Unterschlupf in Klöstern und Kirchen. Die Deutschen hatten ihre Lastwagen hier – genau vor dem Portico d'Ottavia – geparkt und das Ghetto umzingelt. Als die Lastwagen vollgestopft waren mit allen jüdischen Bewohnern, Frauen, Männern, Kindern, Alten und Kranken, zogen die Deutschen die Planen drüber und fuhren los, Richtung Ponte Garibaldi und... – *non sono più tornati* – sie kamen nie wieder zurück«, fügt Signora Bellina leise hinzu.

Via Rundfunk wurde diese Razzia in einem offiziellen, an SS-General Wolff gerichteten Rapport (der die Unterschrift Kapplers trägt) folgendermaßen geschildert:

»... Heute wurde, einem vorgelegten Plan gemäß, die antijüdische Aktion begonnen und beendet... Sämtliche zur Verfügung stehenden Polizei- und Sicherheitskräfte wurden dazu benutzt. Wegen des absoluten Mangels an Vertrauen gegenüber der italienischen Polizei in bezug auf solche Aktionen war es nicht möglich, diese zur Mitwirkung aufzufordern ... Es war nicht möglich, alle Straßen völlig zu isolieren, sei es, weil die Bezeichnung »Offene Stadt«* berücksichtigt werden mußte, sei es, weil die Zahl der deutschen Polizisten (365) ungenügend war. Trotzdem wurden während der Aktion – die von 5.30 Uhr bis 14 Uhr dauerte – in jüdischen Woh-

---

* Rom wurde im August 1943, vor dem Waffenstillstand mit den Alliierten, von der italienischen Regierung zur »Offenen Stadt« erklärt, um Luftangriffe zu vermeiden. Dieser Status wurde jedoch nie von den Alliierten anerkannt.

nungen 1259 Individuen verhaftet ... Nach der Freilassung der Ausländer, der Familien von gemischten Ehen, jüdische Ehepartner inbegriffen, des arischen Hauspersonals und der Untermieter, blieben 1007 Juden zurück. Der Abtransport ist auf Montag, 18. Oktober, um neun Uhr, festgesetzt ... Das Benehmen der italienischen Bevölkerung war dasjenige einer passiven Resistenz; in vielen Fällen verwandelte sich dieses Benehmen in aktive Hilfe ... Man konnte auch deutlich betrachten, wie versucht wurde, Juden in naheliegenden Häusern und Wohnungen zu verstecken, als die deutschen Kräfte hereinstürmten ...«

Die Juden aus dem Römer-Ghetto wurden nach Auschwitz abtransportiert. 15 kamen zurück.

1964

Das Ghetto

IN DER LAUTEN UND STÄNDIG BELEBTEN Via Portico d'Ottavia, die das ehemalige Ghetto durchzieht, geht es zu wie auf der Piazza eines italienischen Dorfes. Es ist kein Zufall, daß die Römer diese Gegend auch *villaggio degli ebrei*, das Dorf der Juden, nennen; es hat in der Tat etwas Geschlossenes an sich – man sieht und spürt es. Eine Generation überliefert der nachfolgenden religiöse Traditionen und die damit verbundenen Bräuche. An den jüdischen Feiertagen wie Neujahr und Ostern beteiligt sich das gesamte »Dorf«. Dadurch wird das Gefühl der Gemeinsamkeit verstärkt; eine Gemeinsamkeit, die aber auch im Alltag jedem Vorbeigehenden auffällt.

Am späten Nachmittag holen die Frauen bei gutem Wetter ihre Stühle heraus und setzen sich vor die Haus- oder Ladentür; die Männer stehen in der Bar Totò, oder sie diskutieren gruppenweise auf der Straße. Die Kinder spielen zwischen dem Wirrwarr der verkehrswidrig geparkten Autos, als wäre dies hier eine Fußgängerzone.

Jeder kennt jeden; Handzeichen genügen, um sich auch von weitem verständlich zu machen. Einsam wirkt hier niemand; Kontakt besteht zwischen allen; »Entfremdung des Menschen«: ein Begriff, der hier nicht paßt. Gleichgültigkeit dem Nachbarn gegenüber – ein Zustand, der anderswo gerne mit dem Begriff *privacy* verschönert wird – ist im Ghetto unbekannt. *Scippi*, Handtaschendiebstähle, gibt es hier sozusagen keine. Wer hier wohnt, fühlt sich geborgen und geschützt. Das Bedürfnis des gegenseitigen Schutzes und der Solidarität ist im Laufe der Jahrhunderte entstanden, in denen die Juden diskriminiert, beschimpft, verspottet und gedemütigt aufeinander angewiesen waren, um überhaupt überleben zu können.

Die massiv erscheinende, im babylonischen Stil erbaute Synagoge mit der quadratischen Kuppel wirkt fremd im Meer der römischen Kirchen. Sie wurde 1904 eröffnet. Seit dem palästinensischen Terroranschlag von 1982 auf den jüdischen Tempel bewachen ihn Tag und Nacht mit Maschinenpistolen bewaffnete *carabinieri*. Aber die jüdische Gemeinde hat auch ihre eigenen Leute, die aufpassen. Auffallend viele junge Menschen sind darunter; ein sichtbares Zeichen der Anziehungskraft, die die jüdische Kultur unter den Jugendlichen heute wieder hat.

Das Ghetto, in dem heute 2500 bis 3000 römische Juden wohnen, ist in mancher Hinsicht eine Insel inmitten der Drei-Millionen-Stadt. Keines der zwanzig römischen *rioni* – die Stadtviertel des historischen Zentrums – wurde so wenig vom Wandel der letzten Jahre berührt wie das Ghetto, welches ein Teil des *rione* Sant'Angelo in Pescheria ist.

Viele Juden, die außerhalb des ursprünglichen jüdischen Bezirks wohnen, haben doch ihre Geschäfte hier behalten, Konfektionsgeschäfte, vorwiegend im Großhandel; infolgedessen ist tagsüber der Betrieb weit lebhafter als in einem Dorf von nur einigen Tausend Seelen.

»Eine Besonderheit dieses Viertels ist, daß es heute das einzige echt interklassistische *rione* Roms geblieben ist«, sagt uns Tullia Zevi, Vorsitzende der Union jüdischer Gemeinden Italiens. Sie wohnt natürlich im Ghetto. Hier leben tatsächlich noch, wie einst im ganzen Altstadtkern, alle Schichten nebeneinander – arm und reich. In den übrigen *rioni* sind die Armen immer mehr aus ihren ursprünglichen Häusern verdrängt worden: von bessergestellten Leuten, von Ausländern und von Boutiquen, die sich in die alten Werkstätten – in die *bottteghe* der alten Handwerker – eingenistet haben.

Touristen treten im Ghetto nicht in der üblichen Schar auf. Sie kommen eher vereinzelt und bleiben am Rande stehen, auf der Piazza Mattei, vor dem Schildkrötenbrunnen, ein Meisterwerk aus der Renaissance, oder vor dem Portikus der Oktavia, wo die Reste des einst großartigen viereckigen Portikus stehen, den Kaiser Augustus seiner Schwester Oktavia geweiht hat.

Wenige Ausländer, wenige Touristen, keine Boutiquen – das trägt dazu bei, daß sich im Ghetto (kein Römer sagt »ehemalig« dazu) noch das ursprüngliche soziale Gefüge erhalten hat und sich das Leben eines alten *rione* unverfälscht abspielt.

Die römischen Juden gehören zu den ältesten Bewohnern Roms. Sie sind die einzigen, die seit über zweitausend Jahren ununterbrochen in der Stadt präsent sind. Sie sind eine Komponente der italienischen Kultur seit dem Beginn des Christentums und noch früher, sagt der Historiker Armando Momigliano.

Von den rund drei Millionen Einwohnern Roms sind nur 167.000 echte Römer, das heißt *romani de Roma*, also Römer aus Rom, wie man hier sagt. Dazu muß man nicht nur hier geboren, sondern auch seit sieben Generationen, väterlicherseits, Römer sein. Selbst wenn man diesen strengen Maßstab anlegt, gehören die 15.000 heute in Rom lebenden Juden dazu. Vergeblich würde man in ihren Gesichtszügen etwas suchen, was sie von den übrigen Bürgern unterscheidet; sie sind Römer, auch in ihrer Sprache. Aus dem römischen Dialekt, dem *romanesco*, sind fast alle Worte jüdischen Ursprungs nunmehr verschwunden; es bleiben nur wenige Ausdrücke,

z. B. *sciamannato* (d. h. »unordentlich, schlampig«, von dem jüdischen »simàn«), *fasullo* (d. h. »falsch, wertlos, unecht« und rührt von »passùl« her), *cascèrre* (»rein, echt«, vom jüdischen »kasher«), *sciuriare* (»übermäßig trinken«, von »shùr« abgeleitet). Die zwei ersten Ausdrücke sind in die italienische Hochsprache eingegangen.

Die ersten Juden, die nach Italien kamen, ließen sich in Rom nieder – und hier sind sie geblieben, ununterbrochen, seit dem 2. Jahrhundert v. Chr., als Judas Makkabäus sich mit Rom verbündete. Anfänglich waren es nur wenige; ihre Zahl erhöhte sich wesentlich nach der Eroberung Palästinas (61 v. Chr.), als Pompejus Magnus jüdische Gefangene nach Rom führte. Aber insbesondere nach der Zerstörung des Tempels von Jerusalem (70 n. Chr. unter Kaiser Titus), wurden die Juden zu Tausenden nach Rom deportiert, als Arbeitskräfte eingesetzt – z. B. beim Bau des Kolosseums – und als Sklaven verkauft. Letztere wurden jedoch bald *liberti*, denn sie wurden von ihren reicheren Glaubensgenossen freigekauft. Die damaligen römischen Herren entledigten sich der jüdischen Sklaven nicht ungern. Die geforderte Sabbatruhe sowie die spezielle Kost machten es für manche Herren umständlich, solche Sklaven zu halten.

Im 1. Jahrhundert n. Chr. war Rom bereits eine Großstadt mit einer Million Einwohner; davon waren 40.000 bis 50.000 Juden. Die Tradition der religiösen Toleranz, die das römische Recht kennzeichnete, wurde auch gegenüber den Juden bewahrt; von wenigen Ausnahmen abgesehen ging es den Juden unter den Römern nicht schlecht. Als in Palästina der Kampf für die politische Unabhängigkeit zu blutigen Schlachten führte, beeinflußte dieser Umstand die Beziehungen zur jüdischen Kolonie in Rom nicht. Je mehr sich jedoch das Christentum im Laufe der Jahrhunderte durchsetzte, um so mehr nahm allmählich die Toleranz der Römer gegenüber den Juden ab; insbesondere nachdem der römische Kaiser Theodosius die katholische Religion im Jahr 380 zur Staatsreligion erklärte. Von diesem Augenblick an wurde das Prinzip der Toleranz nach und nach verdrängt und durch das der Intransingenz gegenüber allen nicht christlichen Glaubensbekenntnissen ersetzt.

Der Fall des römischen Kaiserreiches verstärkte die Vorherrschaft des Papsttums auch in der Führung der zivilen römischen Gesellschaft. Infolgedessen traf sie auch die jüdischen Gemeinden: Vom Mittelalter an schwankte die Situation der Juden immer wieder zwischen den »guten« und den »bösen« Päpsten. »Die römischen Juden lasen in den finsteren oder wohlwollenden Blicken eines neuen Papstes ihr Schicksal«, schreibt Gregorovius. Das von Papst Innozenz III. verkündete Konzil (1215) zwang die Juden, ein Erkennungszeichen zu tragen – die Männer ein gelbes, die Frauen ein rotes. Die Juden waren »Menschen ohne Menschenrechte«, und solche blieben sie bis zu den Ereignissen, die auf die Französische Revolution folgten.

Im Altertum hatten die römischen Juden in Trastevere gelebt, wo sie ihre Synagogen und ihre Schulen besaßen; einer der ältesten jüdischen Friedhöfe lag bei Porta Portese, auch *ortaccio degli ebrei* genannt. Im 13. Jahrhundert siedelten sie sich dann allmählich in Sant'Angelo in Pescheria an, gegenüber der Tiberbrücke, Pons Judaeorum genannt. In der Gegend waren die Handelsmöglichkeiten vielfältiger als in Trastevere, obschon den Juden nur der Handel mit Altwaren – meistens Kleider oder Eisen – und mit Geld erlaubt war. So waren Geldverleiher stets Juden, bis andere merkten, daß der Beruf auch Vorteile bietet. Jede weitere Erwerbstätigkeit war den Juden verboten.

Spott und Demütigungen aller Art mußten die Juden ertragen. Johannes XXII. ließ öffentlich ihren Talmud verbrennen, und ein Jahrhundert später (1466) führte Paul II. die Tradition ein, die Juden, zur Belustigung des römischen Volkes an Karneval, Rennen mit Tieren laufen zu lassen. Diese fanden in der damaligen Via Lata statt, die seither und bis heute den Namen *corso* angenommen hat. Zwei Jahrhunderte lang hielt diese Tradition an, zweihundert Jahre lang erfreuten sich die Päpste an dem Schauspiel, daß »die Juden die einzigen Zweifüßler waren, die mit den Vierfüßlern um die Wette liefen«.

Aber das Schlimmste kam für die römischen Juden, als die Kirche – im Zuge der Gegenreformation – mit verschärften antisemitischen Maßnahmen den Anspruch erhob, die Reinheit der christlichen Ideologie zu schützen. Der erste Akt des neuen Papstes Paul IV. – besser bekannt als Kardinal Gian Pietro Carafa, Präfekt der Heiligen Inquisition und strenger Verfechter der Gegenreformation – war die Bulle *cum nimis absurdum* aus dem Jahre 1555. Damit wurde die Errichtung eines römischen Ghettos festgelegt. Das erste Ghetto in Italien und in der Welt war jenes von Venedig, errichtet im Jahre 1516. Die Etymologie des Wortes »Ghetto« ist noch umstritten, doch die meisten leiten es von »getto« ab (Metallguß), weil das venetianische Ghetto am Rande einer Eisengrube lag; andere leiten es vom jüdischen Wort »ghèt« ab, das »Trennung, Scheidung« bedeutet.

Eine Mauer wurde rings um ein knapp einen Hektar großes Gebiet errichtet, zwischen dem linken Tiberufer, dem Marcellus Theater und der heutigen Via del Portico d'Ottavia. Die Mauer hatte zunächst nur zwei Tore, die bei Sonnenaufgang geöffnet und bei Sonnenuntergang geschlossen wurden.

Unmittelbar vor der Errichtung des römischen Ghettos bildeten die Juden 3,2 Prozent der gesamten römischen

Bevölkerung. Aber am Ende des 16. Jahrhunderts hatte sich die jüdische Einwohnerzahl in der Stadt vervierfacht. Alle Juden waren aus dem Kirchenstaat ausgewiesen worden, mit Ausnahme der Städte Ancona und Rom. Infolgedessen flüchteten viele ins römische Ghetto; sie behielten mehrheitlich die Namen ihres Heimatortes bei und bekundeten damit ihre Herkunft. Auch heute noch kann man auf Grund geographischer Namen – z. B. Alatri, Sezze, Sermoneta, Terracina – die jüdische Herkunft eines Italieners erkennen.

Drei Jahrhunderte lang lebten die Juden in Rom zusammengepfercht, in einem Wirrwarr von dunklen, feuchten, schmutzigen Gassen, Hinterhöfen und Seitenwegen, in einer unübersehbaren Ansammlung von dürftigen Behausungen, die außerdem vom naheliegenden Tiber immer und immer wieder überschwemmt wurden. Dreihundert Jahre übelster Verspottungen, Demütigungen und Einschränkungen kamen zu den früheren jahrhundertelangen antisemitischen Maßnahmen hinzu.

Die römischen Juden haben es nicht vergessen. Wer unter ihnen weilte, als zum ersten Mal in der Geschichte ein Papst, nämlich am 13. April 1986, eine Synagoge betrat – die in Rom –, konnte neben der Freude und der Genugtuung der römischen Juden auch deutlich die Würde und den Stolz spüren, mit dem sie diesem welthistorischen Ereignis beiwohnten.

Das römische Ghetto wurde erst 1870 endgültig abgeschafft, als die königlichen italienischen Truppen bei Porta Pia das päpstliche Heer schlugen. Damit war die Weltmacht der Kirche am Ende, und die Einigung Italiens als Staat war vollbracht. Das Ghetto hatte aber bereits früher einmal, allerdings nur vorübergehend, seine ursprüngliche Bedeutung verloren. Und zwar, als die französischen Truppen im Zuge des napoleonischen Italien-Feldzuges und im Geist der Französischen

Revolution die Tore zum Ghetto geöffnet hatten. Die auf den Sturz Napoleons folgende Restauration betraf dann aber auch die römischen Juden und schickte sie zurück ins Ghetto.

Für die Juden Roms begann somit erst im Jahre 1870 die Integration in das zivile und politische Leben der Nation Italien. Als sich 1922 die faschistische Partei an der Regierung beteiligte, waren die Juden völlig integriert und hegten nicht den geringsten Verdacht über eine mögliche antisemitische Politik der zukünftigen Regierung. Einige Juden hatten an der Gründung der faschistischen Partei, andere am Marsch auf Rom teilgenommen, viele Unternehmer und Kaufleute hatten außerdem finanziell den Faschismus unterstützt, im Glauben, auf diese Weise die eigenen ökonomischen Interessen sowie die eigenen nationalistischen Ideale zu schützen; genau wie andere Italiener.

Die Rassengesetze Mussolinis stammen aus dem Jahre 1938. Die Juden wurden dadurch erneut »Bürger zweiter Klasse«. Der Zugang zu den Schulen, zum Heer und zu öffentlichen Ämtern wurde ihnen wieder verwehrt. Nach Mussolinis Sturz, 1943, besetzten deutsche Truppen das Land; die Juden wurden von da an verfolgt und in Massen deportiert.

Wer an der römischen Synagoge vorbeigeht, kann auf einer Gedenktafel die Namen jener 2091 römischen Juden lesen, die während der deutschen Besatzung deportiert und in den Lagern von Bergen-Belsen, Auschwitz und Dachau umgebracht wurden.

Rechts davon weist ein weiterer Gedenkstein auf jene römischen Juden hin, die im Widerstandskampf als Partisanen für die Befreiung Italiens gefallen sind. Ein Beweis ihrer vollkommenen Integration in den italienischen Staat.

Viele der Namen, die auf der Gedenktafel eingraviert sind, sind dieselben, denen man heute im Ghetto begegnet. Die meisten der hier lebenden Familien haben einen Deportierten oder Gefallenen zu beklagen.

Noch vor zwanzig Jahren durfte man in diesen Gassen kaum Deutsch reden, ohne auf heftige Reaktionen zu stoßen. Heute ist es anders. Heute betrachten die Einwohner die Deutschsprechenden genau; sie schätzen das Alter; »die jüngeren deutschen Generationen tragen keine Verantwortung für das, was geschehen ist«, sagt uns David Limentani, »aber auch sie müssen die Vergangenheit kennen; die unsrige und die ihrige«.

David Limentani ist mit seinem Bruder Fabrizio Eigentümer des seltsamsten Geschäfts im römischen Ghetto. Genau gegenüber dem Portico, an der gleichnamigen Straße Nummer 47, führen drei Stiegen in ein zweitausend Quadratmeter großes Untergeschoß. In diesem Lager-Labyrinth findet man alles an Geschirr: vom billigsten bis zum kostbarsten Glas; ferner Teller, Pfannen, Tassen, Suppenschüsseln, Schalen – alles aufeinandergetürmt in einem wilden Durcheinander, am Boden, längs der überfüllten, unendlich langen Gänge.

Das ist das Reich der Gebrüder Limentani. Seit sechs Generationen sind sie *cocciari*, was soviel bedeutet wie »Händler mit Küchengeschirr«, einst allerdings nur aus Ton. Alles begann im Jahre 1832, als einer ihrer Vorfahren, Leone Limentani, als Fuhrmann Glas transportierte für die Glasfabrik von San Paolo, die in der Nähe der gleichnamigen Basilika lag. Leone wurde nie rechtzeitig und gebührend bezahlt für seine Tätigkeit. So beschloß er, sich den Lohn *in natura*, also in Glaswaren zweiter Wahl, entrichten zu lassen. Diese Ware begann er dann zu verkaufen; mit großem Erfolg. Daraus wurde ein Bombengeschäft und aus dem alten Fuhrmann ein Geschäftsmann.

Seither hat die Firma Limentani Tellerservice in die ganze Welt geliefert, internationale Prominente – der Schah von Persien, Marschall Tito, Arabische Emire, Präsident Eisenhower, Sadat, die letzten Päpste, inklusive Wojtyla, die italienischen Könige, Königin Elizabeth – sie bestellten und bestellen ihre Tellerservice hier im römischen Ghetto. Für die erwünschten Verzierungen – meistens Monogramme und Wappen oder symbolische Dekorationen, alles in Gold natürlich – sorgt eine kleine Werkstatt, genau hinter dem Portico d'Ottavia. »Wir sind imstande, das herzustellen, was die großen Manufakturen nicht mehr können oder wollen«, sagt stolz der Handwerker und Porzellanmaler.

Nur hundert Schritte davon entfernt, genau gegenüber der Tiberbrücke, steht die kleine Kirche San Gregorio della Divina Pietà; ein Tor führte an dieser Stelle ins Ghetto. Die Kirche erinnert die römischen Juden an düstere Zeiten. Auf der Fassade aus dem 16. Jahrhundert, unter einem halb verwitterten Heiligenbild, ist eine in zwei Sprachen – Lateinisch und Hebräisch – verfaßte Inschrift noch deutlich zu lesen:

Ich recke meine Hand aus den ganzen Tag,
zu einem rebellischen Volk. Es geht einen Weg,
der nicht gut ist und folgt seinen Launen.
Ein Volk, das mich mit Frechheit immer wieder
herausfordert.

San Gregorio ist eine der Kirchen – andere waren Sant'Angelo in Pescheria und Santa Maria del Pianto – in denen die Juden gezwungen wurden, katholische Predigten anzuhören.

Wenn die Römer heute vom Ghetto reden, so meistens im Zusammenhang mit dessen Geschäften, den besonders günstigen Preisen und mit seinen kulinarischen Spezialitäten. Es gibt im Dorf der Juden *trattorie*, die in ganz Rom renommiert sind. Römische Küche bedeutet zu einem großen Teil jüdisch essen. Fast alle *fritti* – in schwimmendem Öl Gebackenes – gehören dazu. Die dafür unerläßlichen tiefen Pfannen führten die aus Spanien vertriebenen Juden in Rom ein, als sie im 14. und 15. Jahrhundert hierhin flüchteten.

Wie die römische Küche spiegelt auch die jüdisch-römische das arme Agrarland wider, das Italien noch vor fünfzig Jahren war. Sie ist entstanden durch die Verfeinerung von Eßbarem, das sehr wenig kostet: Broccoli, Sellerie, Zucchini, Auberginen. Als Symbol all dessen gelten sozusagen die *carciofi alla giudía*, Artischocken auf jüdische Art, die man bei Luciano und Gigetto in der Via Portico d'Ottavia, bei Piperno in der Via Monte Cenci und bei »il Pompiere« in der Via dei Calderari essen kann.

Aus allen Stadtteilen kommen Juden auch zur Salumeria Diotallevi, der Fleischerei vor der Kirche Santa Maria del Pianto. Da findet man alles, was nach streng religiösen jüdischen Vorschriften hergestellt ist, wie die *carne secca*, eine Art Bündnerfleisch, die nur im Ghetto so gut schmeckt.

Die inner- und außerhalb des Ghettos lebenden römischen Juden treffen sich meist – aus Gewohnheit sozusagen – in der ehemaligen »Bar degli amici«, heute Bar Totò. Die Kunden von heute sind die Angehörigen der Kunden von gestern. Das Geschäft gehörte Isacco Pavoncello. In den dreißiger Jahren wurde ihm die Barlizenz entzogen, »weil wir keine Italiener mehr waren, wie die anderen«, erzählt heute einer der Enkel von Isacco. »Die Bar haben wir zwar schließen müssen, haben sie aber behalten, aus Trotz. Nach dem Krieg haben wir sie dann umgetauft in ›Bar Totò‹; Totò war unser Onkel, der deportiert wurde und in Dachau gestorben ist«. So ist die Bar Totò ein Treffpunkt geblieben, genau wie »Boccione« an der Ecke Piazza Costaguti. Da kommen die Leute von weit her, um in der winzigen jüdischen Bäckerei die typisch jüdischen Kuchen zu kaufen: aus Mandelteig und Sauerkirschen, oder Ricotta-Fladen mit Honig und *mostaccioli*, Schalenobst, und *pizze* mit Kandisfrüchten. »Boccione« ist ein Spitzname; der Eigentümer heißt anders; solche Spitznamen haben im Ghetto fast alle, um die vielen gleichnamigen Familien voneinander zu unterscheiden. Boccione hat seine Bäckerei in einem der zwei noch stehenden Bauten des ehemaligen Ghetto: in dem Haus, das den Nachkommen des römischen Dichters Manilio gehörte, wie man sagt. Auf der mit historisch bedeutenden Marmor-Fragmenten und lateinisch-griechischen Inschriften geschmückten Fassade steht ein Datum: 1497.

Die Synagoge am Lungotevere de Cenci ist nicht nur ein Symbol und ein Ort des Kults. Dort befindet sich im ersten Stockwerk auch das jüdische Museum. Zahlreiche Dokumente sind zu sehen, die u. a. die qualvolle Geschichte der römischen Juden bis zum Zweiten Weltkrieg beleuchten. Spontan drängt sich heute eine Frage auf: Gibt es wirklich keinen Antisemitismus in Rom?

Tullia Zevi beantwortet diese Frage nachdenklich. Sie stammt aus einer antifaschistischen jüdischen Familie, die 1938 auswandern mußte; ihre Mutter gehörte jener Familie aus Ferrara an, deren Geschichte Giorgio Bassani in seinem Bestseller »Die Gärten der Finzi Contini« meisterhaft erzählt hat. »Rassisten sind die Römer nicht. Dennoch müssen wir stets die periodisch wiederkehrenden unterirdischen

Strömungen von Antisemitismus im Auge behalten«, mahnt Tullia Zevi. »Diese stammen aus drei Quellen: Erstens: einer katholischen – es braucht lange, bis Vorurteile verschwinden; Zweitens: einer rassistischen im Bereich der Rechtsextremen – die ist aber weit unbedeutender hier; und drittens einer antizionistischen im Bereich der extremen Linken. Der Terrorangriff auf die Synagoge 1982 hier hat bewiesen, daß es schwierig ist, zwischen Antisemitismus und Antizionismus zu unterscheiden und die beiden Haltungen genau zu trennen. Wenn man die eine bekämpfen will, kann man die andere nicht ignorieren.«

Aber die Verflechtung von katholischen und jüdischen Römern in der Gesellschaft ist ein selbstverständlicher Tatbestand. Die Römer sind keine Rassisten; dazu sind sie viel zu sehr *bonaccioni*, gutmütige Kerle. Zu seinem großen Kummer gelang es selbst dem Duce nicht, aus ihnen auf die Dauer etwas anderes zu machen. Wenn irgendwie möglich, umgingen sie die faschistischen Rassengesetze, und die grausamste Razzia gegen die römischen Juden, die am »schwarzen Samstag«, mußten deutsche Truppen allein ausführen; Römer hielt man für nicht verläßlich genug.

1986

Piazza della Rotonda

MEIN ROM? – nicht einmal Nero durfte es sich erlauben, von *seinem* Rom zu sprechen. Denn Rom ist *inappropriabile*, Rom kann man sich nicht aneignen. Du kannst der Stadt angehören, aber vielleicht stimmt auch das nicht, denn Rom ist wie das Gericht bei Kafka. »Es nimmt dich an, wenn du kommst, und es läßt dich wieder gehen, wann du willst – ohne Trauer, ohne Gedächtnis«, so Federico Fellini. Einverstanden. *Mein Rom* gibt es nicht, aber im Gegensatz zu Fellini, der aus der Romagna stammt, fühle ich mich hier zugehörig. Rom ist meine Heimatstadt.

Ich kann nicht leichten Herzens einen Lieblingsort nennen, weil ich mich nach innerer Stimmung oder Jahreszeit mal dem einen, mal dem anderen zuwende. Doch wenn ich nur einen nennen darf, zu dem es mich am meisten zieht und wo ich gern verweile, ist das die *rotonda*, wie die Römer sagen, die Piazza del Pantheon. Mit ihr sind für mich die frühesten Erinnerungen aus meinem Leben verbunden, Etappen meines Lebens, nicht nur ästhetische Empfindungen, denn die bietet mir Rom unzählige.

Jede Gelegenheit nehme ich wahr, um zum Pantheon zu gehen, um dort Verabredungen zu treffen, in der Hoffnung, die Menschen, auf die ich warte, mögen sich verspäten – was bei den Römern, Gott sei Dank, häufig der Fall ist.

Für mich umfaßt die *rotonda* alles, was mich seelisch und geistig bereichern, beruhigen, anspornen und besinnlich machen kann: Geschichte, Harmonie, Menschen – vor allem Kinder – und die eigene Vergangenheit, gelebt mit Menschen, die mich liebten und die ich liebte: Vater, Mutter, Mann!

Im Sommer bietet das Pantheon den zusätzlichen unschätzbaren Genuß der Abkühlung, einer natürlichen Abkühlung, nicht jener teuflischen durch *air-conditioning*. In diesen Tagen drängen auch die Touristen zu Hunderten ins Pantheon, wo es frisch und erholsam ist, wie in einer Grotte. Nicht alle werden vom kulturellen Interesse hineingetrieben.

Ich sitze am liebsten in der Mitte des Platzes, auf den Stufen zu Füßen des Brunnens. Ich lasse mich tragen – »wegtragen« – von meinen Erinnerungen, Empfindungen und Eindrücken, die ringsherum lebendig auftauchen und die Vergangenheit mit Gegenwärtigem verschmelzen.

Das Pantheon – für mich ein vollendet schöner römischer Bau, der auch am besten erhalten ist – vermittelt mir ein Gefühl der Kontinuität und bestätigt mir wie kein anderes Bauwerk die sinngebende Bedeutung der Kultur für das Leben, ja, es bestätigt mir in einem gewissen Sinn die Unsterblichkeit der Menschen, so verstanden, daß sie durch Kultur »ewig« in der Erinnerung der Nachfahren weiterleben – selbst wenn sie nicht an ein Jenseits glauben.

Am Pantheon zu sitzen heißt für mich, auf der Bühne eines Theaters zu sein, bei dem ich gleichzeitig Zuschauer und Akteur bin. Ich werde einbezogen in diese Magie der Umgebung: Man spricht miteinander, mehr als anderswo, und das will in Rom etwas heißen. Allein das Zeitungskaufen am Kiosk ist ein Erlebnis, es bietet Gelegenheit für einen realistischen politischen Kommentar. Im Ausland ist mir aufgefallen, daß die Leute die Zeitung stumm kaufen: sie werfen einen Blick hinein, klemmen sie unter den Arm und gehen davon. Nicht einmal ihre Mimik verrät, was sie von den Schlagzeilen halten. Aber hier, wo der Verkehr erlaubt, stillzustehen, wird dieses kleine Ereignis zum Schauspiel. Unaufgefordert kommentieren die Käufer die Nachrichten, für

Journalisten etwas Wunderbares, denn das heißt, den Puls der Bürger zu fühlen, unmittelbar und ohne Filter. Und wer die Menschen zum Reden herausfordert, wie ich es doch gerne tue, hat sein wahres Vergnügen: Man erkennt, daß niemand neutral vor seiner Zeitung sein kann. Man ist erfreut, empört, erzürnt, aber nicht neutral, und man teilt sich mit: durch Bemerkungen – *guarda un po' questo* – oder durch Gesten und Mimik, die mehr aussagen als alle Worte. Da sind die Römer noch echt und vom Tourismus unverdorben. Die Vox populi, die Stimme des Volkes, höre ich am Pantheon.

Aber da sind auch die Kinder! Die *rotonda* ist noch einer der wenigen Plätze, wo sie sich wie einst frei bewegen können. Die *carabinieri*, hoch zu Roß vor dem Eingang des Platzes, wachen über sie; welch ein Vergnügen! Es stimmt, Rom hat wenige Spielplätze, wenig Kinderfreundliches in seiner heutigen verkehrsbedingten Struktur, aber dies ist einer der schönsten »Spielpiazze« der Welt. Kinder jagen den Tauben nach, sie plagen sie, sie spritzen Wasser auf Passanten und Touristen, sie sind unerzogen, vorlaut, unbeherrscht – sie sind alles, was Ausländer ihnen nachsagen. Aber meine Betrachtungen auf der Piazza bestätigen mir, sie sind frei und glücklich, auf unsere Kosten sehr wahrscheinlich; sie sind das, was später schlechte Bürger aus ihnen werden läßt, aber glücklich sind sie. Daran ist nicht zu zweifeln!

Kinder sind nicht ausgeschlossen aus der Welt der Erwachsenen, sie sind dabei, mittendrin, mit ihrem Lärm: *rumore è vita – silenzio è morte*, Lärm ist Leben, Schweigen ist Tod; wie oft hörte ich diesen Satz hier, wenn einer sich darüber erregte. Die Mütter und Großmütter stehen dem Geschrei ihrer Kinder nicht nach und jetzt auch die Väter nicht, seit sie sich auch mehr um die Kinder kümmern. Es ist eine große Komödie, die sich Mütter, Großmütter und Kinder einander vorspielen.

Väter wollen für jung gehalten werden und laufen mit den Kindern und spielen fast bis zum Umfallen. »*Aho, sei morto?* – Bist du denn tot?« schreien die allerliebsten Kleinen ihnen entgegen.

Auf Plätzen wie meiner *rotonda* lernen die Kinder nicht das ruhige Spielen, aber sie lernen, als Teil der Erwachsenenwelt zu leben, sie hören alles mit, von Regierungskrisen, von Korruption, Kindesentführungen und Mafia und wen oder was der Papst segnet und empfängt. Sie vernehmen die wahren Geschichten vom Leben wie Märchen. Nicht zufällig ist, so wurde mir gestern auf den Stufen des Renaissancebrunnens bewußt, die Geschichte von Pinocchio *das* klassische Kinderbuch. Pinocchio, das hölzerne Bengele, mußte alles durch »leben« erlernen – Liebe, Verrat, Solidarität und Betrug, er mußte geliebt und liebkost werden, bis er aus der Holzpuppe zum Menschen wurde.

Es gibt viele persönliche Erinnerungen, die mich an diesen Platz binden: Hier bin ich geboren, an der Via della Minerva (*No. 67*), und hier nebenan war mein Lieblingstreffpunkt mit meinem Mann: an dem Elefanten vor der Kirche Sopra Minerva, der einen kleinen Obelisken auf dem Rücken trägt und von dem die Römer sagen, er bringe Glück!

1987

15. Todestag von Anna Magnani

»É morta Mamma Roma« – Mamma Roma ist gestorben – so die Schlagzeilen, die heute vor fünfzehn Jahren den Tod von Anna Magnani ankündigten. Sie war die größte und beliebteste italienische Schauspielerin. Die Todesfeier fand zwei Tage später statt, in der Kirche Santa Maria sopra Minerva, neben dem Pantheon, im Herzen von Rom, dort, wo die Schauspielerin auch immer gelebt hat.

Das Hauptportal der Kirche stand weit offen. Man konnte die Prominenz sehen, die im Innern der Kirche Platz genommen hatte: Vertreter der Republik Italien und der Stadt Rom, Schauspieler, Regisseure, Filmproduzenten aus aller Welt. Draußen, auf der sonnendurchfluteten Piazza und in den benachbarten Straßen, drängten sich Tausende von Menschen: Anna Magnanis Freunde und viele »popolane romane« – Frauen aus dem Volk. Keine andere Filmschauspielerin hat je die Nöte und die Tapferkeit der römischen Frauen aus dem Volk so meisterhaft und wahrheitsgetreu wiedergegeben wie sie. Anna Magnani hat diese »popolane« erstmals auf der Leinwand zu neuer Würde erhoben. Deshalb standen diese Frauen dort, auf der Piazza. Sie nahmen Abschied von einem Menschen, der sie verstanden und geliebt hatte. Manche von ihnen weinten still. »Addio Nannarella«, wie die Schauspielerin heute noch in Rom genannt wird.

Als der mit roten Rosen bedeckte Sarg aus der Kirche getragen wurde, da löste sich die Spannung und die Ergriffenheit der Menge in brausendem Applaus auf. Dieser Beifall – er galt der Schauspielerin und der Frau – war Anna Magnanis letzter Triumph.

Vittorio de Sica, der Regisseur, der Anna seit ihrer Jugend kannte und oft mit ihr gearbeitet hat, äußerte sich über die Schauspielerin folgendermaßen:

»Anna hatte das Bedürfnis zu geben, zu geben, zu geben; sie glaubte nie genug zu geben und nie genug bekommen zu haben ... sie war ein äußerst treuer Mensch und verlangte ihrerseits absolute Treue ... Aber diese Treue, an der ihr so viel lag, hat Anna in ihrem Leben nie erfahren ...«

Anna Magnani hat ein schweres Leben gehabt: als Kind, als Frau, als Mutter. Ihr Erfolg ist ihr nicht in den Schoß gefallen.

Was die Öffentlichkeit erst Jahre nach ihrem Tod erfuhr, ist, daß Nannarella ein uneheliches Kind war. Ihren Vater, einen Kalabresen, hat sie nie gekannt. Sie wuchs bei der Großmutter in Rom auf, denn ihre Mutter, die knapp zwanzigjährige, wunderschöne Marina Magnani, heiratete bald einen wohlhabenden Österreicher und zog mit ihm nach Ägypten. Er wollte von einem unehelichen Kind nichts wissen. Erst mit neun Jahren lernte Anna ihre Mutter kennen; sie blieben einander stets fremd. Selbst mit ihren engsten Freunden sprach Anna Magnani nicht über ihre Kindheit. Es war eine Wunde, die sie in sich trug, die wohl nie vernarbt ist. Als die gütige Großmutter starb, da verlor Anna den Mittelpunkt ihrer Gefühle. Die Angst, verlassen zu werden, durchzog von nun an wie ein schwarzer Faden ihr Leben und alle ihre Liebesbeziehungen.

Weltberühmt wurde Anna Magnani unmittelbar nach dem Krieg durch das Meisterwerk des Regisseurs Roberto Rossellini *Rom – offene Stadt*. In der Hauptrolle Anna als »popolana« – Römerin aus dem Volk – während der deutschen Besatzung der Stadt. Die Szene, in der Anna, sich die Seele aus dem Leib schreiend, hinter dem Lastwagen herrennt, in dem die deutschen Soldaten ihren Mann Francesco und andere Partisanen fortführen, ist ein Musterbeispiel italienischer Filmkunst. Die Soldaten schießen auf die Frau, sie stürzt vor den Augen ihres kleinen Sohnes tot auf die Straße.

Die Rolle in *Rom – offene Stadt* machte aus Anna Magnani über Nacht einen Weltstar. Der Film wurde im Jahre 1945, unmittelbar nach Kriegsende, mit sehr wenig Geld gedreht. Der Regisseur und seine Freunde mußten sogar ihre antiken Möbel verkaufen, um das Werk finanzieren zu können.

Rom – offene Stadt ist ein Standardwerk für alle Filmschaffenden, denn es bildet den Auftakt zu einer neuen Epoche der italienischen Filmgeschichte, der Epoche des Neorealismus. Die Regisseure drehten die Szenen nicht mehr wie bisher in den Filmstudios, sondern sie nutzten die Realität als Kulisse, die Straßen und Plätze, in denen sich vorwiegend gewöhnliche Menschen bewegten, keine Schauspieler. Nur innerhalb dieses neuen Filmstils konnte sich die Kunst der Anna Magnani voll entfalten. Eine Kunst, die allerdings nicht zufällig war. Hinter dem Erfolg der stets spontan wirkenden Schauspielerin liegen Jahre strenger Ausbildung und ein hartes Studium – auch ein langjähriges Musikstudium – an der Accademia di Santa Cecilia in Rom.

»Ich wurde nicht als Schauspielerin geboren«, gestand Anna Magnani einmal, »ich habe beschlossen, es zu werden, als ich noch ein Kind war, weil ich geliebt werden wollte.«

Anna Magnani entprach nicht dem Schönheitsideal der dreißiger Jahre; aber die Intensität ihres Blicks, die feurigen, ausdrucksvollen Augen und ihr wirrer Haarwuchs unterstrichen ihre Persönlichkeit. Sie wurde gleich nach dem Abschlußdiplom an der Akademie engagiert und trat zunächst vorwiegend in sogenannten »avanspettacoli« auf, einer Art Revuetheater. Sie war eine brillante Komödiantin; ihr dramatisches Talent entdeckte – viel später – als erster Roberto Rossellini. Auf der Bühne bewegte sich schon die junge Anna Magnani wie zu Hause. Sie spielte nicht – sie lebte.

In den frühen dreißiger Jahren heiratete Anna Magnani einen wohlhabenden, gebildeten, etwas versnobten Regisseur: Goffredo Alessandrini, der sich in Hollywood einen Namen gemacht hatte. Anna war damals siebenundzwanzig Jahre alt und in Italien als Theaterschauspielerin bekannt und geschätzt.

Zum ersten Mal fühlte sie sich glücklich: Zum ersten Mal hatte sie ein eigenes Heim und einen Mann an ihrer Seite, den sie liebte und von dem sie geliebt wurde. Doch das Glück dauerte nur wenige Jahre. Ihrem Wesen entsprechend erhob Anna Anspruch auf totale Hingabe und exklusive Liebe. Die Ehe scheiterte nicht nur an Alessandrinis Untreue – sondern auch an Annas maßlosem Bedürfnis, »zu geben und zu bekommen«, wie der Regisseur De Sica schon sehr früh erkannt hatte. Trotz ihrer Großzügigkeit, ihrer Loyalität und einer tiefen, von der Intuition getragenen Intelligenz war Anna – so Goffredo Alessandrini – »ein gequältes, unduldsames Wesen, das weder Frieden geben noch Frieden finden konnte«.

Den Schmerz, den eine Frau empfindet, wenn der geliebte Mann sie verläßt, hat Anna – etliche Jahre später – in einem Film verewigt. Es handelt sich um die Realisierung einer Erzählung von Jean Cocteaus *La voix humaine – Die geliebte Stimme*. Der Film trägt den Titel *L'amore*; Roberto Rossellini hat ihn auf Anna Magnani zugeschnitten. Es ist ein fünfundvierzig Minuten dauernder Monolog am Telefon: das letzte Gespräch einer Frau mit ihrem Geliebten, der sie verlassen hat. Inhalt des langen Gesprächs: die letzte Hoffnung, die letzte Illusion und das Ende einer Liebe. Der Regisseur bedient sich dabei der Filmkamera wie eines Mikroskops, mit dem er auf dem Antlitz der Schauspielerin alle Schattierungen der Verzweiflung und der Hoffnung erforscht – auf geradezu indiskrete Weise. Der Film konnte kein Publikumserfolg werden – es fehlt ihm jede Handlung –, aber er offenbarte Anna Magnanis unübertroffenes Talent, Lieben und Leiden wiederzugeben.

Anna Magnani war vierunddreißig Jahre alt, als ihr größter Wunsch in Erfüllung ging: Sie wurde Mutter eines Sohnes, Luca. Ein Kind, das sie – ihrem Wesen entsprechend – abgöttisch liebte. Er gehörte ihr um so mehr »ganz«, wie sie sagte, als die Beziehung zum Vater des Kindes – es war der junge Schauspieler Massimo Serato – nicht lange anhielt. Sie trug die ganze Verantwortung für Luca und überschüttete ihn mit Liebe; mit der Liebe, die ihr in der Kindheit gefehlt hatte. Als Luca drei Jahre alt war, erkrankte er an Kinderlähmung. Dank des unermüdlichen Bemühens der Mutter wurde das Kind in den international renommiertesten Kliniken behandelt. Luca überlebte – ist aber seither gelähmt. Das Schicksal hatte Anna an ihrer empfindlichsten Stelle getroffen: in ihrem Muttergefühl. Es scheint, als hätte sie durch alle Höhen und Tiefen des Lebens gehen müssen, um all diese Gefühle als Künstlerin im Film und im Theater darstellen zu können. Denn den Schmerz einer in ihrem Innersten verletzten Mutter wußte Anna Magnani in dem Film *Bellissima* von Luchino Visconti in unübertroffener Weise zu zeigen.

Ihrem Sohn Luca galt bis zum letzten Atemzug Annas uneingeschränkte Liebe und Sorge. Luca gehörte, zusammen mit Roberto Rossellini, zu den Menschen, die der Schauspielerin am nächsten gestanden haben. Der Regisseur hat die Schauspielerin durch *Rom – offene Stadt* nicht nur weltweit bekannt gemacht, er hat Anna auch geliebt wie kein anderer. Von dieser Liebe erfuhr die ganze Welt, weil sie mit der spannendsten Lovestory der Nachkriegszeit verbunden ist. Ingrid Bergman, die schwedische Schauspielerin, verliebte sich in den verführerischen Rossellini und erwartete ein Kind von ihm, bevor sie sich von ihrem Ehemann Lindström hatte scheiden lassen. Das sittenstrenge Amerika empörte sich, und das Klischee vom Italiener als *latin lover* ging um die Welt. Anna Magnani erfuhr von ihrem Schicksal aus der Presse, die ausführlich über jede Einzelheit berichtete. Roberto Rossellini hatte nicht den Mut gehabt, ihr persönlich zu sagen, daß er sie nicht mehr liebte, und hatte – indirekt sozusagen – die Journalisten damit beauftragt. Anna Magnani fühlte sich tief verletzt, gedemütigt und wieder einmal – verraten.

Loyalität und Wahrheit aber hielt Anna für ihre höchsten Tugenden. Sie wurde wiederum in ihrem Glauben bestätigt, daß »Tiere treuer sind als Menschen«. Ihre Freunde bestätigen es: Annas intensive Tierliebe beruhte auf dieser Überzeugung. Ihre Wohnung im Palazzo Altieri, im historischen Kern der Stadt, war Zufluchtsort und Asyl für Hunde, Katzen und Vögel. In Rom wurde das bekannt, als eine ihrer sprechenden Amseln aus Annas Wohnung wegflog und die Öffentlichkeit sich damit beschäftigte. »... Die Amsel flog weg, als ich den Käfig reinigte ... ich habe das Gefühl, daß jemand sie gefunden hat und sie nicht zurückbringt, weil sie sprechen kann ... ich hoffe, daß der Finder sich rühren läßt und mir den Vogel zurückbringt. Auch Luca ist sehr traurig über den Verlust. Amseln brauchen eine besondere Pflege, einen großen Käfig und müssen hin und wieder auch in einem Raum frei herumfliegen können. Und wenn der Finder den Vogel in einen engen Käfig steckt, dann ist es doch besser, daß er ihn mir zurückbringt ...«

Die Krise des italienischen Films wurde dadurch deutlich, daß einer Schauspielerin wie Anna Magnani – ab Mitte der sechziger Jahre – kaum mehr Filme angeboten wurden, die ihrer Kunst würdig waren. Vergeblich wartete sie auf Rollen wie in *Die tätowierte Rose* nach einer Erzählung von Tennessee Williams; mit diesem Film hatte Anna Magnani als erste Italienerin den Oscar gewonnen – im Jahre 1955.

Vom Film enttäuscht, träumte sie wieder vom Theater. Aber zwanzig Jahre lang hatte sie nicht mehr auf einer Bühne gestanden und war unsicher, ob ihr das noch einmal gelingen würde.

Journalisten gegenüber sagte sie: »Jetzt habe ich einen anderen Traum: Ich hoffe, daß er in Erfüllung gehen wird, daß ich zum Theater zurückkehren kann ... Und auch dies wird dann ein weiterer Beweis meiner Liebe zum Publikum und zur Kunst sein.«

Annas Traum ging in Erfüllung. Mit *La Lupa*, nach einer Novelle des Sizilianers Giovanni Verga, inszeniert von Franco Zeffirelli, reiste Anna Magnani durch ganz Europa: Paris, Zürich, Wien, Moskau, Leningrad, Warschau, Berlin. Die Tournee dauerte vier Jahre, und überall wurde die Schauspielerin mit Beifall und dem Lob der Kritiker überschüttet.

Nur für das Fernsehen hatte Anna nie arbeiten wollen. Sie fürchtete, daß das Technische an diesem Medium ihrem schauspielerischen Können Grenzen setzen würde. Um so dankbarer ist man heute, daß sie sich – im Jahre 1971 – dennoch davon überzeugen ließ, das Experiment Fernsehen zu wagen. Es geht um vier Frauenschicksale, um die Lebensgeschichten von vier Italienerinnen von der Einigung Italiens im Jahre 1870 bis zur Gegenwart; Frauen, die gelitten, gekämpft und verloren haben. Sie selber sagte dazu: »Ich bin froh darüber, daß es mir am Ende meiner Karriere gelungen ist, eine Zusammenfassung aller Frauengestalten wiederzugeben, die ich am meisten geliebt habe ...«

Anna war sterbenskrank, als sie vom Krankenbett aus den Wunsch äußerte, den Film im Fernsehen zu sehen. So hat die RAI ihn ins Programm genommen. Heute vor fünfzehn Jahren wurde der Film *1870*, so der Titel, ausgestrahlt – Anna Magnanis letzter Film.

Sie aber konnte ihn nicht mehr sehen. Zwei Stunden zuvor ist sie gestorben – an ihrer Seite – bis zuletzt – die beiden wichtigsten Männer in ihrem Leben: Sohn Luca und Roberto Rossellini.

Die Zwanzig-Uhr-Tagesschau verbreitete die Nachricht vom Tod der Schauspielerin. Unmittelbar danach folgte der Film. Ganz Italien saß heute vor fünfzehn Jahren vor dem Bildschirm und nahm Abschied von Nannarella.

26. 9. 1988

Der Monte di Pietà

BERG DER BARMHERZIGKEIT – Monte di Pietà – nennen die Italiener das erstmals im 5. Jahrhundert eingeführte Finanzierungssystem, das im Deutschen nüchterner und genauer »öffentliches Leihhaus« oder »Pfandhaus« heißt.

Italiener sind allgemein skeptisch auf Grund ihrer historischen Erfahrungen; dieses Mißtrauen übertrug sich auch auf das Bankwesen; die Vox populi war davon überzeugt, daß Banken ohnehin nur jenen Geld leihen würden, die es in der einen oder anderen Form bereits besäßen und nur vorübergehend nicht liquide seien. De facto waren zu jenen Zeiten die Armen tatsächlich weitgehend den Wucherern ausgeliefert. Um diesem Zustand ein Ende zu bereiten, kamen zwei Franziskanermönche auf die Idee, unter einigen Philantropen Geld zu sammeln und es – gegen Pfand natürlich – jenen zu leihen, die es dringend brauchten. Nach einer festgelegten Frist konnte man das Pfand »zurückerwerben«, zu einem leicht erhöhten Preis, der den Zinsen entsprach. Daher der Ursprung des Begriffs »Barmherzigkeit« in der Bezeichnung der ersten öffentlichen italienischen Pfandhäuser.

Noch bis zur unmittelbaren Nachkriegszeit konnte man in Rom und in anderen italienischen Städten beobachten, wie sich arm gekleidete Leute, alte Menschen, fast beschämt an die Schalter eines *monte* drängten, mit armseligen Bündeln unter den Armen. *Portare le cose al monte*, etwas ins Leihhaus bringen, galt für viele als etwas fast Unehrenhaftes, ein Zeichen äußerster Armut, deren man sich schämen mußte. Regisseur Vittorio de Sica hat dem Monte di Pietà ein Denkmal gesetzt. Und zwar in seinem neorealistischen Kunstwerk

Fahrraddiebe mit der Szene der Frau eines Arbeitslosen, die gebrauchte Bettwäsche zum *monte* bringt.

Heute hat sich dies alles weitgehend geändert. Nicht nur die Ware, die zum *monte* gebracht wird, ist eine andere; auch die Menschen, die sie dahin bringen, gehören keineswegs nur sozial niedrigen Schichten an, und auch die Gründe, welche die Leute zum Gang *al monte* bewegen, haben sich gewandelt.

Das Hauptpfandhaus in Rom, heute der Banca di Roma angegliedert, ist täglich von halb acht bis halb drei geöffnet. Wer auch nur kurze Zeit auf der Piazza del Monte di Pietà verweilt, nur hundert Schritte von dem allen Touristen bekannten Platz Campo dei Fiori entfernt, erlebt ein Stück noch unverfälschten römischen Lebens. Er kann beobachten, wie viele, auch elegant gekleidete Signore – mehrfach mit schweren Koffern beladen – sicheren Schritts den *monte* betreten, durch die gegenwärtigen elektronischen Sicherheitstüren verschwinden und den kunstvollen Innenhof entlang zu den oberen Stockwerken schreiten. Die Räume mit der Inschrift *analisi di laboratorio* befinden sich da. Dort prüfen vereidigte Fachleute kostbare Silberbestecke, Juwelen und Goldschmuck aller Art, Perlen, Uhren und Teppiche sowie wertvolle elektronische Geräte. Die eleganten Signore brauchen natürlich keine sofortige finanzielle Unterstützung; vielmehr geht es ihnen darum, ihre Wertsachen während der Sommermonate vor Wohnungsdieben sicherzustellen. Jetzt können sie ruhig in Urlaub fahren. Aus diesem Grunde werden heute auf dem *monte* auch viele Pelzmäntel »gelagert«, das ist für die Besitzer sicherer und preiswerter als in einem Pelzgeschäft.

Natürlich gibt es aber heute auch noch Leute, die bescheidene goldene Schmuckstücke abgeben, weil sie dringend eine bestimmte Summe Geld benötigen. Gerade jetzt, da Italien wieder in einer ernsten ökonomischen Krise steckt.

Unter diesen Leuten findet man auch die meisten, welche ihre verpfändeten Gegenstände nicht mehr »loskaufen« können und somit die Frist ablaufen lassen müssen. Die Ware wandert in die angekündigten Versteigerungen des *monte*. Die Schaufenster der vielen kleinen Juwelierläden, welche den Platz des *monte* säumen und die auch sämtliche an- und umliegenden Gassen beleben, sind mit dieser Institution indirekt verbunden.

Der *monte* hat aber heute auch eine ganz andere, unbeabsichtigte Funktion erworben: Er dient dem »Recycling« gestohlenen Gutes. Für Eingeweihte ergeben seine Versteigerungen oft gute Geschäfte. Für Fremde aber bieten sie ein einmaliges Schauspiel: Da wird wenig gesprochen, dafür um so mehr mit Mimik und Gestik kommuniziert.

Mit Recht wird der Haupt- und Kulturstadt Rom vorgeworfen, kein renommiertes Theater zu haben. Doch die Welt, die um den Monte di Pietà in Rom kreist, und das Leben, das auf der Piazza pulsiert, ist eine Bühne, die kaum ihresgleichen kennt.

1993

Korruption als politisches System

»Auch Italien erlebt seinen 14. Juli«, so Umberto Eco über die landesweite Aktion, die Mailänder Untersuchungsrichter vor zwei Jahren gestartet haben und die als »mani pulite« in die Justizgeschichte der italienischen Republik eingehen wird. Zum Glück ist bisher die Ausschaltung skandalbelasteter Politiker, Unternehmer, Ärzte, Professoren, Richter usw. ohne Köpferollen erfolgt. In diesem Sinn ist die Bezeichnung dessen, was sich in Italien seit dem Frühjahr 1992 ereignet, nämlich eine »sanfte Revolution«, durchaus berechtigt. Treffender noch wäre vielleicht: »legale Revolution«.

Das politisch-institutionelle System, das Italien seit Kriegsende beherrscht hat, ist zusammengebrochen, begraben unter der Last von Korruption, Schmutz, dunklen Machenschaften, welche im Schatten der jahrzehntealten Parteienwirtschaft Fuß fassen konnten.

Die Italiener sind im allgemeinen mißtrauisch gegenüber jeder staatlichen Autorität. Diese weitverbreitete Grundhaltung ist auf die historische Erfahrung zurückzuführen, welche die Italiener eintausendvierhundert Jahre lang, vom Untergang der römischen Weltmacht (476) bis weit ins letzte Jahrhundert hinein, mit Fremdherrschaften gemacht haben. Auch die spät erfolgte Einigung Italiens, am Ende des 19. Jahrhunderts, die unzulänglichen Regierungen, die darauf folgten, und die zwei Jahrzehnte Faschismus haben die Skepsis der italienischen Bürger gegenüber allem, was herrschende Macht verkörpert, vertieft. So daß jetzt noch, trotz des auch in Italien erfolgten Wandels der Familienstruktur, die Bürger zu dieser Institution allgemein mehr Vertrauen hegen als zu ihrem Staat. Heute noch ist, besonders in den südlichen und mittelitalienischen Regionen, das gültig, was vor gut zwanzig Jahren der Italienkorrespondent der Londoner »Times«, Peter Nicols, darüber geschrieben hat: »... das berühmteste Werk der italienischen Gesellschaft durch Jahrhunderte hindurch, der Schutzwall, die natürliche Einheit, der Spender, der Verteiler dessen, was der Staat nicht bietet, das Mittel, um der Ungerechtigkeit, der Inkompetenz und der Indifferenz entgegenzutreten oder diese zu kompensieren – ist die Familie.«

Die Kehrseite dieser Einstellung ist, daß die Italiener im allgemeinen schlechte Bürger sind: Sie neigen dazu, die Interessen des einzelnen, des Familienclans höher zu stellen als die der Allgemeinheit, des Staates.

Es ist vielleicht kein Zufall, daß kaum ein anderes westeuropäisches Land so viele Synonyme für »Schmiergeld« kennt wie Italien: *bustarella, miele, zuccherino, pizzo, mazzetta, tangente.* »Bustarella«, wörtlich »kleiner Briefumschlag«, ist das geläufigste. Der Begriff klingt zwar verniedlichend, ist es auch in grammatikalischer Form, bezeichnet aber deutlich ausgedrückt: illegales, unter der Hand gezahltes Entgelt, um Gunsterweisungen zu erlangen, wie rasche Erledigung eines Verwaltungsvorgangs oder ähnliches. »Mazzetta« und »pizzo« sind zwei eindeutig im Bereich der Mafia angesiedelte Begriffe; »tangente« ist gegenwärtig und besonders in Norditalien der am meisten verwendete Begriff. Davon ist »tangentopoli« abgeleitet worden, in Anlehnung an »monopoli«, das weltweit bekannte Gesellschaftsspiel. »tangentopoli« ist heute die offizielle Definition für die Aufdeckung des landesweiten und größten Bestechungsskandals.

Die Parteienwirtschaft und der sogenannte »K-Faktor«, die Existenz einer mächtigen Kommunistischen Partei, sind die bezeichnendsten Merkmale der ersten italienischen Republik, die zur Deformation des politischen Systems in Italien beigetragen haben. Ein zusammenfassender Rückblick drängt sich auf, um den Weg nachvollziehen zu können, der bis zu »tangentopoli« geführt hat.

Die vor dem Faschismus bestehenden Parteien hatten den Faschismus überlebt; sie hatten sogar in der politischen Emigration ihre Tätigkeit – obschon stark begrenzt – weitergeführt. Es gab also ein Italien im Exil. Nach Mussolinis Sturz im Juli 1943 bildeten sie zusammen das Nationale Befreiungskomitee und organisierten gemeinsam den Widerstand. Obschon diese Parteien ein grundlegend verschiedenes Staats- und Gesellschaftsverständnis hatten (Kommunisten, Christdemokraten, Republikaner, Liberale, Aktionspartei), unterzeichneten sie 1946 alle zusammen den »Verfassungspakt« und arbeiteten gemeinsam die neue Verfassung aus. Diese beruht auf einem Kompromiß zwischen Liberalismus und potentieller sozialistischer Entwicklung, welcher durch die Vermittlung sozialer katholischer und marxistischer Strömungen zustande kam. Der kritische Punkt des Verfassungspaktes bestand in der Zugehörigkeit der Kommunisten zum politischen Block, der die republikanische Verfassung ausgearbeitet hat. Ihre Zugehörigkeit war insofern gerechtfertigt, als die Kommunistische Partei die treibende Kraft im Widerstand gewesen war.

Die Weichen für die politische Entwicklung des Landes stellte das Wahlergebnis von 1948. Die Partei des politischen Katholizismus, die Democrazia Cristiana, erlangte beinahe die absolute Mehrheit. Sie wurde von der überwiegenden Mehrheit der Bürger als Damm gegen den Kommunismus gewählt, von der Kirche und den USA gestützt. Die Volksfront aus Kommunisten und Sozialisten erlitt eine niederschmetternde Niederlage. Seither war die PCI (bis in die frühen sechziger Jahre zusammen mit den Sozialisten) in der

Opposition, und die DC lenkte als Mehrheitspartei alleine – oder mit viel schwächeren Verbündeten – die politischen Geschicke des Landes.

Als Staat ist Italien schwach. Die historischen Gründe gehen auf die Bildung des Einheitsstaates 1860 zurück. Angesichts eines schwachen Staates verlagerte sich die Macht nach und nach von den staatlichen Strukturen zu den Parteien. Dies war der Beginn der »partitocrazia«, des Systems der Parteienwirtschaft. Regierungswechsel wurden immer häufiger in den Parteizentralen beschlossen statt im Parlament; letzteres verlor seine ursprüngliche Bedeutung und auch sein Prestige und wurde de facto lediglich zu einem Forum, in dem über die Beschlüsse, die man anderswo gefaßt hatte, debattiert wurde.

Der kalte Krieg verlieh der italienischen politischen Szene besondere Züge: zum einen wegen der Rolle, die das Land im militärstrategischen Konzept des Nato-Bündnisses hatte, zum anderen wegen der starken Kommunistischen Partei, die in der Gesellschaft des Landes fest verankert war und als Gefahr für den Westen angesehen wurde. Der kalte Krieg wandelte sich in Italien zu einem ideologischen Bürgerkrieg, der das Land in zwei Lager spaltete: in einem Lager die Democrazia Cristiana mit den kleinen laizistischen Zentrumsparteien, im anderen die PCI mit – bis in die frühen sechziger Jahre – den Sozialisten. Das italienische Modell läßt sich mit der Formel des Politologen Giorgio Galli als »unvollkommenes Zweiparteiensystem«, »bipartitismo imperfetto«, definieren. Unvollkommen deshalb, weil die DC ununterbrochen an der Macht blieb und die zweitstärkste Partei, die PCI, als nicht glaubwürdige Alternative im Rahmen des kalten Krieges nicht für die Regierungsbildung in Frage kam. »K-Faktor« nannte man in Italien also den Grund dafür, daß ein Machtwechsel nicht möglich war, was aber das Land zu einer »blockierten Demokratie« werden ließ, in der die DC zum Regieren »verurteilt« war. Dadurch erhielt die Mehrheitspartei sozusagen eine zeitlich unbegrenzte Vollmacht zu regieren.

Im Laufe der Zeit verbreitete diese »de facto-Vollmacht« ein diffuses Gefühl von Straffreiheit. Das wenig entwickelte Staatsgefühl vieler Italiener sowie der Umstand, daß ein Machtwechsel wegen des »K-Faktors« nicht in Frage kam, führten dazu, daß die »classe politica« – bis 1962 vorwiegend die DC und ihre kleinen Koalitionspartner, später auch die Sozialisten Bettino Craxis – die Staatsführung nicht als »Dienen« auffaßte, das auf moralischer Ebene erfüllt werden soll, sondern vielmehr als Ausüben einer Funktion, die mit Partei- und Gruppeninteressen verflochten ist. Aus dieser Einstellung heraus ergab sich z. B. der sogenannte »Stato assistenziale«, nicht etwa ein Sozialstaat, sondern vielmehr eine Art »Almosen- und Unterstützungsstaat«. Ein Musterbeispiel für das auf Vetternwirtschaft beruhende korrupte System bleibt die Invalidenrente. Italien zählt sechsundfünfzig Millionen Einwohner, davon waren fünf Millionen Bürger – vor zehn Jahren – in den entsprechenden Registern als Invaliden eingetragen. Die Sozialversicherung zahlte jährlich dementsprechend Tausende von Milliarden Lire, weil jeder elfte Italiener offiziell Invalide war. So wucherten innerhalb des von der Democrazia Cristiana errichteten Machtsystems Korruption und Vetternwirtschaft, und selbst die Mafia erhielt neuen Auftrieb. Die »politische Regierungsklasse« beherrschte die mit öffentlichen Geldern finanzierten Unternehmen, Werften, Raffinerien, chemischen Industrien, Stahlwerke, Handelsketten, Banken, Versicherungsgesellschaften etc. Der öffentliche Verwaltungsapparat blähte sich im Lauf der letzten Jahrzehnte – besonders im Süden – bis aufs Unvorstellbare auf. Es wurde zur allgemeinen Praxis, bei Neueinstellungen Beziehungen höher zu werten als berufliches Können. Allmählich gewöhnten sich Privatunternehmer daran, »tangenti« an die Parteien oder an die öffentliche Verwaltung zu zahlen, um Aufträge, Konzessionen, Lizenzen und Kredite zu erhalten. Die »classe politica« verwaltete das Land wie ein Eigentum, über das sie nach ihrem Gutdünken verfügen konnte. Die Zuteilung eines Amtes oder eines Postens – einerlei ob Chefarzt, Universitätsprofessor oder Journalist – hing sozusagen von der »politischen Buchhaltung« ab, welche Gunst gegen Loyalität gegenüber einer Partei tauschte und in keinerlei Beziehung zu den Interessen des Staates stand, wie Sergio Romano in *L'Italia sfuggita di mano* schreibt.

Den ersten Versuch, die durch die »Democrazia bloccata« hervorgerufenen Verzerrungen zu korrigieren, unternahm Aldo Moro 1963 mit der Bildung einer Regierung der Linken Mitte mit den Sozialisten. Die »Öffnung nach links« scheiterte, vor allem, weil das Ziel, längst fällige Reformen durchzusetzen und die Kommunisten zu isolieren, nicht erreicht wurde.

Da Regierungsalternativen auf Dauer versperrt waren, schwankten die Parteien an der Macht zwischen verschiedenen Strategien.

Mitte der siebziger Jahre entwickelte sich eine enge parlamentarische Zusammenarbeit der Verfassungsparteien. Unter dem Druck der sich immer mehr zuspitzenden Wirtschaftskrise und des linken und rechten Terrorismus unterstützten die Kommunisten im Parlament eine christdemokratische Minderheitsregierung. Die PCI wurde weitgehend in den parlamentarischen Gesetzgebungsprozeß integriert; zahlreiche Gesetze wurden mit den kommunistischen Stimmen im Parlament verabschiedet. Auch die KPI und später ihre Nachfolgepartei, die PDS, wurden in das System des »consociativismo« eingebunden, eine Regierungstechnik, die – unverblümt ausgedrückt – auf einem politisch unmoralischen und kostspieligen Tauschhandel beruht: Man macht die Opposition zum Teilhaber an der Macht. Weder die Regierung noch die Opposition üben ihre in der Demokratietradition verankerten Rollen aus. Der »consociativismo« führte zu einer Einigung über die Beteiligung an der gemeinsamen Verwaltung der öffentlichen Macht und der öffentlichen Ämter. Die Kommunisten besetzten zwar keine Ministerposten, waren jedoch an der Verteilung der Apanage in fast allen Sektoren des öffentlichen und privaten Lebens mitbeteiligt. Fest steht jedoch, daß sie heute unvergleichlich weniger von den Schmiergeldskandalen betroffen sind. Vorläufig konnte ihnen nicht nachgewiesen werden, daß sie zum »System von tangentopoli« gehörten, sondern lediglich in einige lokale Affären verwickelt sind. Ein wahrer Qualitätssprung in der Erscheinung der landesweiten Korruption erfolgte dann Anfang der achtziger Jahre mit dem stürmischen Griff des Sozialisten Bettino Craxi nach den Hebeln der Macht.

Über die Gründe, die zum Zusammenbruch des italienischen Systems, d. h. zur Aufdeckung von »tangentopoli« geführt haben, gehen die Meinungen auseinander. Die einen sind überzeugt, daß das System aufgeflogen ist, als »es einfach nichts mehr zu verteilen gab« und die Substanz durch exzessive Wohlfahrtsaufwendungen eines ohnehin strapazierten Staatshaushalts verzehrt war. Andere wiederum sind der Ansicht, daß das Ende des kalten Krieges in Italien die bisherigen politischen Fronten aufgebrochen hat. Die Italiener konnten erstmals seit 1945 zur Wahl gehen, ohne die Angst vor dem Kommunismus zu berücksichtigen, da es ihn gar nicht mehr gab. Die Wahlen von 1992 fegten die traditionellen Parteien buchstäblich hinweg. Die neuenstandene Situation erlaubte es den Richtern, endlich auch gegen die übelsten Machtmißbräuche vorzugehen, ohne daß ihnen, wie dies früher stets geschehen war, Hindernisse in den Weg gelegt wurden seitens eines Teils der »classe politica«. Auch der Kampf gegen die Mafia konnte mit neuem Schwung und mit neuen Erfolgen aufgenommen werden. Man kommt wohl der Wahrheit am nächsten, wenn man beide Argumente berücksichtigt. Beide Faktoren haben zum Fall des Regimes entscheidend beigetragen.

Die durch den Zusammenbruch des internationalen Kommunismus verursachte Wende ist in Italien paradoxerweise zusammengefallen mit der Niederlage jener politischen Klasse, die in Italien der größten kommunistischen Partei des Westens den Kampf angesagt hatte. Diese Niederlage deckt sich ihrerseits zum einen mit dem beschränkten Stimmenverlust der postkommunistischen PDS, zum anderen mit dem Auftreten neuer Kräfte auf der politischen Bühne des reichsten und fortschrittlichsten Teils Italiens: die Lega Nord einerseits und die Bewegung um den Populisten Silvio Berlusconi andererseits.

Die Wende und »tangentopoli« haben den italienischen Einheitsstaat in eine Strukturkrise gestürzt. Um diese zu überwinden, gibt es für Italien zwei Wege; sie sind nicht nur voneinander verschieden, sie sind auch entgegengesetzt. Der erste Weg führt zu einer demokratischen Neugründung, die die Einheit des reformierten Staates nicht in Frage stellt. Der zweite Weg führt zu einem politischen und institutionellen Auseinanderfallen. Der erste Weg führt nach Europa; der zweite von Europa weg.

März 1994

Die Schule der Freiheit

HABEN DIE FÜNFZIG JAHRE, die uns vom Ende des Zweiten
Weltkriegs trennen, die Bedeutung des Widerstands verändert? Das ist eine Frage, die ich mir oft stelle, vor allem wenn
ich mir die Analysen und Polemiken anschaue, die sich hauptsächlich in den vergangenen Jahren zum Thema dieser großen europäischen Erfahrung angesammelt haben. Die Frage
betrifft auch einen Teil meines eigenen Lebens.

Der antifaschistische Kampf hat direkt meine Kindheit
und Jugend berührt. In dieser Zeit lebte ich zuerst in Frankreich und dann in der Schweiz im Exil. Mein Vater war in Italien Vorsitzender der Partitio Repubblicano und Journalist
gewesen und hatte zu den ersten gehört, die sich Mussolini
widersetzten und deshalb zur Flucht gezwungen waren. Nach
der Befreiung Italiens kehrte ich in meine Heimat zurück und
heiratete einen Mann, der sich seit 1935 antifaschistischen
Gruppen angeschlossen hatte und im Laufe des Krieges,
nach dem Waffenstillstand Italiens im September 1943, Parti-
sanenkommandeur in Jugoslawien geworden war. Lange
Jahre habe ich im direkten Kontakt mit Frauen und Männern
gelebt, die zum Widerstand in Italien, Deutschland und
Frankreich gehörten. Deshalb möchte ich mich vor allem auf
diese drei Länder beziehen.

Wenn ich heute die Zeit nach den Tagen der großen Hoffnung im Frühling des Jahres 1945 Revue passieren lasse, fühle
ich mich – trotz allem – nicht verraten. Gewiß, der Nieder-
gang des politischen Lebens und der öffentlichen Moral
in meinem Lande, besonders in den vergangenen zehn Jahren, hinterläßt bei allen einen bitteren Geschmack, die das
neue demokratische und republikanische Italien mit Enthu-

siasmus begrüßt hatten. Aber ich vertraue auf die moralischen Ressourcen zur Überwindung auch dieser aktuellen Krise; sie haben viele Wurzeln im Widerstand gegen den Faschismus.

In meiner Rolle als Zeitzeugin dieser Jahre und als journalistische Beobachterin der späteren Ereignisse möchte ich die moralische Bedeutung des antifaschistischen Kampfes hervorheben. Politik und Moral fallen nicht zusammen, aber die eine kann nicht – vor allem wenn sie »große Politik« sein will – ohne die andere auskommen.

Die Resistenza war keine einheitliche Bewegung, weder in Europa noch in den einzelnen Ländern. Sie beschränkte sich auch nicht auf ein einziges Motiv, denn sie umfaßte Elemente eines nationalen Befreiungskampfes gegen den deutschen Eindringling, also eines patriotischen Krieges, eines Klassenkampfes und eines Bürgerkrieges. Diese vom Historiker Claudio Pavone in seinem 1991 erschienenen Buch *Una guerra civile (Ein Bürgerkrieg)* erstmals vertretene These führt eine neue Interpretation der Resistenza ein und erregte in Italien großes Aufsehen. Der gemeinsame Einsatz der antifaschistischen Kräfte hat nie die unterschiedlichen politischen Ausgangspunkte aus der Welt geschafft. Nach dem Waffenstillstand vom 8. September 1943 kämpften in Italien neben den Kommunisten und den Sozialisten auch die Liberalsozialisten von Giustizia e Libertá, die liberalen Monarchisten, die Katholiken – alle in politisch und militärisch vereinten Strukturen.

Die Kommunisten waren in vielerlei Hinsicht »anders« als die übrigen Antifaschisten. Das konnte auch einem jungen Mädchen auffallen, das im Exil durch die Eltern politisch aufgeklärt worden war. Ich erkannte vor allem die innere Geschlossenheit, die ihre Quelle in einem fast absoluten

Glauben an alles fand, was die Sowjetunion vorschrieb. Gerieten diese Antifaschisten in eine für sie peinliche Situation – wie anläßlich des Ribbentrop-Molotow-Paktes vom August 1939 –, dann wehrten sich die Blauäugigen unter ihnen gegen die Vorwürfe nichtkommunistischer Kämpfer mit einem Satz, der sich auf Stalin bezog: »... er wird schon wissen, warum ...« Damit gaben sie zu, daß sie selber sich ein solches Bündnis nicht erklären konnten, aber es in ihrem Glauben an die Sowjetunion stumm hinnahmen.

Ich wußte, daß die Kommunisten nicht davor zurückschrecken würden, auch Antifaschisten zu erschießen, wenn diese sich als politische Gegner erwiesen, wie es den Anarchisten während des Spanischen Bürgerkrieges erging. Einen von denen, die ein solches Schicksal erlitten, habe ich gekannt: Camillo Berneri, eine der herausragendsten moralischen Gestalten des italienischen Antifaschismus im Exil. Als ich in den späten sechziger Jahren in Italien einem hohen kommunistischen Funktionär, der am Spanischen Bürgerkrieg teilgenommen hatte, sagte, daß ich sehr wohl wisse, was sich zwischen den Kommunisten und Anarchisten in Spanien zugetragen hatte, erhielt ich als Antwort nur ein verlegenes Schweigen.

Dennoch waren die Kommunisten nicht nur beispielhafte Streiter im Kampf gegen den Faschismus; viele von ihnen glaubten aus tiefstem Herzen, für die Freiheit zu kämpfen, und die Zahl derer, die sich dafür geopfert haben, ist groß. Der Kampf für die Freiheit verband die Kommunisten mit den anderen Antifaschisten.

Unter dem vorherrschenden Einfluß des italienischen Antifaschismus hatte ich im Exil einige Schwierigkeiten, den deutschen Widerstand zu verstehen. Paradoxerweise erschienen mir die deutschen politischen Flüchtlinge, die ich in der

Schweiz nach 1933 getroffen habe, untereinander viel uneiniger als die Italiener, die sich auch nicht immer einig waren. Paradox deswegen, weil diese deutschen Widerständler die Weimarer Erfahrung hinter sich hatten, die Italien fehlte und die doch einen Versuch demokratischen Zusammenlebens nach dem Trauma des Ersten Weltkrieges darstellte.

Aus vielerlei Gründen war es den Deutschen nicht möglich, den Impuls des Widerstandes, der allen Antifaschisten gemeinsam war, in politisches und auch menschliches Vertrauen umzusetzen. Die Geschichte der deutschen Widerstandskämpfer ist tragischer gewesen als die der italienischen; die Gewalt und die Ausweitung der Repression, vor allem gegen die Kommunisten, waren gravierender als in Italien und trugen wohl dazu bei, die Gegensätze zwischen den Gegnern der Naziherrschaft zu vertiefen.

Während des Krieges kam dieser Unterschied deutlich zum Vorschein. Die Gruppen, die das Attentat vom 20. Juli organisierten, hielten sich entschieden von dem schwachen, aber doch existierenden kommunistischen Widerstand fern. Für die italienischen, nichtkommunistischen Antifaschisten im Exil war der Kampf eines Thälmann, der für Jahre in den Nazikerkern inhaftiert war, bevor er in Buchenwald ermordet wurde, nicht geringer zu bewerten als die unbedingte Bereitschaft eines Stauffenberg zum persönlichen Opfer.

Dem deutschen Widerstand fehlte notgedrungen das Merkmal eines Befreiungskampfes gegen die Fremdherrschaft. Mit Ausnahme der nach Moskau ausgerichteten Kommunisten blieb der Widerstand auf einer ethischen Ebene (man denke an die Weiße Rose und an die Urheber des 20. Juli) und entbehrte der Basis eines patriotischen Kampfes, an den sich alle antinazistischen Gruppen hätten anlehnen können.

Die Deutschen verdrängten lange Jahre ihre nazistische Vergangenheit und mit ihr notwendigerweise auch ihren Widerstand. In der Bundesrepublik erinnerten sich viele des Widerstands, so schien es mir, als eines verwerflichen Opportunismus der letzten Stunde.

Ich habe mehr als zwanzig Jahre lang regelmäßig für das Deutsche Fernsehen gearbeitet, in engem Kontakt mit deutschen Kollegen, die damals zwischen dreißig und vierzig Jahre alt waren. Es erstaunte mich, daß diese Kollegen in den sechziger Jahren bis hinein in die siebziger Jahre sehr wenig über den Widerstand wußten. Kaum einer war sich der Tatsache bewußt, daß die ersten Opfer der nationalsozialistischen politischen Repression Deutsche waren: Kommunisten, Sozialdemokraten, Katholiken, Demokraten und Liberale, und daß rund 300.000 Deutsche in den »Arbeitslagern« verschwunden waren. Diese Kollegen schwiegen, und ich spürte bei ihnen ein Gefühl der Verlegenheit, fast der Schuld uns Italienern gegenüber, so als ob es eigentlich gar keine deutschen Antinazis gegeben hätte.

In der DDR war der Antifaschismus des Regimes darauf ausgerichtet, nur den kommunistischen Widerstand zu legitimieren. Entgegen allem Anschein ging es aber dem Antifaschismus der DDR gleichzeitig auch darum, eine ernsthafte Diskussion über den Nationalsozialismus innerhalb der DDR zu vermeiden; denn eine solche Untersuchung hätte den allgemeinen Konsens »aller Deutschen« zerstört.

In Italien hingegen war das Merkmal des »nationalen Befreiungskampfes« für den Widerstand wichtig, noch mehr in Frankreich. Das erste und entscheidende Sammelbecken eines antideutschen Widerstandes schuf dort Charles de Gaulle, der am Tag nach dem französischen Waffenstillstandsangebot im Juni 1940 einen Appell zur Rettung Frankreichs über den Äther schickte.

Ich konnte diese Ansprache in Zürich mithören, zusammen mit einer Französin, die in dieser Stadt lehrte. Als am Ende der von der BBC gesendeten Rede die »Marseillaise« ertönte, erhob sie sich voller Stolz. Auch ich stand auf – damals ein fünfzehnjähriges Mädchen. Nicht nur aus Solidarität mit einer vom faschistischen Italien angegriffenen Nation. Vielmehr aus emotionaler Anhänglichkeit, die mich immer mit Frankreich verbunden hat und die – im Gegensatz zu Deutschland – ihre Wurzeln in der Vereinigung des Ideals des Patriotismus mit dem der Freiheit hat. Beides – Patriotismus und Freiheit – sind Ideale, die Frankreich von der Großen Revolution geerbt hat, wie ich schon als Kind in französischen Schulen gelernt hatte.

Die Gleichsetzung des Widerstands mit dem nationalen Befreiungskampf verhinderte natürlich nicht, daß nur eine Minderheit der Bevölkerung im Widerstand aktiv war – in Frankreich wie in Italien.

In den Jahren des Zürcher Exils war ich mir wohl bewußt, einer sehr untypischen italienischen Gemeinschaft anzugehören. Es gab ja schließlich damals in Zürich, wie überall außerhalb Italiens, die offizielle italienische Gemeinschaft der »Fasci« (Liktorenbündel), zu der die Mehrheit der im Ausland lebenden Italiener gehörte. Ich glaubte niemals, daß die Mehrheit meiner Landsleute in Italien so wie wir über Mussolini dachte.

Während des Partisanenkrieges aber, zwischen 1943 und 1945, wurde die Stimmung im besetzten Italien immer »antifaschistischer«, wenn auch nur deshalb, weil viele Italiener jetzt sehen konnten, in welche Katastrophe der von Mussolini verursachte Krieg das Land gestürzt hatte. Deshalb neigte ich mit der Zeit zu dem Glauben, daß die Basis der »antifaschistischen Massen« immer breiter geworden sei. Doch als ich nach der Befreiung wieder heimkehrte, empfand ich eine große Enttäuschung. Die Mehrheit der Italiener, die ich traf, schien mir opportunistisch, ohne jene moralische Kraft, die ich mit dem Antifaschismus tout court verband.

Dennoch hat die Resistenza in Italien einen wesentlichen Beitrag zu jenem landesweiten Prozeß geleistet, der dazu führte, daß alle Bevölkerungsschichten die Werte der Freiheit und der demokratischen Regeln angenommen haben.

Das gilt, schaut man genauer hin, auch für jene Länder wie Frankreich, die keinen radikalen Regimewechsel wie Italien und Deutschland durchgemacht haben. In Frankreich hat der Widerstandskampf die Aufmerksamkeit der Bürger für die Gefahren, die der Demokratie drohen könnten, verändert. Auch dort förderte der bewaffnete Widerstand (vor allem in den ersten Nachkriegsjahren) die Beteiligung breiter Bevölkerungsschichten am politischen Leben des neuen Frankreich.

Darüber hinaus wurde in Frankreich Ende der fünfziger Jahre mit der V. Republik eine grundlegende Änderung des institutionellen Systems ermöglicht, die ohne übergroße Angst vor einem eventuellen autoritären Wandel akzeptiert wurde. Denn der Schöpfer dieses Wechsels war General de Gaulle, Haupt des Widerstands und als solcher von allen anerkannt, auch von den Kommunisten. Wäre so etwas möglich gewesen, wenn der französische Widerstand nur das Werk einiger bewaffneter, von der Bevölkerung isolierter Gruppen gewesen wäre?

In Italien findet sich an den Wurzeln der Republik die Erfahrung mit dem Nationalen Befreiungskomitee (CLN – Comitato di Liberazione Nazionale), das während des Befreiungskrieges alle antifaschistischen Kräfte in sich vereinte. Damit verband sich das Konzept des »Verfassungsbogens«, zu dem dieselben Widerstandsparteien gehörten, die an der Schaffung der Verfassung beteiligt waren und deshalb Verantwortung für das demokratische Italien trugen.

In jüngster Zeit wurde in Italien viel über die langfristigen Folgen dieser Erfahrung für die Politik diskutiert. Für einige besteht die »vergiftete Frucht« der Resistenza im unangebrachten Gebrauch des Antifaschismus als Ideologie der Tarnung für den »consociativismo«, für nichttransparente Absprachen zwischen Regierung und Opposition. Durch den »consociativismo« behalten Regierung und Opposition zwar ihre Rollen, doch kann sich die Opposition, besonders auf lokaler Ebene, vom Kuchen öffentlicher Posten und Pfründen auch ihr Stück abschneiden. Dieses Zusammenwirken von Regierung und Opposition geschah bis Ende der sechziger Jahre mehr oder weniger heimlich und war nicht sehr relevant. Aber allmählich blockierte der »consociativismo« jeglichen Machtwechsel und führte in den achtziger Jahren zur politischen Degeneration von tangentopoli (Schmiergeldaffäre). Das ist nur die eine Seite der Medaille.

Die Kommunisten – fünfzig Jahre lang stärkste Oppositionspartei – schöpften ihre politische Legitimation, ihre Verankerung in der Gesellschaft und ihre weite Popularität als »Volkskraft« hauptsächlich aus der Resistenza. Gleichzeitig aber war eine kommunistische Regierungsbeteiligung, wegen der Zugehörigkeit Italiens zum atlantischen Lager, jahrzehntelang undenkbar. Was man mit »consociativismo« definiert hat, war also, wenigstens anfänglich, eine Lösung dieses Problems. Man versperrte den Kommunisten den Weg zur Regierungsbeteiligung, aber ließ ihnen gleichzeitig einen gewissen Einfluß auf die »kleinere« Regierungsarbeit, zum

Beispiel bei Gesetzen, die auf irgendeine Weise die von der Kommunistischen Partei vertretenen Interessen wahrten. Das ist die andere Seite der Medaille.

Aber diese von einer liberalen Demokratie abweichende Lösung hat noch einen anderen Aspekt: Im Laufe von vierzig Jahren hat die KPI eine tiefgreifende Metamorphose durchgemacht (auch mit zahlreichen Widersprüchen) und ist schließlich mit dem Namen PDS (Demokratische Partei der Linken) ins weite europäische sozialdemokratische Lager übergegangen.

Hinter diesem Prozeß steckt nicht nur der fünfzig Jahre während demokratische Einfluß der Republik, sondern auch die Bedeutung der Resistenza: Das Bündnis mit den anderen antifaschistischen Kräften und die Erfahrung des gemeinsam geführten bewaffneten Befreiungskampfes sind immer »trotz allem« wesentliche Faktoren der politischen Identität der italienischen Kommunisten geblieben. Diese hatten zur Entstehung einer demokratischen republikanischen Verfassung beigetragen und sie jahrzehntelang geschützt. Es wäre schwierig für die Kommunisten gewesen, die Verfassung politisch zu begraben. So gesehen war der italienische Widerstand sicherlich eine Schule der Freiheit, auch für jene – wie die KPI –, die sich zum Konzept der Demokratie zweideutig verhielten.

In der Bundesrepublik dagegen hat sich eine Demokratie gebildet in Abwesenheit eines Widerstands, der an politischer und militärischer Bedeutung mit dem italienischen vergleichbar gewesen wäre. Der neue deutsche Staat entstand unter der Vormundschaft der westlichen Alliierten; diese waren zu Anfang ziemlich mißtrauisch gegen alle politischen Kräfte, die sich nach der Katastrophe gebildet hatten. Bis zum Jahr 1949 gewährten die Alliierten dem Land nur sehr wenig Autonomie. Ist ein starker antifaschistischer Widerstand also irrelevant für die Entstehung und Entwicklung einer soliden Demokratie, wie der Fall Deutschland zeigt?

Die Widerstandsbewegungen waren wichtig für die Selbstachtung der Völker, die von der nazi-faschistischen Barbarei betroffen waren. Die Deutschen haben für diese Barbarei einen hohen Preis bezahlt, der wegen der traumatischen Einmaligkeit von Auschwitz noch höher wurde. Das bedeutet jedoch nicht, der deutsche Antinationalsozialismus, so schwach er war, habe in der Geschichte der Bundesrepublik keine Rolle gespielt. Der langsame politische und moralische Wiederaufbau wäre nicht möglich gewesen ohne die allzu lange verschwiegene Anerkennung einer deutschen antinationalsozialistischen Idee, der Männer wie Konrad Adenauer und vor allem Willy Brandt Ausdruck verliehen haben.

Der Europagedanke ist mit diesen beiden Namen eng verflochten. Wo steckt denn eine wesentliche Wurzel des Europäismus, wenn nicht im gemeinsamen Ziel, den europäischen Kriegen und den Totalitarismen ein Ende zu setzen, also in der gemeinsamen Erfahrung eines Kampfes gegen den Nationalsozialismus und den Faschismus? Einer der Gründertexte der Europäischen Bewegung, das »Manifest von Ventotene«, wurde von den Antifaschisten Altiero Spinelli und Ernesto Rossi im Jahre 1941, als die nationalsozialistische Machtentfaltung ihren Höhepunkt erreicht hatte, auf der Verbannungsinsel Ventotene verfaßt. Es ist ein politischer Umriß für eine demokratische Föderation der europäischen Staaten. In diesem Dokument ist die politische Intuition unzertrennlich mit dem moralischen Impuls des Kampfes für die Freiheit verbunden. Es ist genauso symbolisch wie der Kniefall Willy Brandts im Warschauer Ghetto.

Man kann also nicht von einem wesentlichen Faktor absehen, der für alle Länder gilt, die durch den Widerstand gegen den Nationalsozialismus und den Faschismus gekennzeichnet sind: nämlich dem ethischen Wert jenes Freiheitskampfes, der für alle, die sich zum Aufbau Europas anschickten, einen gemeinsamen Bezugspunkt schuf.

Eine Demokratie ist nicht nur eine kluge Konstruktion verschiedener Machtzentren, die sich von Fall zu Fall gegenseitig kontrollieren, ein Ingenieurwerk der *checks and balances*. Sie gründet sich auch wesentlich auf der Annahme universeller ethischer Werte. Der Widerstand bleibt bis heute in weiten Teilen Westeuropas die wichtigste kollektive Erfahrung auf der Basis dieser Werte.

Carlo Roselli, der Gründer der antifaschistischen Bewegung »Giustizia e Libertá«, schrieb 1935 im französischen Exil, kurz bevor er von Mussolinis Schergen ermordet wurde, daß man den antifaschistischen Kampf nicht auf der Basis der Klassen aufbauen könne, weil sich der Faschismus nicht auf einen »reinen Klassenfaktor« beschränken würde. »Der Faschismus verletzt die moderne Zivilisation, die Rechte der menschlichen Persönlichkeit, den wichtigsten Sinn der Moralität und der Humanität … Es gibt zwischen Faschisten und Antifaschisten«, schreibt Rosselli weiter, »einen Unterschied im moralischen Klima, in der Sensibilität, die in vielen wach ist, und es wäre ein schwerwiegender Fehler, diesen Einfluß und diese enorme Kraft nicht zu nutzen; diese ist es, die dem Kampf für die Freiheit einen quasi religiösen Wert verleiht …«

Ich kann also auf meine anfängliche Frage antworten: Nein, die Bedeutung des Widerstands, der Resistenza, hat sich auch nach fünfzig Jahren nicht verändert!

3. 3. 1995

Heimat

»La patria è come la mamma, ce nè una sola«, sagen die Italiener; nämlich: Die Heimat ist wie die Mutter. Es gibt nur eine. Das ist vielsagend in einem Land, in dem die »mamma« – bewußt oder unbewußt – zuoberst steht in der Werteskala der Gefühle. Später lernte ich in der Schule, die ich als Kind politischer Flüchtlinge im Schweizer Exil besuchte, daß man »eines jeden anderen Vaterland achten, das seinige aber lieben soll«, wie Gottfried Keller mahnte. Von frühester Kindheit an war ich mit solch festen »heimatlichen« Grundsätzen ausgerüstet – dennoch blieb mir ein Konflikt mit dem Begriff »Heimat« nicht immer erspart.

Ausgelöst wurde der Zwiespalt erstmals anläßlich eines Fußballspiels. Ich war elf Jahre alt und lebte mit meinen Eltern in Zürich. Zum ersten Mal durfte ich mit meinem Vater einem Fußballmatch beiwohnen, im Hallenstadion am Hardplatz. Es spielten Schweizer gegen Italiener. Ich sah dort viele meiner Mitschüler. Als die Klänge der damaligen Schweizer Nationalhymne »Rufst du mein Vaterland« ertönten, sprangen meine Klassenkameraden von ihren Sitzen hoch, standen stramm und sangen laut und ergriffen mit. Auch wir erhoben uns – natürlich schweigend. Als danach, von italienischer Seite, die offizielle Hymne unseres Landes erklang und ich ebenfalls wie meine Mitschüler aufspringen wollte, hieß mein Vater mich mit einer Bewegung, sitzen zu bleiben. »Italien ist unsere Heimat; dem faschistischen Italien aber wollen wir keine Ehre erweisen«, sagte er nüchtern.

Der mir auferlegte Zwang zur äußeren Teilnahmslosigkeit ärgerte mich über alle Maßen. Zumal ich während des Spiels, dem ich dank der Erläuterungen meines Vaters auch gut folgen konnte, entdeckte, daß ich innerlich »tifavo« war für meine Italiener. Faschisten hin oder her: Sie gefielen mir besser als die Schweizer. Nicht nur boten sie für mich den schöneren Anblick mit ihren eleganten, kurzen Spielhosen, sie waren auch von den Bewegungen her harmonischer, wendiger, »rassiger«, sagte man damals in Zürich. Im Vergleich dazu kamen mir die schweizerischen Spieler in ihren knielangen Pluderhosen weniger attraktiv vor.

Zu meinem Glück und zu Papas Verdruß endete das Spiel 2 : 1 für Italien. Auf dem Heimweg versuchte mein Vater mir den Unterschied zwischen patria-Heimat und patria-Vaterland klarzumachen. Ich erfaßte ihn damals nur vage. Aber von da an begann ich, mir über den Begriff und das Empfinden »Heimat« Gedanken zu machen.

Die Gedanken verwirren mich manchmal, die Empfindung nicht. Ich bin in verschiedenen europäischen Ländern aufgewachsen. Die heimatlichen Speisen waren infolgedessen sowohl Spaghetti als auch Gugelhupf, Leberknödel genauso wie crêpes ménagères. Mein Erfahrungsraum der Vertrautheit, der in der Kindheit entstand, ist nicht nur Italien, sondern auch die Schweiz, Teil und Mitte Europas. Aber das, was man heute »Identitätskrise« nennt, habe ich nie erfahren. Meine Erziehung sowie die Hingabe meiner Eltern und ihrer Freunde für die Freiheit ihrer Heimat führten dazu, daß die Zugehörigkeit zu und die Verbundenheit mit Italien nie in Frage gestellt wurde. Infolgedessen erfuhr ich frühzeitig, daß Liebe zum eigenen Land völlig unabhängig von den politischen Ereignissen ist, die uns von dieser Heimat trennen; die Heimat schenkt dem einzelnen das, was die Geschichte ihm oft versagt: Wurzeln und Identität.

Denen aber, welchen Geschichte Wurzeln und Identität versagt, vermittelt der Begriff Heimat kein Glücksgefühl, sondern Trauer und Angst, wie Millionen von Vertriebenen in unserem Jahrhundert bestätigen. Es ist ein Privileg, Heimat mit einer von Vertrautheit und Geborgenheit getragenen Kindheit verbinden zu können.

»Andiamo a dare la buonanotte alle lucciole« – komm, wir gehen den Glühwürmchen gute Nacht sagen – so sprach immer mein Großvater, wenn der Sommer in Italien auf seinem Höhepunkt stand, wenn die Nächte mild waren, der Himmel sich dunkelviolett und sternenklar über uns wölbte. Ich war damals etwas über drei Jahre alt und lebte bei ihm in Todi, einem ursprünglich etruskisch-römischen Städtchen, das zur Region Umbrien gehört. Der Ort liegt auf einem zirka vierhundert Meter hohen Plateau, in dessen Mitte sich die lange rechteckige Piazza Vittorio Emanuele II. erstreckt, die mit ihren drei mittelalterlichen Palazzi zu den sehenswürdigsten Piazzen Italiens gehört.

Jeden Sommerabend verabredeten wir uns – Großvater und ich – mit den »lucciole«, den Glühwürmchen. Dazu mußten wir den berühmten Platz überqueren, links am Palazzo dei Priori vorbei und einige Schritte an der terrazza panoramia entlanggehen; zu nächtlicher Stunde blieb jedoch die atemberaubende Aussicht auf das Tibertal verwehrt: ein fruchtbares, dicht bebautes Tal in unzähligen graugrünen Schattierungen, mit dicht aneinandergereihten Pappeln als Abgrenzung der einzelnen Felder gepflanzt. Die Aussicht umfaßt mit einem Blick die ganze Sanftheit und Milde der humanistischen Landschaft Umbriens. Die schönsten Farben der Farbpalette haben ihren Namen aus der italienischen Wirklichkeit; Terra di Siena, Umbra-Erde. Nichts ist Zufall an dieser Schönheit, nicht einmal die Farben. Die Landschaft wurde von Menschen für Menschen gestaltet; das Land ist das Paradies aller, die, wie Goethe sagte, »zum Sehen geboren,

zum Schauen bestellt« sind. Allen Kriegswirren zum Trotz –
diese Landschaft hat sich weitgehend erhalten.

Von der Aussichtsterrasse führte eine schmale, steile Straße
durch ein antikes Tor, direkt in die Campagna. Der Weg war
holprig, steinig, doch beim Hinunterlaufen wurde ich nie
müde, wohl der großen Erwartung wegen, oder weil tatsächlich »in giù tutti i Santi aiutano«, wie der Großvater sagte:
einem beim Hinuntergehen alle Heiligen behilflich sind.

Wenn wir das Wohngebiet hinter uns hatten und keine
Straßenlaternen mehr den Weg erhellten, erst dann – umgeben von einer Dunkelheit, die mir jedoch nie Furcht einflöß-
te – hielten wir inne und blickten uns um. Unsere »lucciole«
waren schon da; wir haben nie auf sie warten müssen. Auch
das beeindruckte mich, zumal Italien stets ein Land des zeitlich Ungefähren war. Sie tanzten ohne Hast und schwebten
auf und ab um uns herum: ein wahrer leuchtender Freuden-
tanz. Ich griff nie nach einer »lucciola«, denn ich fürchtete, daß
sie – wie in den Märchen – plötzlich verschwinden würden,
von der Dunkelheit verschluckt. Ich stand verzückt vor diesem Zauber, der sich jede Sommernacht für mich wiederholte, umgeben vom südlichen Duft des Jasmins und einer
Stille, die das Zirpen einiger nimmermüder Zikaden noch
hervorhob. Dann kam der Augenblick, da mich der Großvater bei der Hand nahm und ich mich mit einem »buonanotte lucciole« von den Glühwürmchen verabschiedete – das
Glück in mir und der »gestirnte Himmel« über mir: Heimat
als gelebter Augenblick.

In den frühen sechziger Jahren begannen infolge der Luft-
verschmutzung und vor allem auf dem Land aufgrund der
Verschmutzung des Wassers (der blauen Flüsse und der klaren Bäche) die Glühwürmchen zu verschwinden. Eine Sache,
die mit blitzartiger Geschwindigkeit vor sich ging. Ein paar

Jahre später gab es die »lucciole« nicht mehr. Der Dichter und Regisseur Pier Paolo Pasolini definierte diesen Verlust als »ein fast herzzerreißendes Erinnern an die Vergangenheit«.

Einige Jahre später übersiedelte ich mit meiner Familie in die Schweiz. Dort begegnete mir eine völlig neue Welt; es roch oft nach nassen Wiesen, statt Lärm waren es Geräusche, meine Spielgefährten redeten eine mir zunächst unbekannte Sprache, und sie verhielten sich oft auf eine für mich ungewohnte Art. »Jedes Volk hat seine eigene Mentalität; sie entwickelt sich aus der Geschichte des Landes«, erklärten mir meine Eltern. Alles, was ich nicht richtig verstehen konnte oder was mich seltsam anmutete am Gebaren der Leute, erklärte ich mir daraufhin im Sinne meiner Eltern.

»Dafür haben wir Maikäfer«, erwiderte Ruedi, dem ich von den Glühwürmchen meiner Heimat erzählt hatte. Ruedi war mein neuer Schulfreund, und er wollte mich sofort mit dem entsprechenden Wunder seiner Heimat bekannt machen: dem Maikäfer. Bis dahin hatte ich nie etwas davon gehört. Ruedi hielt den Käfer sachte zwischen Daumen und Zeigefinger. Es war ein dicklicher, etwa drei Zentimeter langer hellbrauner Käfer. Ich erfuhr von Ruedi, daß Maikäfer schädlich seien, weil die Larven die Wurzeln der Pflanzen fressen, wodurch die Pflanzen absterben. Die Larvenentwicklung dauert vier Jahre. Es gab also in der Schweiz »Maikäferjahre«, von den Bauern gefürchtet, denn die Larven stellten die ganze Kartoffelernte in Frage und bildeten eine wahre Landplage. Ein durchgreifendes Mittel gab es damals in den dreißiger Jahren nicht; die Käfer mußten abgesammelt werden. Es gab auch zuständige amtliche Stellen in Zürich für die Abgabe der eingesammelten Käfer. Die Kinder fingen die Käfer, stopften sie in leere Flaschen, gaben sie ab und erhielten pro Flasche Maikäfer fünfzig Rappen als Belohnung. Das war viel. Ich beteiligte mich an der Aktion – etwas widerwillig; mich ekelte es ein wenig vor den Maikäfern, obwohl selbst die schweizerischen Konditoreien einem diese Tiere sympathisch machen wollten, indem sie in ihren Schaufenstern Maikäfer, naturgetreu aus Schokolade nachgemacht, ausstellten.

Eines Tages ging die Freundschaft mit Ruedi eines Maikäfers wegen zu Ende. »Würdest du einen Maikäfer essen?« fragte Ruedi unseren gemeinsamen Freund Werner. »Wenn du es tust, schenke ich dir einen Franken.« – Mir graute allein schon vor der Vorstellung; doch ein Franken, das war damals viel Geld – es entsprach zwei Maikäferflaschen. Werner schloß die Wette mit Ruedi ab. Als ich Werner wieder begegnete, fragte ich ihn gleich, ob er den Maikäfer gegessen habe. Etwas kleinlaut, wie mir schien, bejahte er es. »Und hat Ruedi dir den Franken gegeben?« wollte ich wissen. »Nein«, antwortete Werner, »weil ich mich dann übergeben mußte.« Auch die Maikäfer sind heute verschwunden. Die Zürcher Konditoren aber fahren unverdrossen fort, jeden Frühling Maikäfer aus Schokolade in allen Größen herzustellen. Diese Beständigkeit spricht nicht nur für die Geschäftstüchtigkeit vieler Schweizer, wie manche meinen möchten. Sie hat auch etwas zu tun mit der Liebe zur Vergangenheit der heimatlichen Natur.

Die Maikäferjagd in den Wäldern der nächsten Umgebung von Zürich – oberhalb des linken Seeufers am Albis oder auf der gegenüberliegenden Seite nach der Forch – steht in direkter Verbindung zum Zürcher Frühling. Dieser erscheint mir als ein weit größeres Wunder, als er es im Süden ist. Der Kontrast unterstreicht das Naturereignis. Nach langen, kalten Wintern bricht der Frühling in Zürich schlagartig aus. Eines Morgens sind die dürren Äste und Zweige an den Bäumen –

die so zahlreich die Straßen säumen – mit kleinen Blättern vollgespickt. Ihr glänzendes Grün verdanken sie dem Regen; einem lang andauernden, beständigen Nieselregen, der die ganze Umgebung mit einem silbergrauen Schleier umfaßt.

Im Frühling »umarmt« zunächst der Regen, dieser langsame, sanfte, Zürich und verleiht ihm eine poetische Dimension. Maikäfer und Regen: Heimatlichkeit als Szenerie gelebter Jahre.

Dezember 1995

Quellennachweis

Eine italienische Kindheit, Begegnungen, Valdo Magnani aus: Eine italienische Familie, aus dem Italienischen von Peter O. Chotjewitz, 1990

Die Italienerin zwischen Zwang und Freiheit, Zwischen Tradition und Protest in Italien, Über italienische Männer, Malocchio, Die Sarzis – eine Puppenspielerfamilie, Warum ich Eboli nicht vergessen kann, Marcello Mastroianni, 15. Todestag von Anna Magnani, Korruption als politisches System, Die Schule der Freiheit, Heimat aus: Mein Italien, 1997

Warum ich Rom dennoch liebe, Urbi et Orbi, Der schwarze Samstag der römischen Juden: 16. Oktober 1943, Das Ghetto, Piazza della Rotonda, Der Monte di Pietà aus: Rom zwischen Chaos und Wunder, 1998

Alle Verlag Kiepenheuer & Witsch

Franca Magnani

Eine italienische Familie
1990

„Für die deutsche Magnani-Gemeinde wird es auch sprach-
lich zu einer rührenden Wiederbegegnung mit einer großartigen Frau." *Süddeutsche Zeitung*

Mein Italien
1997

„Das Vermächtnis einer großen Journalistin, ein Lesebuch
für Italien-Begeisterte, in dem mehr über das Land zu
erfahren ist als in den meisten Reiseführern." *FAZ*

Rom zwischen Chaos und Wunder
KiWi 484
1998

„Sehr persönlich sind diese Texte. Ob sie von ihrem täglichen Gang durch die Stadt erzählt oder vom Ghettoviertel,
das nur wenige Schritte von ihrer Wohnung beginnt –
immer ist ihre Nähe zum Gegenstand spürbar." *Die Zeit*

VERLAG
KIEPENHEUER
&WITSCH